Das neue Herz der Weisheit

Empfohlene Reihenfolge für Anfänger, in der die Bücher des Ehrwürdigen Geshe Kelsang Gyatso Rinpoche studiert oder gelesen werden sollten:

Wie wir unser Leben verwandeln
Wie wir den Geist verstehen
Freudvoller Weg
Der Spiegel des Dharma mit Ergänzungen
Das neue Herz der Weisheit
Moderner Buddhismus
Tantrische Ebenen und Pfade
Führer ins Dakiniland
Essenz des Vajrayana
Die mündlichen Anleitungen des Mahamudra
Große Schatzkammer der Verdienste
Acht Schritte zum Glück – Neuausgabe
Einführung in den Buddhismus
Wie wir unsere menschlichen Probleme lösen
Sinnvoll zu betrachten
Das Bodhisattva Gelübde
Allumfassendes Mitgefühl
Das neue Meditationshandbuch
Sinnvoll leben, freudvoll sterben
Ozean von Nektar
Herzjuwel
Das klare Licht der Glückseligkeit
Mahamudra Tantra

Dieses Buch wurde unter der Schirmherrschaft des
Internationalen Tempelprojekts der NKT-IKBU
veröffentlicht und der Verkaufserlös ist
durch diesen Fonds für das Wohl der Allgemeinheit
bestimmt. Eingetragen unter VR 33517 B.
Mehr dazu unter
www.tharpa.com/de/allen-helfen-weltfrieden

Ehrwürdiger Geshe Kelsang
Gyatso Rinpoche

Das neue Herz der Weisheit

TIEFGRÜNDIGE LEHREN AUS
BUDDHAS HERZEN

THARPA VERLAG
DEUTSCHLAND • SCHWEIZ

Originaltitel: The New Heart of Wisdom

4. Auflage 2020

Herausgeber:

Tharpa Verlag Deutschland, ein Teil des
Dipankara Kadampa Meditationszentrum e.V. (VR 33517 B)
Chausseestraße 108
10115 Berlin

Der Tharpa Verlag hat überall auf der Welt Niederlassungen und Tharpa Bücher werden in den gängigsten Sprachen veröffentlicht.
Kontaktadressen siehe S. 357

ISBN 978-3-947058-33-4
ISBN ePub 978-3-90854396-1
ISBN Kindle 978-3-90854397-8

Satz: Tharpa Verlag Deutschland
Druck: PIEREG Druckcenter Berlin GmbH

Inhalt

Abbildungen

Danksagung

Dieses Buch beruht auf einem mündlichen Kommentar zum *Sutra der Essenz der Weisheit* (das *Herz Sutra*), der vom Autor, dem Ehrwürdigen Geshe Kelsang Gyatso, am Manjushri Kadampa Meditationszentrum in England gegeben wurde. Es wurde ursprünglich unter dem Titel *Herz der Weisheit* veröffentlicht und wurde 2011 vom Autor mit dem Titel *Das neue Herz der Weisheit* wesentlich überarbeitet.

Wir danken dem Autor aus tiefstem Herzen für seine große Güte, diese vollständige und maßgebliche Erklärung des *Herz Sutra* vorbereitet zu haben. Mit diesem inspirierenden Kommentar als Schlüssel kann der Leser alle tiefgründigen und weiten Aspekte der Bedeutung dieses essenziellen buddhistischen Sutra erschließen. Ohne die tiefe Einsicht des Autors in das Thema und ohne seinen mitfühlenden Entschluss, diese Einsicht mit uns zu teilen, hätte dieses Buch nie herausgegeben werden können.

Unser Dank gilt auch allen hingebungsvollen langjährigen Schülern des Autors, die ihn bei der Übersetzung und Herausgabe unterstützt und das endgültige Manuskript für die Veröffentlichung vorbereitet haben.

Roy Tyson
Stellvertretender Sekretär
des NKT Ausbildungsrats
Manjushri Kadampa
Meditationszentrum, 2020

Buddha Shakyamuni

Einleitung

Ich schätze mich sehr glücklich, dass ich die Gelegenheit habe, diesen Kommentar zum *Sutra der Essenz der Weisheit* oder *Herz Sutra* zu geben. Ebenso können sich auch diejenigen äußerst glücklich schätzen, die die Gelegenheit haben, die Bedeutung dieses Sutra, das die Essenz der Lehre Buddhas ist, zu studieren. Aufgrund der tiefgründigen Natur des Sutra fällt es manchen Menschen vielleicht schwer, bestimmte Teile dieses Kommentars zu verstehen. Ich werde versuchen, diese Lehren so klar wie möglich und so gut es meine Fähigkeiten zulassen zu erläutern. Weil dieses Sutra aber Buddhas endgültige Sichtweise und Absicht enthüllt, müssen wir darauf gefasst sein, einigen Schwierigkeiten zu begegnen. Bitte lassen Sie sich nicht entmutigen: Wenn wir uns in unserem Studium geduldig bemühen, werden wir ein vollständiges Verständnis des ganzen Sutra erlangen. So wie unsere Vertrautheit mit diesen Lehren wächst, so wird auch unser Verständnis zunehmen.

Alle Lehren Buddhas sind entweder Sutra (die allgemeinen Lehren) oder Tantra (die außergewöhnlichen Lehren). Es gibt keine einzige Schrift Buddhas, die nicht einer dieser beiden Kategorien zuzuordnen ist. Die Lehren des Sutra werden in zwei Gruppen eingeteilt: Sutras des Hinayana und des Mahayana. Das *Sutra der Essenz der Weisheit* gehört zu den Mahayana Sutras. Die Mahayana Sutras ihrerseits enthalten viele unterschiedliche Arten von Unterweisungen, doch die kostbarsten und höchsten sind die *Sutras der Vollkommenheit der Weisheit* (Skrt. *Prajnaparamitasutra*). Buddhas endgültige Absicht ist es, jedes einzelne Lebewesen zum höchsten Glück der Erleuchtung zu führen, indem er allen den Mahayanapfad zeigt. Deshalb lehrte er die *Sutras der Vollkommenheit der Weisheit*.

Es gibt mehrere, unterschiedlich lange *Sutras der Vollkommenheit der Weisheit*. Das umfangreichste ist das *Sutra der Vollkommenheit der Weisheit in hunderttausend Zeilen*, das in der tibetischen Übersetzung zwölf Bände umfasst. Es gibt auch ein Sutra von mittlerer Länge mit fünfundzwanzigtausend Zeilen in drei Bänden und ein kurzes, einbändiges Sutra mit achttausend Zeilen. Dazu gibt es ein noch kürzeres Sutra mit acht Kapiteln in Versen, das *Zusammengefasste Sutra der Vollkommenheit der Weisheit*. Die *Sutras der Vollkommenheit der Weisheit* erläutern alle Stufen der Pfade von Weisheit und Methode. «Weisheit» bezieht sich auf eine Verwirklichung, die unsere Buddha Natur von Behinderungen befreit. «Methode» bezieht sich auf eine Verwirklichung, die unsere Buddha Natur reifen lässt. Insbesondere enthüllt Buddha in diesen Sutras seine endgültige Sichtweise und Absicht und deshalb werden die *Sutras der Vollkommenheit der Weisheit* als die höchsten unter den Sutras angesehen.

Das *Sutra der Essenz der Weisheit* ist viel kürzer als die anderen *Sutras der Vollkommenheit der Weisheit*, aber es enthält explizit oder implizit die ganze Bedeutung der längeren Sutras. Weil es die eigentliche Essenz der Unterweisungen über die Vollkommenheit der Weisheit enthält, wird es das *Sutra der Essenz der Weisheit* genannt. Durch Studium und Kontemplation dieses Sutra und indem wir darüber meditieren, können wir ein vollkommenes Verständnis der Natur der Wirklichkeit erlangen. Wir können Behinderungen und Schwierigkeiten in unserem täglichen Leben meistern. Schließlich können wir die Hindernisse, die unser volles Erwachen verhindern, überwinden. Auf diese Weise erreichen wir den vollkommenen Zustand der Buddhaschaft. Wir sollten uns wirklich glücklich schätzen, dass wir diesen essenziellen Lehren Buddhas begegnet sind.

In diesen Lehren geht es um die Schulung in der Vollkommenheit der Weisheit. Weisheit ist ein tugendhafter, intelligenter Geist, dessen Funktion es ist, die innere Dunkelheit der Unwissenheit zu vertreiben. Mit Weisheit können wir wissen, wie die Dinge wirklich sind. Normalerweise verstehen wir weder die wirkliche Natur der Dinge, noch verstehen wir, dass Leiden aus nichttugendhaften und Glück aus tugendhaften Handlungen entsteht. All dies ist Unwissenheit. Aufgrund dieses Mangels an Verständnis erschaffen wir, obschon wir nicht leiden möchten, durch nichttugendhafte Handlungen unser eigenes Leiden. Und obwohl wir immer glücklich sein wollen, zerstören wir unser eigenes Glück, indem wir Wut, negative Sichtweisen und falsche Absichten entwickeln. Wir sollten wissen, dass dies unsere ganz normale Lebenssituation ist.

Alle unsere Leiden und Probleme stammen aus unserer Unwissenheit. Aufgrund von Unwissenheit haben wir Leben für Leben, seit anfangsloser Zeit bis jetzt, Leiden und Probleme erfahren. Jetzt aber, während wir die kostbare Gelegenheit haben den Buddhadharma zu hören und zu üben, ist die Zeit, Unwissenheit dauerhaft aufzugeben. Die einzige Möglichkeit, dies zu tun und das höchste Glück der Erleuchtung zu erlangen besteht darin, die Vollkommenheit der Weisheit im Allgemeinen und die höhere Vollkommenheit der Weisheit im Besonderen zu vollenden.

Die Vollkommenheit der Weisheit ist die Weisheit, die mit dem Geist des Mitgefühls für alle Lebewesen verbunden ist. Sie befähigt uns Maras – äußere und innere Dämonen, die uns behindern – zu besiegen und ein vollerleuchtetes Wesen wie Buddha Shakyamuni zu werden. Wie wunderbar!

Kommentar zum *Herz Sutra*

TEIL EINS:
Die Erklärung der direkten Bedeutung des Sutra

Große Mutter Prajnaparamita

Titel und Ehrerbietung

Die Erklärung der direkten Bedeutung des Sutra wird unter den folgenden drei Hauptüberschriften dargelegt:

1. Die Bedeutung des Titels
2. Die Ehrerbietung der Übersetzer
3. Die Erklärung zum Hauptteil des Sutra

DIE BEDEUTUNG DES TITELS

Die Essenz der Vollkommenheit der Weisheit, die gesegnete Mutter

Das ist eine Übersetzung des Titels des Sutra ins Deutsche. Im tibetischen Text steht der Titel zuerst in Sanskrit und dann in Tibetisch:

Sanskrit: ***Bhagavatiprajnaparamitahrdaya***
Tibetisch: ***Chom dän dä ma she rab kyi pa röl tu jin pai nying po***

Die Essenz der Vollkommenheit der Weisheit ist eine Weisheit, die Leerheit direkt verwirklicht und mit dem mitfühlenden Bodhichittageist verbunden ist. Mit dieser Weisheit können wir in einer einzigen Konzentration eine große Ansammlung von Verdiensten und eine große Ansammlung von Weisheit anhäufen. Diese beiden sind die Hauptursachen von Buddhas Formkörper beziehungsweise

Buddhas Wahrheitskörper. Diese Weisheit wird uns sehr schnell zur Erlangung der vollen Erleuchtung führen. Sie wird «die gesegnete Mutter» genannt, weil alle Buddhas der zehn Richtungen aus dieser Weisheit geboren werden. Die eigentliche Essenz der Vollkommenheit der Weisheit, die gesegnete Mutter, ist also die Weisheit, die Leerheit direkt verwirklicht, verbunden mit dem mitfühlenden Geist des Bodhichitta. Sie wird «endgültiger Bodhichitta» genannt.

Weil uns das Sutra lehrt, wie diese Weisheit vollendet wird, wird es die *Essenz der Vollkommenheit der Weisheit, die gesegnete Mutter*, genannt. Das zeigt, dass wir die Essenz der Vollkommenheit der Weisheit, die gesegnete Mutter, durch Studium und Praxis dieses Sutra vollenden können. Das ist so ähnlich wie bei Nagarjunas Text *Grundlegende Weisheit*, der *Mittlerer Weg* genannt wird (tib. *Uma*): Obwohl der eigentliche mittlere Weg Leerheit ist, wird der Text *Mittlerer Weg* genannt, weil er uns lehrt, wie wir uns in Leerheit schulen.

Wie zuvor erwähnt ist Weisheit im Allgemeinen ein tugendhafter, intelligenter Geist, dessen Funktion es ist, die innere Dunkelheit der Unwissenheit zu vertreiben. Mit Weisheit können wir tiefgründige Objekte verstehen: wie Dinge wirklich existieren, subtile in abhängiger Beziehung stehende Phänomene und Karma. Karma ist die Beziehung zwischen den Handlungen unserer früheren Leben und den Erfahrungen des jetzigen Lebens, sowie zwischen den Handlungen unseres jetzigen Lebens und den Erfahrungen unserer zukünftigen Leben. Dieses Wissen befreit uns dauerhaft von Leiden und gibt unserem menschlichen Leben große Bedeutung.

Viele Menschen sind sehr intelligent im Erreichen ihrer weltlichen Ziele. Diese Intelligenz ist keine Weisheit, denn weltliche Ziele wie hoher Status, guter Ruf, Reichtum und geschäftlicher Erfolg sind täuschend. Sterben wir morgen, so verschwinden sie morgen und wir nehmen nichts davon mit. Weisheit jedoch täuscht uns nie. Sie ist unser innerer spiritueller Meister, der uns zum richtigen Pfad führt. Sie ist das göttliche Auge, mit dem wir sehen können, was wir wissen, was wir aufgeben, was wir üben und was wir erlangen sollten. Wir sollten zum Beispiel wissen, dass wir aufgrund fehlender Weisheit unsere zahllosen früheren Leben ohne jeden Sinn verschwendet haben. Werden wir in dieser Welt als Mensch geboren, so bringen wir nichts mit aus unseren früheren Leben, außer Leiden und Verblendungen. Aus seinem Mitgefühl heraus und um alle Lebewesen von Leiden zu befreien, lehrte Buddha die Vollkommenheit der Weisheit. Von allen Weisheiten ist die Vollkommenheit der Weisheit des endgültigen Bodhichitta die höchste. Wir können diese Weisheit durch aufrichtiges Studium und die Praxis dieses Sutra vollenden.

DIE EHRERBIETUNG DER ÜBERSETZER

Ehrerbietung an die Vollkommenheit der Weisheit, die gesegnete Mutter.

In diesem Zusammenhang bezieht sich die Vollkommenheit der Weisheit, die gesegnete Mutter, auf das weibliche erleuchtete Wesen Große Mutter Prajnaparamita. Sie ist die Manifestation der Vollkommenheit der Weisheit aller Buddhas der zehn Richtungen. Als das Sutra vom Sanskrit ins Tibetische übersetzt wurde, richteten die Übersetzer ein besonderes Gebet an die Große Mutter Prajnaparamita, um Hindernisse zu befrieden und die Lehren dieses kostbaren Sutra zu verbreiten. Wir sollten uns an den ausgezeichneten

Taten dieser Übersetzer zutiefst erfreuen und die große Güte, die sie uns erwiesen haben, würdigen. Ohne ihre Anstrengungen, das Sutra zu übersetzen, hätten weder die Tibeter noch wir im Westen die Möglichkeit, dieses kostbare Sutra zu hören, geschweige denn es zu studieren und zu üben. So groß ist für uns die Güte jener Übersetzer! Vielleicht sind sie Emanationen von Buddha selbst. Es liegt nun an uns, ihre Güte zu erwidern, indem wir diesen kostbaren, heiligen Dharma aufrichtig studieren und üben. So können wir sowohl unsere als auch die Wünsche anderer erfüllen.

Die Hintergründe und Shariputras Frage

DIE ERKLÄRUNG ZUM HAUPTTEIL DES SUTRA

Diese Erklärung hat drei Hauptüberschriften:

1. Die allgemeine Erklärung der Hintergründe des Sutra
2. Die außergewöhnliche Erklärung der Hintergründe des Sutra
3. Die Erklärung des eigentlichen Sutra

DIE ALLGEMEINE ERKLÄRUNG DER HINTERGRÜNDE DES SUTRA

So habe ich gehört. Einst weilte der Gesegnete zusammen mit einer großen Versammlung von Mönchen und Nonnen und einer großen Versammlung von Bodhisattvas in Rajagriha auf dem Berg der versammelten Geier.

Dieser Teil der Erklärung der Hintergründe des Sutra wird die «allgemeine Erklärung» genannt, weil es sich um Aspekte der Umstände handelt, die einfach zu verstehen sind und den Anwesenden allgemein bekannt waren.

«So habe ich gehört» weist darauf hin, dass dieser Teil des Textes explizit von Ananda, einem engen Schüler Buddhas, gesprochen wurde. Nach dem Ableben Buddhas war es im Wesentlichen Ananda, der Buddhas Worte sammelte und dessen Lehre an andere weitergab. Die Erklärung der Hintergründe wurde nicht von Buddha selbst gesprochen. Dennoch werden diese Worte als Buddhas Worte angesehen, weil Buddha Anandas Geisteskontinuum segnete und ihm die Erlaubnis gab so zu sprechen.

Es ist allgemeiner Brauch, zu Beginn der umfassenderen Sutras eine ausführliche Erklärung der Hintergründe des Sutra zu geben. Im vorliegenden Fall ist diese sehr kurz, beinhaltet aber dennoch die folgenden vier Punkte:

1. Der Sprecher des Sutra
2. Der Zeitpunkt, zu dem das Sutra verkündet wurde
3. Der Ort, wo das Sutra verkündet wurde
4. An wen das Sutra gerichtet wurde

DER SPRECHER DES SUTRA

«Der Gesegnete» bezieht sich hier auf Buddha Shakyamuni. Er war es, der dieses Sutra tatsächlich verkündete. Dies wird später erklärt.

Es ist sehr inspirierend über die Lebensgeschichte Buddhas und seine ausgezeichneten Taten nachzudenken. Im Allgemeinen bedeutet «Buddha» «der Erwachte». Er ist aus dem Schlaf der Unwissenheit erwacht und sieht die Dinge so, wie sie wirklich sind. Ein Buddha ist jemand, der von allen Fehlern und geistigen Behinderungen völlig befreit ist.

Es gibt viele Menschen, die in der Vergangenheit Buddhas geworden sind, und in der Zukunft werden alle Lebewesen Buddhas werden.

Der Buddha, der die buddhistische Religion gegründet hat, ist Buddha Shakyamuni. «Shakya» ist der Name der königlichen Familie, in die er geboren wurde, «muni» bedeutet «der Fähige». Buddha Shakyamuni wurde als königlicher Prinz 624 v. Chr. in Lumbini geboren, einem Ort, der ursprünglich im Norden Indiens lag, heute aber zu Nepal gehört. Der Name seiner Mutter war Königin Mayadevi und der seines Vaters König Shuddhodana.

Eines Nachts träumte Königin Mayadevi, dass ein weißer Elefant vom Himmel herabstieg und in ihren Schoß eintrat. Der weiße Elefant, der in ihren Schoß eingetreten war, war ein Zeichen dafür, dass sie in eben dieser Nacht ein Kind empfangen hatte, das ein reines und mächtiges Wesen war. Dass der Elefant vom Himmel herabgestiegen war, bedeutete, dass das Kind vom Tushita Himmel kam, dem Reinen Land Buddha Maitreyas. Als die Königin später das Kind gebar, empfand sie keine Schmerzen, sondern erlebte stattdessen eine besondere, reine Vision. Während sie aufrecht stand und mit der rechten Hand den Ast eines Baumes hielt, nahmen die Götter Brahma und Indra das Kind ohne Schmerzen aus ihrer Seite. Anschließend ehrten sie es mit rituellen Waschungen.

Als der König das Kind sah, glaubte er, alle seine Wünsche seien in Erfüllung gegangen. Er nannte den jungen Prinzen «Siddhartha». Dann lud er einen brahmanischen Seher ein, der Vorhersagen über die Zukunft des Prinzen machen sollte. Mit seiner Hellsicht untersuchte der Seher das Kind und sagte zum König: «Es gibt Zeichen, dass der Knabe entweder ein Chakravatin König, ein Herrscher über die ganze

Avalokiteshvara

Welt, oder ein vollerleuchteter Buddha wird. Da jedoch die Zeit der Chakravatin Könige vorüber ist, wird er sicherlich ein Buddha werden und sein wohltuender Einfluss wird die tausend Millionen Welten durchdringen wie die Strahlen der Sonne.»

Als der junge Prinz heranwuchs, meisterte er mühelos, ohne dass man es ihm beibringen musste, alle traditionellen Künste und Wissenschaften. Er beherrschte vierundsechzig unterschiedliche Sprachen und das jeweils dazu gehörige Alphabet. Auch in Mathematik war er sehr gewandt. Einmal teilte er seinem Vater mit, er könne alle Atome der Welt innerhalb eines Atemzugs zählen. Obwohl er nicht lernen musste, tat er es seinem Vater zuliebe und um anderen von Nutzen zu sein. Dem Wunsch seines Vaters folgend, besuchte er eine Schule, widmete sich dem Studium verschiedener akademischer Fächer und erlangte Gewandtheit in den Kampfkünsten und dem Bogenschießen. Der Prinz äußerte bei jeder sich bietenden Gelegenheit spirituelle Gedanken und ermutigte andere, spirituelle Pfade einzuschlagen. Als er einmal an einem Wettkampf der Bogenschützen teilnahm, rief er aus: «Mit dem Bogen der meditativen Konzentration werde ich den Pfeil der Weisheit abschießen und den Tiger der Unwissenheit in den Lebewesen töten.» Daraufhin ließ er den Pfeil losschnellen, der geradewegs fünf eiserne Tiger und sieben Bäume durchbohrte, ehe er in der Erde verschwand! Tausende von Menschen entwickelten aufgrund solcher Demonstrationen Vertrauen in den Prinzen.

Gelegentlich begab sich Prinz Siddhartha in die Hauptstadt des Königreichs seines Vaters, um zu sehen, wie die Menschen lebten. Während dieser Besuche begegnete er vielen Alten und Kranken und einmal sah er eine Leiche. Diese Begegnungen hinterließen einen tiefen Eindruck in seinem

Geist und führten ihn zu der Einsicht, dass alle Lebewesen, ohne Ausnahme, die Leiden von Geburt, Altern, Krankheit und Tod erdulden müssen. Weil er die Gesetze der Reinkarnation verstand, erkannte er auch, dass sie diese Leiden nicht nur einmal, sondern immer wieder, Leben für Leben, endlos erfahren müssen. Er sah, dass alle Lebewesen in diesem schrecklichen Kreislauf des Leidens gefangen sind, empfand tiefes Mitgefühl und entwickelte den aufrichtigen Wunsch, sie alle von ihrem Leiden zu befreien. Er erkannte, dass nur ein vollerleuchteter Buddha die Weisheit und die Kraft hat, allen Lebewesen zu helfen. So entschloss er sich, den Palast zu verlassen und sich in die Einsamkeit des Waldes zurückzuziehen, um dort bis zur Erlangung der Erleuchtung in tiefer Meditation zu verweilen.

Als die Bewohner des Königreichs Shakya merkten, dass der Prinz den Palast verlassen wollte, baten sie den König, eine Hochzeit für ihn zu arrangieren. Sie hofften, dadurch den Prinzen von seinem Entschluss abzubringen. Der König war einverstanden und hatte bald eine passende Braut gefunden. Sie hieß Yasodhara und stammte aus einer angesehenen Shakya Familie. Prinz Siddhartha hatte jedoch keine Anhaftung an weltliche Vergnügen, weil er verstand, dass Objekte der Anhaftung wie giftige Blumen sind. Anfänglich sehr anziehend, verursachen sie mit der Zeit großes Leid. Sein Entschluss, den Palast zu verlassen und Erleuchtung zu erlangen, blieb unverändert stark. Um aber die Wünsche seines Vaters zu erfüllen und dem Volk von Shakya zeitweilig von Nutzen zu sein, willigte er in die Hochzeit mit Yasodhara ein. Er blieb zwar als königlicher Prinz im Palast, widmete aber dennoch seine ganze Zeit und Energie dem Volk von Shakya, um ihm auf jede erdenkliche Weise zu dienen.

Als er neunundzwanzig Jahre alt war, hatte der Prinz eine Vision. Ihm erschienen alle Buddhas der zehn Richtungen und sprachen im Chor: «Du hast dich einstmals entschlossen, ein Eroberer Buddha zu werden, damit du allen Lebewesen, die im Kreislauf des Leidens gefangen sind, helfen kannst. Jetzt ist für dich die Zeit gekommen, dies zu vollenden.» Der Prinz ging sofort zu seinen Eltern und teilte ihnen seine Absicht mit: «Ich möchte mich an einen friedlichen Ort im Wald zurückziehen. Dort will ich in tiefer Meditation verweilen und rasch volle Erleuchtung erlangen. Wenn ich Erleuchtung erlangt habe, kann ich die Güte aller Lebewesen und besonders die große Güte, die ihr mir erwiesen habt, vergelten. Ich bitte euch deshalb um Erlaubnis, den Palast zu verlassen.» Als seine Eltern dies hörten, waren sie entsetzt und der König weigerte sich, seine Erlaubnis zu geben. Prinz Siddhartha sprach zu seinem Vater: «Vater, wenn du mir dauerhafte Freiheit von den Leiden der Geburt, der Krankheit, des Alterns und des Todes geben kannst, dann werde ich den Palast nicht verlassen. Wenn du das aber nicht kannst, dann muss ich fortgehen und meinem menschlichen Leben wirkliche Bedeutung geben.»

Der König versuchte nun mit allen Mitteln zu verhindern, dass sein Sohn den Palast verließ. In der Hoffnung, dass der Prinz seine Absicht ändern würde, umgab er ihn mit einem Gefolge von schönen Frauen, Tänzern, Sängern und Musikern, die Tag und Nacht ihre Kunst darboten, um ihm Freude zu bereiten. Für den Fall, dass der Prinz eine heimliche Flucht versuchen würde, umstellte der König die Palastmauern mit Wächtern. Doch die Entschlossenheit des Prinzen, den Palast zu verlassen und ein Leben der Meditation zu beginnen, konnte nicht erschüttert werden. Eines Nachts nutzte er seine Wunderkräfte, versetzte die Wächter und Höflinge in einen tiefen Schlaf und floh mit der Unterstützung eines vertrauten Dieners. Nach einem Ritt von ungefähr zehn Kilometern stieg der Prinz vom Pferd und nahm Abschied von seinem Helfer. Er schnitt seine Haare ab und warf sie zum Himmel empor, wo sie von den Göttern des Landes der dreiunddreißig Himmel aufgefangen wurden. Einer der Götter bot ihm die Safranroben eines religiösen Bettelmönchs an. Der Prinz nahm sie an und tauschte sie gegen seine königlichen Gewänder. Auf diese Weise ordinierte er sich selbst als Mönch.

Siddhartha machte sich dann auf den Weg an einen Ort in der Nähe von Bodhgaya in Indien, wo er einen geeigneten Platz zum Meditieren fand. Dort blieb er und übte eine Meditation, die «raumähnliche Konzentration über den Dharmakaya» genannt wird, in der er sich einsgerichtet auf die endgültige Natur aller Phänomene konzentrierte. Nachdem er sich sechs Jahre lang in dieser Meditation geschult hatte, erkannte er, dass er der Erleuchtung sehr nahe war und begab sich nach Bodhgaya. Dort setzte er sich am fünfzehnten Tag des vierten Monats des Mondkalenders unter einen Bodhibaum und gelobte, bis zur vollständigen Erleuchtung in der Meditation zu verweilen. Mit diesem Entschluss trat er in die raumähnliche Konzentration über den Dharmakaya ein.

In der Abenddämmerung versuchte Devaputra Mara, das Oberhaupt aller Dämonen, oder Maras, dieser Welt, Siddharthas Konzentration zu erschüttern, indem er viele beängstigende Erscheinungen heraufbeschwor. Er erzeugte Scharen von furchterregenden Dämonen, von denen einige Speere warfen, andere Pfeile abschossen, ihn mit Feuer bedrohten und Felsbrocken oder sogar Berge nach ihm schleuderten. Siddhartha ließ sich jedoch in keiner Weise stören. Durch die Kraft seiner Konzentration erschienen ihm die Waffen, Felsblöcke und Berge als duftender Blumenregen und die tobenden Feuer als Darbringungen von Regenbogenlicht.

Als Devaputra Mara sah, dass Siddhartha nicht erschreckt werden konnte und seine Meditation nicht abbrach, ließ er zahllose schöne Frauen erscheinen, um ihn abzulenken. Siddhartha entwickelte daraufhin eine noch tiefere Konzentration. Auf diese Weise siegte er über alle Dämonen dieser Welt. Deshalb wurde er später der «Eroberer Buddha» genannt.

Siddhartha setzte seine Meditation fort und erreichte im Morgengrauen die «vajragleiche Konzentration». Durch diese Konzentration, die der letzte Geisteszustand eines begrenzten Wesens ist, befreite er seinen Geist vom letzten Schleier der Unwissenheit und wurde im nächsten Moment ein Buddha, ein vollerleuchtetes Wesen.

Es gibt nichts, das Buddha nicht weiß. Da er aus dem Schlaf der Unwissenheit erwacht ist und alle Behinderungen aus seinem Geist entfernt hat, erkennt er alles Vergangene, Gegenwärtige und Zukünftige gleichzeitig und unmittelbar. Außerdem hat Buddha großes Mitgefühl, das vollkommen unvoreingenommen ist und alle Lebewesen ohne Unterschied umfasst. Er hilft allen Lebewesen ohne Ausnahme, indem er im ganzen Universum verschiedene Formen ausstrahlt und ihrem Geist seine Segnungen gewährt. Alle Wesen, die Buddhas Segnungen erhalten, sogar die winzigsten Tiere, entwickeln von Zeit zu Zeit friedvolle und tugendhafte Geisteszustände. Schließlich werden alle die Gelegenheit haben, den Weg zur Befreiung und Erleuchtung zu gehen, denn sie werden eine Emanation Buddhas in Gestalt eines spirituellen Meisters treffen. Der große indische Gelehrte Nagarjuna sagte, dass es kein einziges Wesen gibt, das noch keine Hilfe von Buddha erhalten hat.

Neunundvierzig Tage nachdem Buddha Erleuchtung erlangt hatte, baten ihn die Götter Brahma und Indra zu lehren. Sie sprachen:

> O Buddha, Schatz des Mitgefühls,
> Lebewesen sind wie Blinde in ständiger Gefahr, in die niederen Bereiche zu fallen.
> Außer dir gibt es keinen Beschützer in dieser Welt.
> Deshalb flehen wir dich an, bitte erhebe dich aus dem meditativen Gleichgewicht und drehe das Rad des Dharma.

Auf diese Bitte hin erhob sich Buddha aus seiner Meditation und lehrte das erste Rad des Dharma. Diese Lehren, zu denen das *Sutra der vier edlen Wahrheiten* und andere Unterweisungen gehören, bilden die Hauptquelle des Hinayana, oder Kleineren Fahrzeugs des Buddhismus. Später lehrte Buddha das zweite und dritte Rad des Dharma. Hierzu zählen die *Sutras der Vollkommenheit der Weisheit* und das *Sutra der Auslegung der Absicht*. Diese Lehren sind der Ursprung des Mahayana, oder Großen Fahrzeugs des Buddhismus. In den Hinayana Unterweisungen erklärt Buddha, wie wir die Befreiung von Leiden für uns allein erreichen können. In den Mahayana Lehren erläutert er, wie volle Erleuchtung, oder Buddhaschaft, zum Wohle aller erlangt werden kann. Beide Traditionen blühten in Asien: zuerst in Indien und dann nach und nach in den angrenzenden Ländern, so auch in Tibet. Jetzt beginnen sie in Ländern der ganzen Welt zu erblühen.

Der Grund, weshalb die Lehre Buddhas das «Rad des Dharma» genannt wird, ist folgender: Es heißt, dass es in früheren Zeiten große Könige gab, die «Chakravatin Könige», die die ganze Welt beherrschten. Diese Könige verfügten über viele außergewöhnliche Reichtümer. Darunter war ein kostbares Rad, in dem sie um die ganze Welt reisen konnten. Wohin sich das kostbare Rad auch wandte, dort herrschte der König. Buddhas Lehren werden als ein solches kostbares Rad betrachtet. Dort, wo sie Verbreitung finden, haben Menschen die Gelegenheit, ihre Verblendungen zu beherrschen, indem sie die Unterweisungen in die Praxis umsetzen.

«Dharma» bedeutet Schutz. Indem wir Buddhas Lehren anwenden, schützen wir uns vor Leiden und Schwierigkeiten. Alle Schwierigkeiten, denen wir im täglichen Leben begegnen, entspringen der Unwissenheit, und Dharma Praxis ist die Methode, diese Unwissenheit zu beseitigen.

Dharma zu üben ist die beste Methode, die Qualität unseres menschlichen Lebens zu verbessern. Die Lebensqualität hängt nicht von äußeren Entwicklungen oder materiellem Fortschritt ab. Sie ist abhängig von der inneren Entwicklung, die zu Frieden und Glück führt. In der Vergangenheit lebten viele Buddhisten in armen und unterentwickelten Ländern. Doch sie fanden reines und anhaltendes Glück, indem sie das, was Buddha lehrte, umsetzten.

Integrieren wir Buddhas Lehren in unser tägliches Leben, so können wir alle unsere inneren Probleme lösen und einen wirklich friedvollen Geist entwickeln. Ohne inneren Frieden ist äußerer Friede unmöglich. Erlangen wir durch die Schulung in den spirituellen Pfaden zuerst Frieden in unserem Geist, dann entsteht äußerer Friede von ganz allein. Tun wir dies jedoch nicht, wird sich der Weltfrieden niemals einstellen, ganz gleich wie viele Menschen dafür kämpfen.

DER ZEITPUNKT, ZU DEM DAS SUTRA VERKÜNDET WURDE

«Einst» bezieht sich auf die Zeit nach der Reise Buddhas von Vaishali, wo er seine umfassenden Wunderkräfte unter Beweis gestellt hatte, nach Rajagriha. Buddha war etwa 57 Jahre alt, als er dieses Sutra verkündete.

DER ORT, WO DAS SUTRA VERKÜNDET WURDE

«Weilte der Gesegnete in Rajagriha auf dem Berg der versammelten Geier»: Dieses Sutra wie auch die längeren *Sutras der Vollkommenheit der Weisheit* wurden verkündet, während Buddha Shakyamuni in der Nähe von Rajagriha weilte, das in der heutigen Provinz Bihar in Indien nahe bei Bodhgaya liegt. Der genaue Ort des Vortrags war ein Hügel, «Berg der versammelten Geier» (Skrt. *Gridhrakutaparvata*) genannt.

Als Buddha die *Sutras der Vollkommenheit der Weisheit* erläuterte, kamen viele Bodhisattvas aus verschiedenen Weltsystemen, um zuzuhören. Sie manifestierten sich in der Form von Geiern. Für die Augen gewöhnlicher Menschen schien es, als würde ein riesiger Schwarm von Geiern den Berg bedecken. Folglich wurde er «Berg der versammelten Geier» genannt. Dies ist eine von mehreren Interpretationen des Ursprungs dieses Namens.

AN WEN DAS SUTRA GERICHTET WURDE

«Zusammen mit einer großen Versammlung von Mönchen und Nonnen und einer großen Versammlung von Bodhisattvas»: Da Buddha während seines Aufenthalts auf dem Berg der versammelten Geier Mahayana Lehrreden hielt, bestand der Kreis seiner Anhänger nicht nur aus einer großen Anzahl von Mönchen, wie Shariputra und Subhuti, und Nonnen, sondern auch aus einer großen Zahl von Bodhisattvas, wie Avalokiteshvara und Maitreya. Auch waren viele Götter, Halbgötter, Nagas und Geister anwesend.

DIE AUSSERGEWÖHNLICHE ERKLÄRUNG DER HINTERGRÜNDE DES SUTRA

Zu jener Zeit war der Gesegnete in die Konzentration der unzähligen Aspekte der Phänomene versunken, «tiefgründige Illumination» genannt.

Zu jener Zeit betrachtete auch der höhere Avalokiteshvara, der Bodhisattva, das große Wesen, auf vollendete Weise die Praxis der tiefgründigen Vollkommenheit der Weisheit, er betrachtete auf vollendete Weise auch die fünf Anhäufungen als leer von inhärenter Existenz.

Dieser Teil der Erklärung zu den Hintergründen des Sutra wird die «außergewöhnliche Erklärung» genannt, weil er Aspekte der Umstände des Sutra erläutert, die nicht allen Anwesenden bekannt waren.

Zum Zeitpunkt des Sutra, während seines Aufenthalts auf dem Berg der versammelten Geier, war Buddha in einen Zustand meditativer Konzentration über die direkte Verwirklichung der Vereinigung der zwei Wahrheiten versunken. Das ist die Vereinigung tiefgründiger Leerheit und Illumination, der bloßen Erscheinung der zahllosen Aspekte aller Phänomene. Jene Konzentration ist eine außergewöhnliche, höchste Eigenschaft von Buddha.

Diese meditative Konzentration wird auch «tiefgründige Illumination» genannt, denn während Buddhas Geist

Manjushri

einsgerichtet auf das tiefgründige Objekt, die Vereinigung der zwei Wahrheiten, gerichtet war, strahlte sein Körper eine riesige Menge gleißenden Lichtes aus, das die ganze Welt erfüllte. Das Licht reinigte die Umgebung und den Geist der Lebewesen und ließ die Samen der Pfade zur Befreiung und vollen Erleuchtung in ihrem Geist reifen. Nur die Wesen, deren Geist rein genug war, konnten wahrnehmen, dass Buddha dies tat und auf diese Weise Licht ausstrahlte. Deshalb ist dieser Aspekt der Hintergründe in der außergewöhnlichen Erklärung enthalten.

Es gab noch einen anderen Grund, warum Buddha auf solche Weise Licht ausstrahlte. Wenn tiefgründige Lehrreden wie die *Sutras der Vollkommenheit der Weisheit* gehalten wurden, kamen auch große Scharen von Göttern aus den Begierde- und Formbereichen, um zuzuhören. Die Götter haben Körper, die Licht ausstrahlen, und ihrer Ansicht nach sind Menschen verkrüppelte, schlecht riechende, krötenähnliche Wesen. So war der Geist der himmlischen Wesen voller Hochmut und Stolz, als sie ihre Plätze am Berg der versammelten Geier einnahmen. Stolz ist ein großes Hindernis, wenn man Nutzen aus spirituellen Unterweisungen ziehen möchte. Deshalb strahlte Buddha, um ihren Stolz zu mindern, von seinem eigenen Körper gleißendes Licht aus. Sein Körper überstrahlte die Körper der Götter, wie die Sonne das Licht von Glühwürmchen überstrahlt. Das machte die Götter demütig und ihr Geist wurde empfänglich für Buddhas Unterweisungen.

Während Buddha in Konzentration versunken war, meditierte Avalokiteshvara über die tiefgründige Sicht der Leerheit. Im Text wird ausdrücklich erwähnt, dass Avalokiteshvara betrachtete, wie die fünf Anhäufungen – Form, Gefühl, Unterscheidung, zusammensetzende Faktoren und

Bewusstsein – leer von inhärenter Existenz sind. Aber das Wort «auch» deutet darauf hin, dass Avalokiteshvara auch die Leerheit der inhärenten Existenz des Selbst, oder der Person, betrachtete. Was «Leerheit von inhärenter Existenz» bedeutet, wird im nächsten Kapitel erklärt.

Die besonderen Eigenschaften Avalokiteshvaras werden dadurch zum Ausdruck gebracht, dass auf ihn als «der höhere Avalokiteshvara, der Bodhisattva, das große Wesen» Bezug genommen wird. Er erhält den Titel «höherer», weil er Leerheit direkt verwirklicht hat und darum ein höheres Wesen ist. Avalokiteshvara ist auch ein Bodhisattva, eine Person, die spontan durch den Erleuchtungsgeist (Skrt. Bodhichitta) motiviert ist. Jemand, der diese Motivation entwickelt hat, ist in den Mahayanapfad eingetreten. Bodhichitta hat zwei Hauptbestrebungen: Den Wunsch, allen fühlenden Wesen ohne Ausnahme von Nutzen zu sein und ihnen Glück zu bringen. Und den Wunsch, den Zustand der Buddhaschaft zu erlangen, um so am besten in der Lage zu sein, die erste Bestrebung zu erfüllen. Ein Bodhisattva ist somit jemand, der in erster Linie durch diese zwei Wünsche motiviert ist. Avalokiteshvara ist würdig, ein «großes Wesen» genannt zu werden, weil er als Bodhisattva mit großem Mut und großer Energie einzig und allein zum Nutzen und Wohle anderer wirkt.

Obwohl er die Form eines Bodhisattvaschülers von Buddha Shakyamuni annahm, hatte Avalokiteshvara schon viele Äonen zuvor volle Erleuchtung erlangt. Das gleiche gilt für Manjushri, Vajrapani, Samantabhadra, Maitreya und die anderen wichtigen Mahayanaschüler Buddha Shakyamunis. Obwohl sie in ihrer Essenz Buddhas waren, zeigten sie, wie man sich als richtiger Bodhisattvaschüler verhält. Dadurch halfen sie mit, Buddha Shakyamunis Lehre zum größten Wohle aller zu verbreiten.

DIE ERKLÄRUNG DES EIGENTLICHEN SUTRA

Der Teil des Textes, der bis jetzt betrachtet wurde und der die Hintergründe zur eigentlichen Lehrrede erläutert, wird in einigen kürzeren Versionen des Sutra weggelassen. Der verbleibende Text enthält das eigentliche Sutra und wird in vier Teilen erklärt:

1. Die Frage Shariputras
2. Die Antworten Avalokiteshvaras
3. Die Billigung der Antworten durch Buddha
4. Die Anhänger sind erfreut und nehmen sich die Unterweisungen zu Herzen

DIE FRAGE SHARIPUTRAS

Dann, durch die Kraft Buddhas, sagte der ehrwürdige Shariputra zum höheren Avalokiteshvara, dem Bodhisattva, dem großen Wesen: «Wie sollte sich ein Sohn der Überlieferungslinie schulen, der sich in der Praxis der tiefgründigen Vollkommenheit der Weisheit üben möchte?»

Dieser Teil des Sutra besteht aus einer Frage Shariputras, die an Avalokiteshvara gerichtet ist. Während Buddha in die meditative Konzentration der «tiefgründigen Illumination» versunken war, segnete er Shariputras und Avalokiteshvaras Geist. So wurde Shariputra inspiriert, seine Frage zu stellen, und Avalokiteshvara, seine Antworten zu geben. Weil beide

Schüler durch die Kraft und Inspiration Buddhas sprachen, wird das ganze Sutra folgerichtig als Buddhas Wort betrachtet.

Wenn etwas Buddhas Wort ist, muss es nicht unbedingt mündlich ausgesprochen werden. Buddha lehrte dieses Sutra aus seinem Herzen und nicht aus dem Mund. In einigen Sutras gab Buddha zum Beispiel Unterweisungen durch seine Scheitelerhebung und in einem anderen Sutra bewirkte Buddhas Kraft, dass sogar der durch die Zweige eines Baums streichende Wind Dharmaworte erklingen ließ. Jene Sutras sind, genau wie dieses, das authentische Wort Buddhas, weil sie aus seiner Kraft und Inspiration entstanden.

Shariputra war einer der Hauptschüler Buddha Shakyamunis. Er hatte aus früheren Leben eine ganz besondere Beziehung zu ihm. Unter dem Aspekt gewöhnlicher Erscheinungen war er ein Hörer-Feindzerstörer der Hinayana Überlieferungslinie. Ein «Feindzerstörer» ist jemand, der den inneren Feind der Verblendungen zerstört hat.

In der Frage Shariputras bezieht sich «Sohn der Überlieferungslinie» auf jemanden, der in die Mahayana Überlieferungslinie eingetreten ist. Wir treten in die Überlieferungslinie des Mahayana ein, wenn wir den Geist des großen Mitgefühls entwickeln. Daher bezieht sich Shariputra auf jemanden, der dieses Mitgefühl entwickelt hat. Obwohl er in seiner Frage nur einen «Sohn» der Überlieferungslinie anspricht, ist darin aber auch «Tochter» der Überlieferungslinie enthalten. Dies wird in Avalokiteshvaras Antwort klar zum Ausdruck gebracht. Tatsächlich enthalten einige Texte hier auch das Wort «Tochter».

Die Worte «die Praxis der tiefgründigen Vollkommenheit der Weisheit» enthüllen, dass die Schulung in der Vollkommenheit der Weisheit und Leerheit sehr tiefgründig ist. Sie ist die eigentliche Essenz von Buddhas Lehre. Die Schulung in Weisheit und Leerheit wird schließlich alle Lebewesen zum höchsten Glück der vollen Erleuchtung führen. Wie bereits erwähnt ist die Vollkommenheit der Weisheit eine Weisheit, die Leerheit – wie die Dinge wirklich sind – verwirklicht und mit dem mitfühlenden Geist des Bodhichitta verbunden ist.

Deshalb ist die Bedeutung von Shariputras Frage: «Wie sollten sich die Wesen schulen, die durch die Entwicklung von Mitgefühl für alle Lebewesen in die Mahayana Überlieferungslinie eingetreten sind und die tiefgründige Praxis der Vollkommenheit der Weisheit und Leerheit üben wollen?»

Vajrapani

Die Pfade der Ansammlung und der Vorbereitung (1)

DIE ANTWORTEN AVALOKITESHVARAS

Avalokiteshvaras Antworten auf Shariputras Frage zeigen, wie man sich in der Vollkommenheit der Weisheit auf den fünf Mahayanapfaden schult. Es ist deshalb hilfreich, hier die Bedeutung von Pfaden im Allgemeinen und der fünf Mahayanapfade im Besonderen zu betrachten.

Wir alle sind mit äußeren Pfaden vertraut. Diese führen von einem Ort zu einem anderen und wir können sie leicht verstehen, indem wir Karten und dergleichen benutzen. Innere Pfade sind hingegen Arten von Geist und viel schwieriger zu verstehen. Obwohl innere Pfade Geisteszustände oder Handlungen des Geistes sind, werden sie «Pfade» genannt. Wohin führen uns diese Pfade? Sie führen uns zu glücklichen, leidvollen oder neutralen Gefühlen. Die Arten von Geist, die zu einer Wiedergeburt in Samsara führen, sind weltliche Pfade. Einige dieser Pfade sind nichttugendhaft und führen zu einer Wiedergeburt in den drei niederen Bereichen – dem Bereich der Tiere, der hungrigen Geister und dem Höllenbereich. Andere sind tugendhaft und führen zu einer Wiedergeburt in den drei höheren Bereichen – den Bereichen der Menschen, Halbgötter und Götter. Leben für Leben einen verunreinigten Körper und Geist innerhalb eines dieser sechs Bereiche anzunehmen, das ist Samsara.

Es ist wichtig zu wissen, dass von den drei Arten von Handlungen – Handlungen von Körper, Rede und Geist – geistige Handlungen am wichtigsten sind. Das ist so, weil körperliche und sprachliche Handlungen von einer Motivation abhängen, d.h. von einer geistigen Handlung. Fasst unser Geist den Entschluss zu handeln, dann ist dieser Entschluss eine geistige Handlung und wird «Karma» genannt. Ist dieser Entschluss tugendhaft oder positiv, so ist es eine tugendhafte Handlung oder Karma. Sie führt uns zur Erfahrung von Glück. Ist der Entschluss nichttugendhaft oder negativ, ist es eine nichttugendhafte Handlung. Sie führt uns zur Erfahrung von Leiden.

Alle Meditationen sind tugendhafte Handlungen des Geistes. Wenn wir meditieren, üben wir eine tugendhafte geistige Handlung aus. Wenn wir wütend sind und den Entschluss fassen, anderen zu schaden, üben wir eine nichttugendhafte geistige Handlung aus. Handlungen des Geistes sind viel kraftvoller als Handlungen des Körpers und der Rede. Sie werden «innere Pfade» genannt, weil sie uns zu zukünftigen Erfahrungen von Glück, Leiden oder neutralen Gefühlen führen.

Geistige Handlungen, die zu dauerhafter Befreiung von Samsara führen, wie durch Entsagung motivierte Meditationen, sind überweltliche Pfade. Sie können in Hinayanapfade, die zu persönlicher Befreiung führen und in Mahayanapfade, die zur vollen Erleuchtung der Buddhaschaft führen, unterteilt werden. Hinayanapfade sind die fünf Pfade der Alleinigen Verwirklicher und die fünf Pfade der Hörer. Die fünf Mahayanapfade sind die Mahayanapfade der Ansammlung, der Vorbereitung, des Sehens, der

Meditation und des Nicht-mehr-Lernens. Diese fünf Mahayanapfade sind Geisteszustände, die stufenweise zur vollen Erleuchtung führen, wobei der fünfte Mahayanapfad der vollerleuchtete Geist selbst ist. Wie tritt man in die Mahayanapfade ein und schreitet von Pfad zu Pfad fort?

In dem Moment, in dem wir das höchste gute Herz des Bodhichitta entwickeln, treten wir in den Mahayanapfad und den Bodhisattvapfad ein. Wir werden ein Bodhisattva auf dem Pfad der Ansammlung. Ein Bodhisattva ist jemand, der motiviert durch Mitgefühl für alle Lebewesen, aufrichtig die Erleuchtung anstrebt. Bodhichitta ist der spontane Wunsch Erleuchtung zu erlangen, um jedem einzelnen Lebewesen unmittelbar zu helfen.

Der anfängliche Bodhichitta und alle anderen Verwirklichungen, die mit diesem anfänglichen Bodhichitta verbunden sind, werden der «Mahayanapfad der Ansammlung» genannt. Der Bodhisattva häuft auf dieser Stufe eine große Ansammlung von Weisheit an, indem er sich in der Konzentration des Leerheit beobachtenden ruhigen Verweilens schult. Wenn er oder sie durch die Kraft der Konzentration des ruhigen Verweilens eine besondere Weisheit, das «höhere Sehen», erlangt, die die Leerheit aller Phänomene sehr klar verwirklicht, dann schreitet er oder sie vom Pfad der Ansammlung zum Pfad der Vorbereitung fort und wird ein Bodhisattva auf dem Pfad der Vorbereitung.

Die anfängliche Verwirklichung von Leerheit beobachtendem höheren Sehen dieses Bodhisattva und alle anderen Verwirklichungen, die mit diesem anfänglichen höheren Sehen verbunden sind, werden der «Mahayanapfad der Vorbereitung» genannt. Der Bodhisattva betont auf dieser Stufe die Vorbereitung auf die direkte Verwirklichung der Leerheit aller Phänomene, indem er fortwährend mit der Vereinigung von ruhigem Verweilen und höherem Sehen über Leerheit meditiert.

Wenn seine oder ihre Weisheit des höheren Sehens die Leerheit aller Phänomene direkt erkennt, schreitet der Bodhisattva zum nächsten Pfad fort und wird ein Bodhisattva auf dem Pfad des Sehens. Die anfängliche direkte Verwirklichung der Leerheit des Bodhisattva und alle anderen Verwirklichungen, die mit dieser anfänglichen direkten Verwirklichung von Leerheit verbunden sind, werden der «Mahayanapfad des Sehens» genannt, weil es das erste Mal ist, dass der Bodhisattva Leerheit, die Art und Weise, wie die Dinge wirklich sind, direkt sieht. Auf dieser Stufe wird er oder sie ein höherer Bodhisattva und erfährt von nun an keinerlei körperliche oder geistige Schmerzen. Selbst wenn sein oder ihr Körper Stück für Stück mit einem Messer zerschnitten wird, erlebt der Bodhisattva keinen Schmerz, weil er direkt verwirklicht, dass es keinen Körper außer Leerheit gibt.

Nachdem er den Pfad des Sehens erlangt hat, meditiert der Bodhisattva weiter über Leerheit, um das letzte Ziel, den Zustand der vollen Erleuchtung, zu erreichen. Wenn er oder sie zum nächsten Pfad fortschreitet, wird er zu einem Bodhisattva auf dem Pfad der Meditation. Die Verwirklichung dieses Bodhisattva wird «Pfad der Meditation» genannt, weil diese Meditation die letzte «Station» ist, von der aus er das letztendliche Ziel der vollen Erleuchtung direkt erreichen wird.

Indem er beständig auf dem Pfad der Meditation fortschreitet, erfährt der Bodhisattva eine hohe Verwirklichung, die «vajragleiche Konzentration». Sie hat die Kraft, die subtile fehlerhafte Erscheinung aller Phänomene aus seinem oder ihrem Geist zu entfernen. Im nächsten Augenblick wird die subtile fehlerhafte Erscheinung aller Phänomene dauerhaft aufhören und er wird zu einem erleuchteten Buddha. Eine genaue Erklärung subtiler fehlerhafter Erscheinung wird im Buch *Moderner Buddhismus* gegeben.

Die eigentliche Erleuchtung ist Buddhas allwissende Weisheit, die frei von subtiler fehlerhafter Erscheinung aller Phänomene ist und die Kraft hat, jedem einzelnen Lebewesen geistigen Frieden zu geben. Dies ist der «Mahayanapfad des Nicht-mehr-Lernens».

Avalokiteshvaras Erklärung, wie die Vollkommenheit der Weisheit in Bezug auf die fünf Mahayanapfade geübt wird, ist in sechs Abschnitte unterteilt:

1. Eine kurze Erklärung, wie man sich in der Vollkommenheit der Weisheit auf den Pfaden der Ansammlung und der Vorbereitung schult
2. Eine ausführliche Erklärung, wie man sich in der Vollkommenheit der Weisheit auf den Pfaden der Ansammlung und der Vorbereitung schult
3. Eine Erklärung, wie man sich in der Vollkommenheit der Weisheit auf dem Pfad des Sehens schult
4. Eine Erklärung, wie man sich in der Vollkommenheit der Weisheit auf dem Pfad der Meditation schult
5. Eine Erklärung, wie der Pfad des Nicht-mehr-Lernens erlangt wird
6. Schlussfolgerung

EINE KURZE ERKLÄRUNG, WIE MAN SICH IN DER VOLLKOMMENHEIT DER WEISHEIT AUF DEN PFADEN DER ANSAMMLUNG UND DER VORBEREITUNG SCHULT

So sprach er, und der höhere Avalokiteshvara, der Bodhisattva, das große Wesen, antwortete dem ehrwürdigen Shariputra wie folgt:

«Shariputra, welcher Sohn oder welche Tochter der Überlieferungslinie auch immer sich in der Praxis der tiefgründigen Vollkommenheit der Weisheit üben möchte, sollte es auf vollendete Weise wie folgt betrachten: anschließend auf vollendete und richtige Weise auch die fünf Anhäufungen als leer von inhärenter Existenz betrachten.

Avalokiteshvaras Antwort enthält direkt und indirekt den folgenden Ratschlag: Übende, männliche und weibliche, die in die Mahayana Überlieferung eingetreten sind und sich in der tiefgründigen Praxis der Vollkommenheit der Weisheit schulen möchten, sollten zuerst mit einem anschließenden gültigen Erkenner betrachten, oder verstehen, dass ihr eigenes Ich, oder Selbst, leer von inhärenter Existenz ist oder dass ihm inhärente Existenz fehlt. Dann sollten sie betrachten, oder verstehen, dass ihre fünf Anhäufungen ebenfalls leer von inhärenter Existenz sind. Haben sie dies verstanden, sollten Übende, durch Mitgefühl für alle Lebewesen motiviert, über die Selbstlosigkeit der Person meditieren, die bloße Abwesenheit ihres eigenen inhärent existenten Ich, oder Selbst. Sie sollten auch über die Selbstlosigkeit von Phänomenen meditieren, die bloße Abwesenheit ihrer fünf inhärent existenten Anhäufungen. So sollten sich diese Übenden in vollendeter und richtiger Weise in der Vollkommenheit der Weisheit schulen.

Nur Bodhisattvas auf den Pfaden der Ansammlung und Vorbereitung verwirklichen Leerheit mit einem anschließenden gültigen Erkenner. Bodhisattvas auf den Pfaden des Sehens und der Meditation müssen sich nicht auf einen anschließenden gültigen Erkenner verlassen, um Leerheit zu verstehen. Sie verwirklichen Leerheit mit einem direkten gültigen Erkenner. Deshalb erklärt dieser Teil des Sutra, wie man sich in der Vollkommenheit der Weisheit und Leerheit auf den Mahayanapfaden der Ansammlung und Vorbereitung schult.

Das Wort «anschließend» hat hier eine große Bedeutung. Es zeigt, dass der Geist, mit dem wir Leerheit zuerst verstehen, ein anschließender gültiger Erkenner ist. Ein gültiger Erkenner verwirklicht sein Objekt nichttäuschend. Ein solcher Geist wird uns bezüglich des Objekts, das er erfasst, niemals täuschen. Es gibt zwei Arten von gültigen Erkennern: anschließende gültige Erkenner und direkte gültige Erkenner. Sie werden dadurch unterschieden, dass sich ein anschließender gültiger Erkenner auf ein Zeichen, oder eine Begründung, verlässt, um sein Objekt zu verstehen. Ein direkter gültiger Erkenner versteht sein Objekt direkt, er braucht keine Begründung.

Wir haben sehr viel Erfahrung mit direkten gültigen Erkennern. Diese Geisteskategorie schließt jedes gültige Sinnesbewusstsein ein. Zum Beispiel ist das Augenbewusstsein, das dieses Buch auf richtige Weise erfasst, ein direkter gültiger Erkenner. Es erfasst dieses Buch direkt, ohne sich auf Begründungen zu verlassen. Anschließende gültige Erkenner sind weniger geläufig. Dennoch sind sie eine wichtige Form des Verstehens. Nehmen wir ein einfaches Beispiel: Wenn wir Rauch aus dem Kamin eines Hauses aufsteigen sehen, können wir sicher sein, dass in diesem Haus ein Feuer angezündet wurde. Wir können das Feuer nicht direkt sehen, aber der Rauch ist für uns ein Zeichen oder eine Begründung. Wir wissen ohne jeden Zweifel, dass dort ein Feuer ist (oder war). Rauch ist somit ein richtiges Zeichen, er zeigt die Existenz von Feuer an. Und der Geist, der aufgrund dieses Zeichens die Existenz des Feuers verwirklicht, ist ein anschließender

Maitreya

gültiger Erkenner. Ebenso wissen wir manchmal, dass jemand unglücklich ist, wenn wir ihn weinen sehen. Obwohl wir den Geisteszustand dieses Menschen nicht direkt sehen können, entwickeln wir einen anschließenden gültigen Erkenner. Er erkennt, dass dieser Mensch unglücklich ist, weil wir das äußere Verhalten als Zeichen nehmen. Da ein anschließender gültiger Erkenner von einer Begründung abhängt, müssen wir zuerst die Begründung verstehen, erst dann können wir einen anschließenden gültigen Erkenner erzeugen. Er wird ein «anschließender gültiger Erkenner» genannt, weil er sein Objekt versteht, nachdem er eine gültige Begründung verstanden hat.

Nicht jeder Geist ist ein gültiger Erkenner, da nicht jeder Geist sein Objekt nichttäuschend erkennt. In der Dämmerung kann unserem Augenbewusstsein zum Beispiel ein Baumstumpf als Person erscheinen. Dieser Geist ist kein gültiger Geist, er täuscht uns. Auch kann ein Kind denken, dass gewisse Beeren gut schmecken, weil sie schwarz sind und glänzen. Dieser Gedanke ist einem anschließenden Erkenner ähnlich, aber er ist kein gültiger Geist, weil die verwendete Begründung nicht richtig ist. Der resultierende Geist ist trügerisch und könnte sogar zum Tod des Kindes führen.

Wenn wir fehlerlose Kenntnis von einem Phänomen gewinnen wollen, müssen wir es mit einem gültigen Erkenner begreifen. Es gibt viele Phänomene, die wir augenblicklich durch direkte gültige Erkenner verstehen, einfach indem wir sie sehen, hören, riechen und so weiter. Solche Objekte werden «manifeste Objekte» genannt. Andere Phänomene, wie die Geistesarten anderer Menschen, sei es ihr Vertrauen, ihre Absichten oder Sichtweisen, sind für uns verborgene Objekte. Gegenwärtig haben wir keine direkte Kenntnis dieser Phänomene. Dennoch können wir sie durch anschließende gültige Erkenner in Abhängigkeit von Zeichen oder Begründungen richtig verstehen.

Genauso ist Leerheit ein verborgenes Objekt und kann anfänglich nicht direkt verwirklicht werden. Zuerst müssen wir ein richtiges Verständnis der Begründungen, die auf Leerheit hinweisen, erlangen. Dann können wir durch Nachdenken über diese Begründungen eine anschließende gültige Verwirklichung von Leerheit gewinnen. Einige Bücher verwenden die Worte «schlussfolgernder gültiger Erkenner» statt «anschließender gültiger Erkenner», doch die Bedeutung ist dieselbe.

Anschließende gültige Erkenner, die Leerheit verwirklichen, haben die Natur von Weisheit. Es gibt drei Arten von Weisheit: Weisheit, die durch Zuhören entsteht, Weisheit, die durch Kontemplation entsteht, und Weisheit, die durch Meditation entsteht. Die erste Weisheit, die durch Zuhören entsteht, ist ein anschließender gültiger Erkenner, der Leerheit verwirklicht. Er entsteht in erster Linie in Abhängigkeit von Begründungen, die von anderen gegeben werden. Wenn wir sehr starke Prägungen aus früheren Leben haben, ist es möglich Leerheit zu verwirklichen, ohne in diesem Leben Unterweisungen von anderen zu erhalten. Im Allgemeinen aber müssen wir alle Unterweisungen über Leerheit hören oder lesen, bevor wir eine Verwirklichung erlangen können. Deshalb ist bei den meisten Menschen der Geist, der zum ersten Mal Leerheit verwirklicht, eine Weisheit, die durch Zuhören entsteht. Wenn wir, nachdem wir Leerheit auf diese Weise verwirklicht haben, weiter nachdenken und meditieren, erlangen wir eine tiefere Verwirklichung, die in Abhängigkeit von Begründungen entsteht, über die wir selbst nachgedacht haben. Dies ist eine Weisheit, die durch Kontemplation entsteht. Wenn wir nun fortfahren über

Leerheit zu meditieren, gewinnen wir durch die Kraft der Meditation eine besondere gültige Erfahrung von Leerheit. Dieses besondere Verständnis ist Weisheit, die durch Meditation entsteht. Obwohl diese drei Weisheiten dasselbe Objekt – Leerheit – verwirklichen, unterscheiden sie sich in ihrer Kraft und der Art und Weise, wie sie entstanden sind. Die Weisheit, die durch Meditation entsteht, ist kraftvoller als die Weisheit, die durch Kontemplation entsteht, und diese wiederum ist kraftvoller als die Weisheit, die durch Zuhören entsteht.

Bodhisattvas auf dem Pfad der Ansammlung verbessern ihre Verwirklichung von Leerheit hauptsächlich, indem sie sich auf die Weisheit, die durch Zuhören und Kontemplation entsteht, stützen. Bodhisattvas auf diesem Pfad haben das ruhige Verweilen – eine sehr geschmeidige, einsgerichtete Konzentration – schon erreicht. Ohne ruhiges Verweilen ist es nicht möglich, den vollkommenen, nichterzeugten Geist des Bodhichitta zu erlangen, der das Tor zu den Mahayanapfaden ist. Mit ihrer Konzentration des ruhigen Verweilens meditieren sie über Leerheit. Bodhisattvas auf dem Pfad der Ansammlung können die Weisheit erzeugen, die durch Zuhören und Kontemplation entsteht, aber nicht die Weisheit, die durch Leerheit beobachtende Meditation entsteht. Diese letzte Weisheit ist der Geist des Leerheit beobachtenden höheren Sehens. Diesen besitzen Bodhisattvas auf dem Pfad der Ansammlung nicht.

Leerheit beobachtendes höheres Sehen entwickelt sich aus der Meditation über Leerheit mit ruhigem Verweilen und wird erreicht, wenn der Meditierende eine besondere, durch Weisheit herbeigeführte Geschmeidigkeit erlangt. Der Geist des höheren Sehens kann Leerheit untersuchen, während er gleichzeitig in einsgerichteter Konzentration über Leerheit verweilt. Genauso wie ein kleiner Fisch in einem ruhigen See schwimmen kann, ohne die Wasseroberfläche zu bewegen, kann der Geist des höheren Sehens Leerheit erforschen, ohne die Konzentration des ruhigen Verweilens über Leerheit zu stören.

In dem Moment, in dem ein Bodhisattva Leerheit beobachtendes höheres Sehen erlangt, hat er oder sie den Mahayanapfad der Vorbereitung erreicht. Folglich besitzen Bodhisattvas auf dem Pfad der Vorbereitung, nicht aber Bodhisattvas auf dem Pfad der Ansammlung, Leerheit beobachtendes höheres Sehen. Wenn Bodhisattvas den Pfad der Vorbereitung erreicht haben, fahren sie fort, die Praxis der Vollkommenheit der Weisheit zu verbessern. Sie verlassen sich auf Leerheit beobachtendes höheres Sehen – das ist die Weisheit, die durch Leerheit beobachtende Meditation entstanden ist. Obwohl Bodhisattvas, sowohl auf dem Pfad der Vorbereitung als auch auf dem Pfad der Ansammlung, Leerheit durch anschließende gültige Erkenner verwirklichen, gibt es Unterschiede in der Art der Weisheit, die Leerheit auf diesen zwei Pfaden beobachtet.

Abschließend erklärt dieser Teil der Antwort Avalokiteshvaras, dass wir über die Leerheit der Person und der fünf Anhäufungen meditieren sollten, wenn wir Mahayana Praktizierende sind, die die Vollkommenheit der Weisheit entwickeln wollen. Während wir auf dem Pfad der Ansammlung sind, sollten wir unser Verständnis von Leerheit erweitern, indem wir uns in erster Linie auf die Weisheit, die durch Zuhören und Kontemplation entsteht, verlassen. Indem wir unsere Erfahrung von Leerheit festigen, werden wir Leerheit beobachtendes höheres Sehen entwickeln und zum Pfad der Vorbereitung fortschreiten. Auf diesem Pfad sollten wir fortfahren über Leerheit zu meditieren, indem wir uns auf die Weisheit stützen, die durch Meditation entsteht.

Wenn wir mit Bodhichitta Motivation über die Leerheit unseres Selbst oder irgendeine unserer fünf Anhäufungen – Körper, Gefühl, Unterscheidung, zusammensetzende Faktoren und Bewusstsein – meditieren, schulen wir uns in der Vollkommenheit der Weisheit.

EINE AUSFÜHRLICHE ERKLÄRUNG, WIE MAN SICH IN DER VOLLKOMMENHEIT DER WEISHEIT AUF DEN PFADEN DER ANSAMMLUNG UND DER VORBEREITUNG SCHULT

Im vorhergehenden Abschnitt des Sutra gab Avalokiteshvara eine kurze Erklärung, wie die Vollkommenheit der Weisheit auf den Pfaden der Ansammlung und der Vorbereitung praktiziert wird. Der nächste Teil seiner Antwort erklärt diese Praxis ausführlicher und wird unter den folgenden zwei Überschriften betrachtet:

1. Die Erklärung der vier Tiefgründigkeiten der Anhäufung von Form
2. Die Erklärung der vier Tiefgründigkeiten der Anhäufungen von Gefühl und so weiter

DIE ERKLÄRUNG DER VIER TIEFGRÜNDIGKEITEN DER ANHÄUFUNG VON FORM

Allgemein gibt es vier Tiefgründigkeiten:

(1) Die Tiefgründigkeit des Endgültigen
(2) Die Tiefgründigkeit des Konventionellen
(3) Die Tiefgründigkeit, dass die zwei Wahrheiten dieselbe Wesenheit sind
(4) Die Tiefgründigkeit, dass die zwei Wahrheiten nominell verschieden sind

Avalokiteshvara legt zuerst die vier Tiefgründigkeiten der Anhäufung von Form dar. Dieser Teil seiner Antwort wird deshalb unter vier Überschriften erläutert:

1. Die Erklärung der Tiefgründigkeit des Endgültigen der Anhäufung von Form
2. Die Erklärung der Tiefgründigkeit des Konventionellen der Anhäufung von Form
3. Die Erklärung der Tiefgründigkeit der Vereinigung der zwei Wahrheiten der Anhäufung von Form
4. Die Erklärung der Tiefgründigkeit der nominellen Unterscheidung der zwei Wahrheiten der Anhäufung von Form

DIE ERKLÄRUNG DER TIEFGRÜNDIGKEIT DES ENDGÜLTIGEN DER ANHÄUFUNG VON FORM

Form ist leer

Die Tiefgründigkeit des Endgültigen der Anhäufung von Form ist die Leerheit von Form. Das bedeutet, dass Form leer von inhärenter Existenz ist. Die Leerheit von Form ist die endgültige Natur von Form und wird, weil es ein sehr tiefgründiges Thema ist, «die Tiefgründigkeit des Endgültigen der Anhäufung von Form» genannt.

Zuerst sollten wir genau verstehen, was die fünf Anhäufungen sind. Wie zuvor erwähnt sind die fünf Anhäufungen Form, Gefühl, Unterscheidung, zusammensetzende Faktoren und Bewusstsein. Sie werden «Anhäufungen» genannt, weil sie jeweils aus vielen Elementen zusammengesetzt sind.

Form enthält alle Objekte der fünf Arten von Sinnesbewusstsein – alles, was unsere Augen sehen und unsere Ohren hören können, was unsere Nase riechen, unsere Zunge schmecken und unser Körper fühlen oder berühren kann. Deshalb sind alle groben physischen Objekte, wie Berge, Tische und Bücher, wie auch alle Farben und Formen, Klänge, Gerüche, Geschmack und Tastobjekte, in der Anhäufung von Form enthalten. Die Anhäufung von Form einer Person ist der Körper der Person.

Gefühl ist ein Teil des Bewusstseins, dessen Funktion es ist, Glück, Unglück oder Gleichgültigkeit zu erfahren. Es ist ein geistiger Faktor, der alle Arten des Bewusstseins begleitet. Kommt ein primärer Geist mit seinem Objekt in Kontakt, hat Gefühl die Funktion, das Objekt als angenehm, unangenehm oder neutral zu erleben. Deshalb gibt es drei Arten von Gefühlen: angenehme Gefühle, unangenehme Gefühle und neutrale Gefühle.

Unterscheidung ist ein Teil des Bewusstseins, dessen Funktion es ist, die besonderen Zeichen oder Merkmale eines Objekts zu erkennen. Mit Unterscheidung können wir ein Objekt von einem anderen, richtig von falsch und so weiter unterscheiden. Ohne Gefühl und Unterscheidung könnte unser Geist nicht funktionieren und wir wären nicht imstande, irgendetwas zu tun.

Zusammensetzende Faktoren umfassen zwei Arten von Phänomenen: geistige Faktoren und nichtassoziierte zusammengesetzte Phänomene. Insgesamt gibt es einundfünfzig geistige Faktoren. Außer Gefühl und Unterscheidung sind alle in der Anhäufung der zusammensetzenden Faktoren enthalten. Diese Anhäufung enthält die anderen allesbegleitenden geistigen Faktoren wie Aufmerksamkeit, Absicht und Kontakt; die tugendhaften geistigen Faktoren wie Vertrauen und Bemühen; die geistigen Faktoren, die Verblendungen sind, wie Wut und Neid; und die geistigen Faktoren anderer Art wie Achtsamkeit und Bedauern. Die nichtassoziierten zusammengesetzten Phänomene enthalten alle unbeständigen Phänomene, die weder Form noch Geist sind, wie Personen, Leben, Zeit und Potenziale. Personen sind in dieser Kategorie enthalten, weil sie unbeständig sind und weil das Phänomen Person, obwohl es Geist und Form besitzt, selbst weder Geist noch Form ist. Die Anhäufung der zusammensetzenden Faktoren einer Person beinhaltet alle zusammensetzenden Faktoren innerhalb des Kontinuums der Person.

Bewusstsein ist ein primärer Geist, dessen Funktion es ist, die allgemeine Wesenheit eines Objekts zu erkennen. Die Anhäufung von Bewusstsein beinhaltet die sechs Arten von primärem Geist, nämlich das Augenbewusstsein, das Ohrenbewusstsein, das Nasenbewusstsein, das Zungenbewusstsein, das Körperbewusstsein und das geistige Bewusstsein.

Wir sollten wissen, dass unsere eigenen fünf Anhäufungen unser Körper, unsere Gefühle, Unterscheidungen, zusammensetzende Faktoren und unser Bewusstsein sind. Sie sind die Grundlagen für die Zuschreibung unseres Selbst. Nehmen wir irgendeine dieser fünf Anhäufungen wahr, entwickeln wir aus Unwissenheit den Gedanken «ich» oder «mein». Tatsächlich ist aber keine dieser fünf Anhäufungen unser Selbst.

In diesem Sutra wird die Anhäufung von Form als erste Grundlage verwendet, um Leerheit festzulegen. Auch im *Sutra der Vollkommenheit der Weisheit in hunderttausend Zeilen*, in dem hundertacht Objekte des Wissens von Form bis zu Allwissenheit als Grundlage für die Festlegung von Leerheit verwendet werden, wird Form als erstes genommen. Wenn wir Leerheit durch die Verwendung einer Grundlage wie

Form einmal verwirklicht haben, ist es nicht schwer, die Leerheit anderer Phänomene festzulegen.

Leerheit wird in den verschiedenen buddhistischen Schulen auf unterschiedliche Weise interpretiert. Diese Darstellung steht in Übereinstimmung mit dem Madhyamika-Prasangika System von Lehrsätzen, Buddhas endgültiger Sicht, wie sie in den *Sutras der Vollkommenheit der Weisheit* dargelegt wird. Den verschiedenen Bedürfnissen und Fähigkeiten seiner Anhänger entsprechend lehrte Buddha unterschiedliche philosophische Systeme. Seine Absicht war es jedoch, schließlich alle Wesen zur endgültigen Sicht der Madhyamika-Prasangika Schule zu führen. Es gibt keine Sicht, die höher ist als diese.

Entsprechend der Madhyamika-Prasangika Schule ist Leerheit das bloße Fehlen von inhärenter Existenz. Wenn Avalokiteshvara sagt, Form ist «leer», meint er daher, dass Form wie unser Körper leer von inhärenter Existenz ist, oder dass Form nicht inhärent existiert. Um die Bedeutung dieser Aussage zu verstehen, müssen wir die Bedeutung von inhärenter Existenz kennen. Wir müssen verstehen, welche Merkmale ein Objekt hätte, wenn es inhärent existieren würde.

Wenn etwas inhärent existent wäre, besäße es eine Existenz in sich selbst, unabhängig von anderen Phänomenen. Entsprechend der Madhyamika-Prasangika Schule würde ein Objekt wahrhaft existeren, von seiner eigenen Seite existieren, wenn es inhärent existent wäre. Ein Objekt wäre wahrhaft existent, wenn es wahrhaft so existierte, wie es erscheint, und durch Untersuchung gefunden werden könnte. Etwas existiert von seiner eigenen Seite, wenn seine Existenz von Seiten des Objekts selbst festgelegt wird, ohne von einem erfassenden Bewusstsein abhängig zu sein.

Samantabhadra

Uns, als gewöhnlichen Wesen, erscheinen alle Objekte, als ob sie inhärent existieren würden. Objekte scheinen unabhängig von unserem Geist und unabhängig von anderen Phänomenen zu sein. Das Universum scheint aus einzelnen Objekten zu bestehen, die eine Existenz von ihrer Seite besitzen. Diese Objekte erscheinen, als würden sie an sich als Sterne, Planeten, Berge, Menschen und so weiter existieren und darauf «warten», von bewussten Wesen erfahren zu werden. Normalerweise kommen wir nicht auf die Idee, dass wir in irgendeiner Weise an der Existenz dieser Phänomene beteiligt sind. Stattdessen scheint jedes Objekt eine Existenz zu haben, die völlig unabhängig von uns und allen anderen Objekten ist.

Mit seinen Worten «Form ist leer» sagt Avalokiteshvara, dass es Objekten, die in der Anhäufung von Form enthalten sind, in Wirklichkeit gänzlich an inhärenter Existenz fehlt, obwohl sie inhärent zu existieren scheinen. Die Art und Weise, wie diese Objekte tatsächlich existieren, ist jedoch völlig anders als die Art und Weise, wie sie zu existieren scheinen.

Die Frage, ob Objekte inhärent existieren oder nicht, ist äußerst wichtig, weil alle unsere Leiden und unsere Unzufriedenheit auf das Sichklammern an die eigene und die inhärente Existenz anderer Phänomene zurückzuführen sind. Um Befreiung von Leiden und volle Erleuchtung zu erlangen, müssen wir verwirklichen, dass Phänomene keine inhärente Existenz besitzen.

Wie zuvor erklärt müssen wir uns, bis wir den Pfad des Sehens erreichen, auf logische Begründungen stützen, um Leerheit zu verwirklichen. Dieses Sutra gibt keine expliziten Begründungen, die die Leerheit der inhärenten Existenz von Form beweisen, aber in den längeren *Sutras der Vollkommenheit der Weisheit* werden viele Begründungen gegeben. Diese Begründungen können übernommen und hier verwendet werden. Die Erklärungen von Leerheit, die im *Sutra der Vollkommenheit der Weisheit in hunderttausend Zeilen* gegeben werden, sind in den zwei kürzeren *Sutras der Vollkommenheit der Weisheit*, die fünfundzwanzigtausend und achttausend Zeilen enthalten, wie auch im *Zusammengefassten Sutra der Vollkommenheit der Weisheit* verkürzt dargestellt. Trotz der zusammengefassten Erklärungen in den kürzeren Sutras werden alle wesentlichen Begründungen des ausführlichen Sutra bewahrt.

Im *Zusammengefassten Sutra der Vollkommenheit der Weisheit* sagt Buddha, dass Form und die anderen Anhäufungen leer von inhärenter Existenz sind, weil wir sie nicht finden können, wenn wir sie mit Weisheit untersuchen. So wie die Tiefe des Ozeans nicht durch Abschießen eines Pfeiles gemessen werden kann. Es ist klar, dass wir die Tiefe des Ozeans nicht ermitteln können, wenn wir einen Pfeil in den Ozean schießen. Auf ähnliche Weise werden wir, wenn wir die Anhäufungen mit scharfer Weisheit untersuchen, nichts finden, worauf wir zeigen und wovon wir sagen können: «Das ist die Anhäufung von Form» und so weiter. Wenn wir nicht zufrieden sind mit dem bloßen Namen «Anhäufungen», sondern versuchen die Anhäufungen selbst zu entdecken, werden wir sie nicht finden. Die Tatsache, dass die Anhäufungen nicht gefunden werden können, wenn wir sie mit Weisheit suchen, benutzte Buddha als Begründung, um zu zeigen, dass es den Anhäufungen an inhärenter Existenz fehlt.

Deshalb kann unsere Unfähigkeit, Form durch analytische Untersuchung zu finden, verwendet werden, um die Leerheit von Form aufzuzeigen. Wir können unseren Körper als Beispiel für die Anhäufung von Form nehmen, um zu veranschaulichen, wie diese Begründung angewendet wird. Wenn wir gewöhnliche Wesen sind, nehmen wir unseren Körper als inhärent existent wahr. Er scheint eine einzelne Wesenheit zu sein, die vom Rest des Universums unabhängig ist und sich nicht auf irgendeinen begrifflichen Prozess stützen muss, um zu existieren. Er erscheint uns als ein solides, eigenständiges Objekt, das aus eigener Kraft existiert. Weil wir unseren Körper auf diese Weise wahrnehmen, schätzen wir ihn und reagieren entsprechend auf Kälte, Hunger, sanfte Liebkosungen und so weiter.

Wäre unser Körper wirklich inhärent existent, so wie er uns erscheint, könnten wir erwarten, ihn durch eine Untersuchung zu finden. Das müsste so sein, weil unser Körper aus eigener Kraft, unabhängig von anderen Phänomenen, existieren würde. Folglich könnten wir durch physisches Handeln oder in der Vorstellung alle Objekte entfernen, die nicht unser Körper sind. Unser Körper würde dennoch, für sich allein existierend, zurückbleiben. Besäßen wir also einen inhärent existenten Körper, sollten wir auf ihn zeigen können, ohne dass wir auf ein Phänomen zeigen, das nicht unser Körper ist.

Schauen wir nun, ob wir unseren Körper auf diese Weise finden können. Worauf zeigen wir, wenn wir auf unseren Körper zeigen wollen? Wir zeigen vielleicht auf das Zentrum unseres Körpers in der Gegend unseres Brustkorbs oder auf unseren Kopf, einen Arm, ein Bein und so weiter. Zeigen wir auf unseren Körper, wenn wir auf unseren Brustkorb zeigen, dann folgt, dass unser Brustkorb unser Körper sein muss. Wenn dem so ist, müssen auch unser Kopf, unser Arm und so weiter unser Körper sein. Es ist klar, dass diese Objekte Teile unseres Körpers sind, aber sie sind nicht der Körper selbst. Wären sie es, dann hätten wir folglich viele Körper, weil es viele Teile des Körpers gibt. Das ist offensichtlich Unsinn. Wenn andererseits die Teile unseres Körpers unser Körper selbst sind, folgt daraus, da wir nur einen Körper haben, dass die Teile unseres Körpers ein einzelnes Objekt sind. Auch das ist Unsinn. Die Schlussfolgerung muss deshalb sein, dass wir, wenn wir auf einen Teil unseres Körpers wie unseren Brustkorb zeigen, auf ein Phänomen deuten, das nicht unser Körper selbst ist. Deshalb können wir sicher sein, dass wir unseren Körper nicht durch Untersuchung innerhalb seiner einzelnen Teile finden können.

Nun denken wir vielleicht, dass die Ansammlung der verschiedenen Teile unseres Körpers unser Körper ist. Wir haben vielleicht das Gefühl, unseren Körper gefunden zu haben, wenn wir auf die Ansammlung unseres Brustkorbes, unseres Kopfes, unserer Arme und so weiter zeigen. Diese Möglichkeit müssen wir sorgfältig untersuchen. Wir haben schon festgestellt, dass jeder einzelne Teil unseres Körpers nicht unser Körper ist. Die Ansammlung der Teile unseres Körpers ist folglich eine Ansammlung von Objekten, die kein Körper sind. Wir können sagen, dass es eine Ansammlung von «Nichtkörpern» ist. Nun ist es für die bloße Ansammlung von Nichtkörpern unmöglich ein Körper zu sein, genauso wie es für eine Ansammlung von Nichtschafen, z.B. Ziegen, unmöglich ist, Schaf zu sein. Eine Ansammlung von Schafen sind Schafe und eine Ansammlung von Büchern sind Bücher. In gleicher Weise ist eine Ansammlung von Nichtkörpern Nichtkörper. Sie kann unmöglich ein Körper sein. Daraus können wir schließen, dass die Ansammlung der Teile unseres Körpers Teil unseres Körpers ist, aber nicht unser Körper selbst.

Es gibt noch einen anderen Weg zu wissen, dass die Ansammlung der Teile unseres Körpers nicht unser Körper ist. Wenn wir auf die Ansammlung der Teile unseres Körpers zeigen und sagen, dass diese Ansammlung an sich unser Körper ist, dann muss die Ansammlung der Teile unseres Körpers unabhängig von allen Phänomenen existieren, die nicht unser Körper sind. Daraus würde folgen, dass die Ansammlung der Teile unseres Körpers unabhängig von den Teilen selbst existiert. Das ist zweifellos absurd. Wenn es wahr wäre, könnten wir alle Teile unseres Körpers entfernen und die Ansammlung der Teile würde übrig bleiben. Wieder schließen wir daraus, dass die Ansammlung der Teile unseres Körpers nicht als unser Körper selbst identifiziert werden kann.

Bis jetzt gelang es uns also nicht, unseren Körper innerhalb der einzelnen Teile unseres Körpers oder in der Ansammlung dieser Teile zu finden. Die einzige noch verbleibende Möglichkeit ist, ihn gänzlich getrennt von den Teilen zu suchen. Wenn unser Körper auf diese Weise existieren würde, könnten wir alle Teile unseres Körpers entfernen und unser Körper würde trotzdem übrig bleiben. Das ist ganz offensichtlich nicht der Fall. Daraus müssen wir schließen, dass wir getrennt von den Teilen unseres Körpers nichts finden, auf nichts deuten können, das unser Körper ist.

Wir haben nun alle möglichen Orte, an denen wir unseren Körper finden können, in Betracht gezogen und es ist uns nicht gelungen, ihn zu entdecken. Wenn unser Körper wirklich inhärent existieren würde, wie er erscheint, müssten wir ihn finden können, indem wir ihn von allen anderen Phänomenen trennen. Da wir dabei keinen Erfolg hatten, gelangen wir zu der gesicherten Schlussfolgerung, dass unser Körper, den wir normalerweise sehen, überhaupt nicht existiert.

Sofern wir es nicht auf diese Weise untersuchen, haben wir ganz natürlich die Sicht, dass wir einen Körper haben, der seine eigene, unabhängige Existenz hat. Wir haben das Gefühl, dass wir diesen selbstexistenten Körper sehen und auf ihn zeigen können. In Wirklichkeit ist es aber so, dass wir, wann immer wir unseren Körper sehen oder auf ihn zeigen, Teile unseres Körpers, die nicht unser Körper sind, sehen oder auf sie zeigen. Wir sollten über diesen Punkt sorgfältig nachdenken. Was sehen wir tatsächlich, wenn wir sagen, dass wir unseren Körper sehen? Wir sehen nur die Teile unseres Körpers: unsere Arme, Beine und so weiter. Wenn wir unseren Körper betrachten, gibt es nichts zu sehen, das nicht ein Teil unseres Körpers ist. Und wenn etwas ein Teil unseres Körpers ist, ist es zwangsläufig nicht unser Körper. Wie bereits erwähnt: Wäre jeder Teil unseres Körpers unser Körper, würde daraus folgen, dass wir viele Körper hätten. Wir erwägen vielleicht, dass die Ansammlung der Teile unseres Körpers unser Körper ist, aber die Ansammlung der Teile unseres Körpers ist und bleibt nur Teile unseres Körpers. Auch wenn wir die Ansammlung der Teile unseres Körpers sehen, sehen wir nur Teile unseres Körpers.

Nehmen wir einen Körper wahr, der etwas anderes ist als die Teile des Körpers, dann ist dieser wahrgenommene Körper das, was man den «inhärent existenten Körper» nennt. Dies ist das verneinte Objekt der Leerheit unseres Körpers. Wie sehr wir auch suchen, wir werden niemals einen solchen Körper finden. Wenn wir unseren Körper suchen, nehmen wir nur die Teile unseres Körpers wahr. Abgesehen von diesen Teilen gibt es keinen Körper, der gefunden werden kann.

Suchen wir nach unserem Körper, können wir ihn nicht finden. Nun denken wir womöglich, dass wir, wenn es uns mit unserem Körper selbst nicht gelingt, wenigstens seine Teile, den Kopf, die Arme und so weiter finden können. Untersuchen wir dies jedoch sorgfältig und nehmen als

Beispiel unseren Kopf, dann haben wir erneut Schwierigkeiten, das Objekt unserer Untersuchung zu finden. Zeigen wir auf unseren Kopf, dann zeigen wir auf unsere Nase, Augen, Wangen und so weiter. Dieselben Argumente, die bewiesen, dass die Teile unseres Körpers nicht unser Körper sind, können verwendet werden, um aufzuzeigen, dass die Teile unseres Kopfes nicht unser Kopf sind. Ebenso ist die Ansammlung der Teile unseres Kopfes nicht unser Kopf und unser Kopf kann auch nirgendwo sonst gefunden werden. Auf diese Weise verstehen wir, dass unser Kopf nicht inhärent existiert. Wir können die gleiche Argumentation anwenden, um zu zeigen, dass unsere Nase, die lebenden Zellen unserer Nase und sogar die Moleküle und Atome, aus denen die Zellen bestehen, alle leer wie Raum sind.

Die Leerheit unseres Körpers und seiner Teile kann am Beispiel einer Spielzeugschlange illustriert werden. Wenn jemand eine Spielzeugschlange aus Gummi in unser Zimmer legt und wir sie das erste Mal sehen, glauben wir vielleicht, es sei eine echte Schlange und erschrecken. Obwohl sich keine eigentliche Schlange in unserem Zimmer befindet, erscheint unserem Geist sehr lebhaft eine Schlange. Für kurze Zeit klammern wir uns an diese Erscheinung und entwickeln infolgedessen Angst. Wenn wir jedoch genauer hinsehen, werden wir entdecken, dass die Schlange nicht so existiert, wie sie erscheint. Zweifellos gibt es keine echte Schlange, die von ihrer Seite existiert; wir haben mit unserem begrifflichen Geist eine Schlange bloß zugeschrieben. Außer der bloßen Erscheinung einer Schlange in unserem Geist gibt es nirgendwo in unserem Zimmer eine echte Schlange. Verstehen wir dies, sind alle unsere Ängste in Bezug auf die Schlange augenblicklich verschwunden.

Wenn wir es sorgfältig prüfen, entdecken wir, dass unser Körper und die Schlange, die unserem Geist im obigen Beispiel erscheint, auf sehr ähnliche Weise existieren. Genauso wie die Schlange erscheint unser Körper unserem Geist sehr lebhaft und scheint aus sich selbst heraus zu existieren. Doch wie bei der Schlange können wir unseren Körper durch Untersuchung nicht finden. Wir entdecken, dass er keine eigene Existenz hat, sondern bloß durch unseren Geist zugeschrieben wird. So wie die Schlange ist unser Körper eine bloße Erscheinung unseres Geistes. Solange wir glauben, dass der Körper seine eigene inhärente Existenz hat, kann er eine Quelle von Angst und Schmerzen sein. Verstehen wir aber, dass er bloß durch unseren Geist zugeschrieben wird, verringern sich unsere Ängste und so weiter und werden schließlich verschwinden, genauso wie unsere Angst vor der Schlange verschwindet, wenn wir begreifen, dass sie nur zugeschrieben ist.

Obwohl die Schlange und unser Körper auf eine sehr ähnliche Weise existieren, gibt es einen wichtigen Unterschied. Wenn wir entdecken, dass die Schlange in Wirklichkeit eine Spielzeugschlange ist und begreifen, dass die echte Schlange bloß durch unseren Geist zugeschrieben wurde, kommen wir zu dem Schluss, dass in unserem Zimmer keine wirkliche Schlange existiert. Verstehen wir jedoch, dass unser Körper bloß durch unseren Geist zugeschrieben wird, wäre es entsprechend der normalen Sicht ein großer Fehler daraus zu schließen, dass unser Körper überhaupt nicht existiert. Es ist wahr, dass der inhärent existente Körper, der unserem Geist normalerweise erscheint, genauso wenig existiert wie die echte Schlange, die in unserem Zimmer zu sein scheint – beide sind vollkommen nichtexistent. Ein Körper, der leer von inhärenter Existenz ist und bloß auf die Ansammlung der Teile unseres Körpers zugeschrieben wird, existiert jedoch. Ein bloß zugeschriebener Körper existiert, weil die Teile unseres Körpers, da sie die Funktionen eines Körpers ausführen können, aufgrund Übereinkunft eine geeignete Grundlage bilden, um einen Körper zuzuschreiben. Ein gestreiftes Gummiband ist jedoch keine geeignete Grundlage, um eine echte Schlange zuzuschreiben, da es die Funktionen einer Schlange nicht ausführen kann. Deshalb können wir sagen, dass in diesem Fall überhaupt keine echte Schlange in unserem Zimmer existiert. Beide, die Schlange und unser Körper, werden bloß durch unseren Geist zugeschrieben; doch unser Körper ist richtig zugeschrieben, wohingegen die Schlange falsch zugeschrieben ist. Um die mit unserem Körper verbundenen Leiden zu überwinden, müssen wir verstehen, dass der Körper, den wir normalerweise sehen – der inhärent existente Körper –, nicht existiert. Um aber unsere alltäglichen Aufgaben zu erledigen, müssen wir verstehen, dass der bloß zugeschriebene Körper sehr wohl existiert.

Ein anderes Beispiel, das oft gebraucht wird, um die Bedeutung der Leerheit zu illustrieren, ist die Erfahrung des Träumens. Wenn wir träumen, können wir äußerst lebhafte Erfahrungen machen. Wir reisen vielleicht in exotische Länder, treffen schöne oder furchteinflößende Menschen, tun viele verschiedene Dinge und erleben infolgedessen großes Vergnügen oder Leiden und Schmerz. In unserem Traum erscheint uns eine ganze Welt, die auf ihre eigene Weise funktioniert. Diese Welt kann der Welt unseres Wachzustandes ähnlich oder auch sehr bizarr sein. In jedem Fall aber erscheint sie uns, solange wir träumen, als ganz real. Sehr selten hegen wir auch nur den leisesten Verdacht, dass das, was wir erleben, nur ein Traum ist. Die Welt, in der wir in unserem Traum leben, scheint ihre eigene Existenz zu haben, völlig unabhängig von unserem

Geist. Und wir reagieren auf sie in unserer gewohnten Art mit Begierde, Wut, Angst und so weiter.

Prüfen wir, während wir noch träumen, ob die Welt die wir erleben wirklich ist oder nicht, indem wir zum Beispiel auf die Objekte um uns herum klopfen oder die Menschen in unserem Traum befragen, erhalten wir wahrscheinlich eine Antwort, die die Wirklichkeit unserer Traumumgebung bestätigt. Tatsächlich aber ist der einzig sichere Weg zu wissen, dass wir geträumt haben, aufzuwachen. Dann begreifen wir augenblicklich und ohne jeden Zweifel, dass die Welt, die wir in unserem Traum erlebt haben, täuschend war und bloß unserem Geist erschienen ist. Wenn wir einmal wach sind, ist es ganz klar, dass das, was wir in einem Traum erlebt haben, nicht von seiner Seite existierte, sondern vollständig von unserem Geist abhängig war. Wenn wir zum Beispiel von einem Elefanten träumen, ist der «Traumelefant» lediglich eine Erscheinung unseres Geistes. Er kann weder in unserem Schlafzimmer noch sonst wo gefunden werden.

Wenn wir es sorgfältig prüfen, werden wir verstehen, dass unsere Welt des Wachzustandes auf ähnliche Weise wie unsere Traumwelt existiert. Wie die Traumwelt erscheint uns die Welt des Wachzustandes auf lebhafte Weise und scheint ihre eigene Existenz zu haben, unabhängig von unserem Geist. Genau wie im Traum glauben wir, dass diese Erscheinung wahr ist und reagieren darauf mit Begierde, Wut, Angst und so weiter. Auch werden wir eine scheinbare Bestätigung unserer Sichtweise erhalten, wenn wir unsere Welt des Wachzustandes oberflächlich prüfen, wie wir es bei der Traumwelt taten, um zu sehen, ob sie tatsächlich auf die Weise existiert, wie sie uns erscheint. Klopfen wir auf die Objekte um uns herum, werden sie ganz fest und wirklich erscheinen und wenn wir andere Menschen fragen, werden sie sagen, dass sie die gleichen Objekte auf die gleiche Weise sehen wie wir. Wir sollten jedoch diese scheinbare Bestätigung der inhärenten Existenz von Objekten nicht als eindeutigen Beweis betrachten, da wir wissen, dass eine ähnliche Prüfung die eigentliche Natur unserer Traumwelt nicht enthüllen konnte. Um die wahre Natur unserer Welt des Wachzustandes zu verstehen, müssen wir sie untersuchen und eingehend darüber meditieren, indem wir die oben beschriebene Art der Analyse anwenden. Verwirklichen wir auf diese Weise Leerheit, verstehen wir, dass Objekte, wie zum Beispiel unser Körper, nicht von ihrer Seite existieren. Sie sind wie der Traumelefant bloße Erscheinungen unseres Geistes. Dennoch funktioniert unsere Welt nach ihren eigenen scheinbaren Regeln in Übereinstimmung mit den Gesetzen von Ursache und Wirkung, genau wie unsere Traumwelt auf ihre eigene Weise funktioniert.

Die Erfahrung der Verwirklichung von Leerheit wird deshalb mit dem Aufwachen verglichen. Wenn wir Leerheit einmal verwirklicht haben, begreifen wir klar und ohne jeden Zweifel, dass die Welt, wie wir sie zuvor erlebt haben, täuschend und unwahr war. Sie schien ihre eigene inhärente Existenz zu haben. Doch wenn wir Leerheit verstanden haben, begreifen wir, dass die Welt vollkommen leer von inhärenter Existenz ist und von unserem Geist abhängt. Tatsächlich wird Buddha manchmal «der Erwachte» genannt, weil er aus dem «Schlaf» der Unwissenheit erwacht ist.

In den Schriften Buddhas wird Leerheit oftmals mit Raum verglichen. Wir sagen, wir sehen Raum, aber wir prüfen normalerweise nicht, welche Art von Raum das ist. Wir sind mit dem bloßen Namen «Raum» zufrieden. Untersuchen wir, was wir tatsächlich sehen, wenn wir sagen, wir sehen Raum, werden wir nichts finden können – er ist einfach leer. Ebenso werden wir, wenn wir nicht mit dem bloßen Namen «mein Körper» zufrieden sind und herausfinden wollen, welche Art von Körper wir sehen, entdecken, dass wir unseren Körper überhaupt nicht sehen können. Unser Körper ist auch leer, wie Raum.

Obwohl wir über leeren Raum sprechen, ist der leere Raum, den wir normalerweise meinen, nicht dasselbe wie die Leerheit unseres Körpers. Dennoch ist leerer Raum das beste Beispiel, das uns hilft, die Bedeutung der tiefgründigen Leerheit zu verstehen. Deshalb müssen wir klar verstehen, was Raum ist.

Es gibt zwei Arten von Raum: erzeugter Raum und nichterzeugter Raum. Erzeugter Raum ist der sichtbare Raum, den wir in einem Zimmer oder am Himmel sehen. Dieser Raum kann nachts dunkel und tagsüber hell werden. Da er auf diese Weise Veränderungen unterworfen ist, ist er ein unbeständiges Phänomen, er ist sichtbar für uns. Nun ist es die charakteristische Eigenschaft erzeugten Raumes, keine Objekte zu behindern. Wenn es Raum in einem Zimmer gibt, können wir dort unbehindert Dinge hinstellen. Ebenso können Vögel unbehindert durch den leeren Himmelsraum fliegen, jedoch nicht durch einen Berg! Deshalb können wir sagen, dass erzeugtem Raum behindernder Kontakt fehlt oder dass er leer davon ist. Dieses bloße Fehlen von behinderndem Kontakt ist nichterzeugter Raum. Da nichterzeugter Raum die bloße Abwesenheit von behinderndem Kontakt ist, ist er keinen momentanen Veränderungen unterworfen und deshalb ein beständiges Phänomen. Während erzeugter Raum sichtbar und einfach zu verstehen ist, ist nichterzeugter Raum eine bloße Abwesenheit und um einiges subtiler. Sobald wir jedoch nichterzeugten Raum verstanden haben, wird es für uns einfacher sein, Leerheit zu verstehen.

Nichterzeugter Raum ist ein negatives Phänomen. Ein negatives Phänomen ist ein Phänomen, das durch den Geist, der dieses Phänomen erfasst, verwirklicht wird, indem das verneinte Objekt des Phänomens ausdrücklich beseitigt wird. Im Fall von nichterzeugtem Raum ist das verneinte Objekt behindernder Kontakt und Raum wird durch einen Geist erkannt, der dieses verneinte Objekt ausdrücklich beseitigt. Ferner ist nichterzeugter Raum ein nichtbestätigendes negatives Phänomen. Das bedeutet, dass nichterzeugter Raum durch die Beseitigung des verneinten Objekts von einem Geist erkannt wird, ohne dass der Geist ein anderes positives Objekt erfasst. Der Geist, der nichterzeugten Raum erkennt, verneint behindernden Kontakt, bestätigt jedoch kein anderes Phänomen. Im Gegensatz dazu gibt es Phänomene, die bestätigende negative Phänomene sind. Ein bestätigendes negatives Phänomen ist ein Phänomen, das durch einen Geist erkannt wird, der das verneinte Objekt des Phänomens ausdrücklich beseitigt und indirekt ein positives Phänomen erkennt. Ein Beispiel eines bestätigenden negativen Phänomens ist mein Kind, das nicht weiblich ist, weil der Geist, der versteht, dass mein Kind nicht weiblich ist, indirekt realisiert, dass mein Kind männlich ist. Nichterzeugter Raum andererseits impliziert kein positives Phänomen; er ist die bloße Abwesenheit von behinderndem Kontakt.

Wie nichterzeugter Raum ist jede Leerheit ein nichtbestätigendes negatives Phänomen. Die Leerheit unseres Körpers zum Beispiel ist das bloße Fehlen oder die bloße Abwesenheit des Körpers, den wir normalerweise sehen, des inhärent existenten Körpers. Kein anderes Objekt wird im Gegenzug erkannt. Der Geist, der die Leerheit unseres Körpers verwirklicht, beseitigt bloß das Objekt der Verneinung, ohne irgendein positives Phänomen zu verwirklichen.

Das nichtbestätigende negative Phänomen, das die bloße Abwesenheit des Körpers ist, den wir normalerweise sehen, ist die Leerheit unseres Körpers.

Nichterzeugter Raum und Leerheit sind beides nichtbestätigende negative Phänomene. Sie haben jedoch unterschiedliche Objekte der Verneinung. Das verneinte Objekt von nichterzeugtem Raum ist behindernder Kontakt. Das verneinte Objekt von Leerheit ist inhärente Existenz. Weil sich nichterzeugter Raum und Leerheit nur in ihren Objekten der Verneinung unterscheiden, ist ein Verständnis von nichterzeugtem Raum so hilfreich, um Leerheit zu verstehen.

Um nichterzeugten Raum zu verstehen, müssen wir zuerst sein verneintes Objekt, behindernden Kontakt, verstehen. Das ist nicht sehr schwierig – sogar Insekten scheinen zu wissen, was das ist. Ein Insekt zum Beispiel wird so weit über einen Tisch laufen, wie es den behindernden Kontakt der Tischoberfläche spüren kann. Es wird aber umkehren, wenn es den Rand des Tisches erreicht, weil dort der behindernde Kontakt endet. Es scheint, dass das Insekt weiß, was behindernder Kontakt ist und kann daher auch seine Abwesenheit erkennen. Verstehen wir, was mit behinderndem Kontakt gemeint ist und wissen, dass nichterzeugter Raum einfach seine bloße Abwesenheit ist, sind wir in der Lage, die Bedeutung von nichterzeugtem Raum zu verstehen. Wenn wir Leerheit verwirklichen wollen, müssen wir ebenso zuerst das verneinte Objekt der Leerheit, inhärente Existenz, verstehen. Im Falle der Leerheit des Körpers zum Beispiel ist das verneinte Objekt der inhärent existente Körper – der Körper, den wir normalerweise sehen. Um die Leerheit des Körpers zu verstehen, müssen wir deshalb zuerst mit der Erscheinung und den Merkmalen eines inhärent existenten Körpers vertraut werden. Erst dann wissen wir genau, welches

Objekt durch den Leerheit verwirklichenden Geist verneint wird. «Inhärent existente Dinge», «wahrhaft existente Dinge» und «Dinge, die wir normalerweise sehen» sind Synonyme. Sie sind alle das verneinte Objekt von Leerheit. Wir müssen wissen, dass sie überhaupt nicht existieren.

Ein inhärent existenter Körper wäre ein Körper, der unabhängig von anderen Phänomenen, auch vom Geist, der ihn erfasst, existiert. Durch sorgfältige Prüfung entdecken wir, dass unser Körper für uns gegenwärtig auf diese Weise zu existieren scheint. Tatsächlich erscheint alles, was dem Geist eines gewöhnlichen Wesens erscheint, zwangsläufig als inhärent existent. Aus diesem Grund sind alle Geisteszustände gewöhnlicher Wesen fehlerhaft. Bis wir Leerheit verwirklichen, klammern wir uns mit dem Gedanken «mein Körper, mein Körper» sehr stark an unseren Körper. Der Körper, der unserem Geist in diesem Moment lebhaft erscheint, ist ein inhärent existenter Körper. Unser fehlerhafter Geist glaubt, dass dieser Körper tatsächlich existiert. Infolgedessen klammern wir uns an ihn und entwickeln starke Anhaftung. Dann schätzen wir diesen Körper, sorgen uns um ihn und führen seinetwegen viele Handlungen aus. In Wirklichkeit aber existiert dieser Körper überhaupt nicht. Deshalb ist der Körper, den wir normalerweise wahrnehmen und an den wir uns als «mein Körper» klammern, das verneinte Objekt der Leerheit unseres Körpers. Der Körper, den wir normalerweise wahrnehmen und an den wir uns klammern, existiert nicht. Es ist wichtig, dies zu verstehen.

Obwohl es nirgends einen inhärent existenten Körper gibt, existiert das allgemeine Bild eines inhärent existenten Körpers. Ein allgemeines Bild ist das geistige Bild eines Objekts, das unserem begrifflichen Geist erscheint, wann immer wir an dieses Objekt denken. Denken wir zum Beispiel an unsere

Mutter, erscheint unserem Geist lebhaft ein charakteristisches Bild von ihr. Dieses Bild, das erscheint, ist das allgemeine Bild unserer Mutter. Ein Objekt muss jedoch nicht existieren, damit uns sein allgemeines Bild erscheinen kann. Zum Beispiel kann unserem Geist lebhaft das allgemeine Bild eines Einhorns erscheinen. Obwohl dieses allgemeine Bild existiert, existiert das Einhorn selbst nicht. Genauso erscheint unserem begrifflichen Geist, wann immer wir an unseren Körper denken, ein allgemeines Bild eines inhärent existenten Körpers, doch ist es ein Bild von etwas, das vollkommen nichtexistent ist. Dennoch müssen wir diesen inhärent existenten Körper, der das verneinte Objekt ist, genau identifizieren, bevor wir die Leerheit unseres Körpers richtig verstehen können. Deshalb müssen wir durch Meditation gründlich mit dem allgemeinen Bild dieses Körpers, so wie es uns erscheint, vertraut werden.

In philosophischen Schriften des Buddhismus wird erklärt, dass das verneinte Objekt der Leerheit inhärente Existenz ist. Denken wir, dass wir inhärente Existenz verneinen, versäumen es jedoch, den Körper, den wir normalerweise sehen, zu verneinen, haben wir das richtige Objekt der Verneinung nicht gefunden. Das richtige Objekt der Verneinung ist genau der Körper, den wir normalerweise sehen. Sagen wir, dass wir inhärente Existenz verneinen, verneinen aber den Körper, der uns normalerweise erscheint nicht, dann verneinen wir inhärente Existenz bloß «mit dem Mund».

Wenn es heißt, dass der Körper, der uns normalerweise lebhaft erscheint, nicht existiert, könnten einige Menschen dies missverstehen und denken, dass die Existenz der Phänomene ganz und gar verneint wird. Es ist daher sehr wichtig, gründlich und mit durchdringender Weisheit über dieses Thema nachzudenken. Wir müssen das verneinte Objekt von Leerheit genau identifizieren. Wenn das Objekt, das wir verneinen, zu weit gefasst ist, werden wir etwas verneinen, das tatsächlich existiert und in das Extrem der Nichtexistenz fallen. Dies wäre der Fall, wenn wir die Existenz unseres Körpers gänzlich ablehnten. Wenn andererseits das Objekt, das verneint wird, zu eng gefasst ist, werden wir weiterhin ein gewisses Maß inhärenter Existenz akzeptieren und in das Extrem der Existenz fallen. Verneinen wir zum Beispiel einen Körper, der unabhängig von seinen Teilen ist, bejahen aber einen Körper, der seine eigene inhärente Natur besitzt, dann bleibt noch immer ein Objekt übrig, das zu verneinen ist. Wir sind in das Extrem der Existenz gefallen.

Die fehlerlose Sicht der Leerheit vermeidet beide Extreme. Deshalb wird Leerheit der «mittlere Weg» genannt. Das Extrem der Nichtexistenz wird vermieden, weil die richtige Sicht der Leerheit die Existenz von Phänomenen akzeptiert, die in Abhängigkeit von einer gültigen Grundlage der Zuschreibung bloß zugeschrieben werden. Das Extrem der Existenz wird vermieden, weil die richtige Sicht der Leerheit alle Spuren von inhärenter, unabhängiger Existenz verneint.

Wenn wir Leerheit klar und fehlerlos begreifen wollen und schon ein grundlegendes Verständnis der buddhistischen Lehre besitzen, dann ist es sehr wichtig, auf dieser Grundlage Reinigung und die Ansammlung von Verdiensten zu üben. Haben wir unseren Geist auf diese Weise vorbereitet und studieren und meditieren fortwährend über Leerheit, dann besteht große Hoffnung, eine richtige Verwirklichung von Leerheit zu erlangen.

Obwohl wir danach streben, eine neue Verwirklichung von Leerheit zu entwickeln, sollten wir verstehen, dass Leerheit selbst keine neue Entwicklung oder Neuschöpfung ist. Sie ist weder ein Produkt philosophischer Analysen noch eine

Erfindung Buddhas. Leerheit war von Anfang an die eigentliche Natur aller Phänomene. Unser Körper zum Beispiel war immer leer von inhärenter Existenz. Zu keinem Zeitpunkt existierte unser Körper oder irgendetwas anderes inhärent. Obwohl Leerheit immer die wahre Natur der Phänomene gewesen ist, müssen wir Anleitungen erhalten, um dies zu verwirklichen. Aus diesem Grund lehrte Buddha die *Sutras der Vollkommenheit der Weisheit*.

Es ist wichtig für uns danach zu streben, die Leerheit der Phänomene zu verstehen, weil alle Probleme und Leiden, die wir und andere Lebewesen erleben, aus der falschen Sicht der Wirklichkeit stammen. Durch unsere Unwissenheit in Bezug auf die wahre Natur der Phänomene entwickeln wir den begrifflichen Geist, der meint, dass Phänomene inhärent existent sind. Dieser Geist wird das «Festhalten am Selbst» genannt, da er Phänomene erfasst, oder festhält, als ob sie ein inhärent existentes Selbst oder eine inhärent existente Identität besitzen würden. Der am Selbst festhaltende Geist verursacht alle anderen Verblendungen wie Wut und Anhaftung und ist die grundlegende Ursache allen Leidens und aller Unzufriedenheit. Deshalb müssen wir unser Festhalten am Selbst aufgeben, wenn wir frei von Leiden sein wollen.

Um Leerheit zu verwirklichen und unser Festhalten am Selbst zu überwinden, müssen wir als erstes fehlerlose Unterweisungen erhalten und dann darüber meditieren, wie unser Körper und andere Phänomene leer von inhärenter Existenz sind. Zuerst sollten wir die analytische Meditation üben, indem wir mit Weisheit untersuchen, ob wir unseren Körper finden können. Ist dieser Körper, den wir als «mein Körper» schätzen, das gleiche wie die Teile unseres Körpers? Sind unser Kopf, unsere Arme und so weiter unser Körper? Können wir einen Körper finden, der etwas anderes ist als die

Teile unseres Körpers? Durch diese Untersuchung entdecken wir, dass unser Körper unauffindbar ist. Haben wir Erfolg in unserer analytischen Meditation, so wird die Erscheinung unseres Körpers verblassen und es wird eine Erscheinung von «leer» entstehen. Diese Leerheit ist die Leerheit unseres Körpers. Wir sollten versuchen, das allgemeine Bild dieser Leerheit einsgerichtet in verweilender Meditation zu halten. Wenn wir das allgemeine Bild von Leerheit verlieren, sollten wir uns die Begründungen, die die Leerheit unseres Körpers festlegten, in Erinnerung rufen und unser Meditationsobjekt wiederherstellen. Durch diese Meditation können wir mit Leerheit vertraut werden und unsere Verwirklichung festigen.

Zu Beginn sollten wir uns während unserer Meditationen über Leerheit keine Sorgen machen, in das Extrem der Nichtexistenz zu fallen, denn wir handeln ja während der Meditation weder sprachlich noch körperlich. Außerhalb der Meditation, wenn wir unsere Tätigkeiten wieder aufnehmen, müssen wir uns allerdings in Acht nehmen und dieses Extrem vermeiden. Gelingt es uns jedoch, das verneinte Objekt der Leerheit richtig zu identifizieren, dann besteht keine Gefahr extreme Sichtweisen zu entwickeln. Wir müssen wissen, dass unser Körper zwar nicht inhärent, jedoch konventionell existiert. Die konventionelle Natur unseres Körpers wird im nächsten Kapitel erklärt.

Entwickeln wir während unserer Meditation über Leerheit irgendwelche Zweifel oder sehen Widersprüche, dann sollten wir diese anschließend mit einem fähigen Lehrer oder erfahrenen Freunden besprechen. Wenn in Tibet ein Lama Unterweisungen über Leerheit und so weiter gab, hörten die Schüler zu und meditierten dann einige Tage lang über die Anleitungen. Danach beschrieben sie ihrem Lama ihre

Erfahrungen und diskutierten mögliche Probleme. Auf diese Weise wurden alle Zweifel geklärt und die Schüler kehrten zu ihrer Meditation zurück. Auf die gleiche Art und Weise sollten wir versuchen Leerheit zu verwirklichen. Wenn wir Zweifel entwickeln oder nicht akzeptieren können, was gelehrt wird, sollten wir dies mit anderen diskutieren. So wird unser Verständnis immer klarer. Wir sollten keine Zweifel in unseren Herzen verbergen – wir brauchen Weisheit in unseren Herzen, keine Zweifel!

Durch die Anleitungen, die wir erhalten, und die anschließende Kontemplation und Meditation über ihre Bedeutung, können wir verstehen, dass unser Körper und andere Arten von Form durch Untersuchung unauffindbar sind. Diese Unauffindbarkeit ist die Leerheit unseres Körpers. Sie zeigt uns, dass unser Körper nicht objektiv, von seiner Seite, existiert. Unser Körper ist lediglich eine Wahrnehmung des Geistes, eine bloße Erscheinung des Geistes. Nehmen wir diese Erscheinung wahr, sagen wir «mein Körper». Sind wir mit dem bloßen Namen «mein Körper» nicht zufrieden und versuchen einen Körper zu finden, der von seiner Seite existiert, werden wir scheitern. Wenn wir wie beschrieben über die Leerheit unseres Körpers meditieren, werden wir unsere Verblendungen, wie Anhaftung an unseren Körper, bändigen. Wenn wir Probleme mit starker Anhaftung an die Körper anderer haben, sollten wir denken: «So wie mein Körper, den ich normalerweise sehe, nicht existiert, so existieren auch die Körper anderer, die ich normalerweise sehe, nicht». Denken wir in dieser Weise nach und meditieren über die bloße Abwesenheit der Körper anderer, die wir normalerweise sehen, wird sich unsere Anhaftung verringern.

Indem wir unser Verständnis der Leerheit verbessern, errichten wir das Fundament für die Erlangung von endgültigem

Glück. Ob wir reich oder arm sind, schön oder hässlich – wir können durch die Weisheit, die Leerheit verwirklicht, alle unsere Probleme lösen und alle unsere Wünsche erfüllen. Wenn wir beständig über Leerheit meditieren, werden wir allmählich frei von allen Leiden sein, weil wir ihre Ursache – Unwissenheit – ausmerzen. Dann wird es unmöglich sein, Leiden zu erleben, selbst wenn wir es wünschten! Wenn wir Weisheit, die Leerheit verwirklicht, erlangen, dann sind wir wie ein König und unsere Weisheit, die Leerheit verwirklicht, gleicht den Ministern des Königs. Genauso wie alle Wünsche des Königs durch seine Minister erfüllt werden, so werden alle unsere Wünsche durch unsere Weisheit, die Leerheit verwirklicht, erfüllt.

Obwohl unser Körper als Grundlage diente, um Leerheit festzulegen, sind alle anderen Formen (und tatsächlich alle Phänomene) auf gleiche Weise leer von inhärenter Existenz. Um zu verwirklichen, dass alle Phänomene leer von inhärenter Existenz sind, müssen wir nicht die Leerheit jedes einzelnen Phänomens, eines nach dem anderen, verwirklichen. Wenn wir Leerheit unter Verwendung einer einzigen Grundlage, wie zum Beispiel unseres Körpers, richtig verstehen, können wir die Leerheit aller anderen Phänomene ohne Schwierigkeiten verwirklichen, indem wir lediglich die Grundlage der Leerheit ändern.

Kurz gesagt lehren Avalokiteshvaras Worte «Form ist leer», dass jede Form leer von inhärenter Existenz ist. Diese Leerheit ist die Tiefgründigkeit des Endgültigen von Form. Ohne die Verwirklichung dieser Tiefgründigkeit können wir weder vollständige Freiheit von Leiden noch volle Erleuchtung erlangen. Deshalb weist Avalokiteshvara darauf hin, dass die Meditation über Leerheit die Hauptpraxis der Vollkommenheit der Weisheit auf den Mahayanapfaden der Ansammlung und der Vorbereitung ist. Auf diesen zwei Pfaden müssen wir Leerheit mittels eines allgemeinen Bildes verwirklichen und dabei die in diesem Kapitel beschriebenen Begründungen anwenden.

Die Pfade der Ansammlung und der Vorbereitung (2)

Im letzten Kapitel wurde eine Erklärung der Tiefgründigkeit des Endgültigen von Form gegeben, wie sie durch die Worte «Form ist leer» im Sutra ausgedrückt wird. Diese Darlegung enthüllte die endgültige Natur von Form. Der nächste Teil von Avalokiteshvaras Antwort erläutert die drei verbleibenden Tiefgründigkeiten von Form und enthüllt damit die subtile konventionelle Natur von Form.

DIE ERKLÄRUNG DER TIEFGRÜNDIGKEIT DES KONVENTIONELLEN DER ANHÄUFUNG VON FORM

Leerheit ist Form

Während die Tiefgründigkeit des Endgültigen eines Phänomens die Leerheit des Phänomens ist, ist die Tiefgründigkeit des Konventionellen, dass das Phänomen eine Manifestation der Leerheit ist.

Obwohl die zweite, dritte und vierte Tiefgründigkeit alle Teil der konventionellen Natur der Phänomene sind, werden sie «Tiefgründigkeiten» genannt, weil sie die subtile konventionelle Natur der Phänomene darstellen. Diese ist sogar noch schwieriger zu verstehen als die endgültige Natur der

Ksitigarbha

Phänomene. Überdies können wir kein vollkommenes und vollständiges Verständnis tiefgründiger Leerheit gewinnen, solange wir nicht die subtile konventionelle Natur der Phänomene verstanden haben.

Um zu verstehen, was mit der endgültigen und konventionellen Natur der Phänomene gemeint ist, müssen wir verstehen, was mit den zwei Wahrheiten – endgültigen Wahrheiten und konventionellen Wahrheiten – gemeint ist. Die zwei Wahrheiten sind eigentliche Objekte oder Phänomene und nicht bloß abstrakte, philosophische Gesetze oder Prinzipien. Tatsächlich ist jedes existente Phänomen entweder eine endgültige Wahrheit oder eine konventionelle Wahrheit, aber kein Phänomen kann beides sein.

«Endgültige Wahrheit» und «Leerheit» sind Synonyme. Alles, was eine endgültige Wahrheit ist, ist eine Leerheit; und alles, was eine Leerheit ist, ist eine endgültige Wahrheit. Die Leerheit unseres Körpers und die Leerheit dieses Buches sind Beispiele von endgültigen Wahrheiten. Alle endgültigen Wahrheiten sind insofern gleich, als sie Leerheiten sind. Sie unterscheiden sich aber in der Grundlage der Leerheit, dem Objekt, das leer ist.

Eine Leerheit wird eine «endgültige Wahrheit» (tib. dön dam denpa), wörtlich ein «heiliges Objekt Wahrheit» genannt, weil Leerheit sowohl ein heiliges Objekt als auch eine Wahrheit ist. Sie ist ein heiliges Objekt, weil die Verwirklichung der Leerheit das Tor zur Befreiung öffnet. Wir können viele andere Phänomene verstehen, aber solange wir Leerheit nicht verwirklichen, werden wir keine Befreiung erlangen können. Eine Leerheit ist eine Wahrheit, weil die Art, wie sie einem nichtbegrifflichen Direktwahrnehmer erscheint, mit der Art ihrer Existenz übereinstimmt. Einem Geist, der eine Leerheit direkt erkennt, erscheint nur Leerheit;

inhärente Existenz erscheint überhaupt nicht. Somit erscheint eine Leerheit, wenn sie direkt erkannt wird, nicht fälschlicherweise so, als ob sie inhärent existent sei. Da uns ihre Erscheinung nicht täuscht, ist eine Leerheit eine Wahrheit.

Alle Phänomene außer Leerheiten sind konventionelle Wahrheiten. Unser Körper und dieses Buch sind zum Beispiel zwei konventionelle Wahrheiten. Im Gegensatz zu den endgültigen Wahrheiten, die alle Leerheiten sind, sind konventionelle Wahrheiten sehr unterschiedlich, denn sie umfassen alle Objekte des Wissens, die keine Leerheiten sind. Konventionelle Wahrheiten sind im Grunde genommen keine Wahrheiten im Sinne der endgültigen Wahrheiten, denn die scheinbare Art ihrer Existenz stimmt nicht mit der wirklichen Art ihrer Existenz überein. Konventionelle Wahrheiten scheinen inhärent existent zu sein, sind in Wirklichkeit aber leer von inhärenter Existenz. Da ihre Erscheinung täuschend ist, sind konventionelle Wahrheiten tatsächlich eher Unwahrheiten als Wahrheiten. Dennoch werden sie «konventionelle Wahrheiten» genannt, weil sie in Bezug auf die Konventionen gewöhnlicher Menschen, d.h. Menschen, die Leerheit nicht direkt verwirklicht haben, wahr sind. Konventionelle Wahrheiten sind wahr in Bezug auf die Sicht gewöhnlicher Menschen, denn obwohl konventionelle Wahrheiten hinsichtlich der Art ihrer Existenz täuschend sind, sind sie nicht täuschend hinsichtlich ihrer Funktion und ihrer konventionellen Merkmale. Ein Tisch zum Beispiel, der von einem gültigen Geist erfasst wird, ist eine konventionelle Wahrheit. Wir können uns darauf verlassen, dass dieser Tisch Dinge trägt und alle anderen Funktionen eines Tisches erfüllt. Objekte, die vom Standpunkt des Geistes gewöhnlicher Menschen unwahr sind, wie ein Tisch, der von einer halluzinierenden Person gesehen wird, sind keine konventionellen

Wahrheiten. Sie sind etwas Nichtexistentes und wir können uns nicht darauf verlassen, dass sie die Funktionen, die sie zu besitzen scheinen, erfüllen.

Der Ausdruck, der als konventionelle Wahrheit (tib. kün dzob denpa) übersetzt wurde, kann auch als «Wahrheit für einen Verdunkler» verstanden werden. Hier bezieht sich «Verdunkler» auf das Festhalten am Selbst, d.h. den Geist, der sich die Phänomene als inhärent existent vorstellt. Alle Phänomene, ausgenommen die endgültigen Wahrheiten, werden «Wahrheiten für einen Verdunkler» genannt, weil sie für den Geist des Festhaltens am Selbst wahr sind. Sie erscheinen, als seien sie inhärent existent, und der Geist des Festhaltens am Selbst hält diese Erscheinung für wahr. Daraus folgt jedoch nicht, dass der Geist des Festhaltens am Selbst die konventionellen Wahrheiten erfasst und festlegt. Das Objekt, das durch das Festhalten am Selbst gehalten wird, ist ein inhärent existentes Objekt, zum Beispiel ein inhärent existenter Körper. Und wie schon erklärt wurde, existiert nirgendwo ein inhärent existentes Objekt. Das Objekt, das durch das Festhalten am Selbst gehalten wird, ist somit etwas Nichtexistentes und folglich keine konventionelle Wahrheit. Wie endgültige Wahrheiten werden konventionelle Wahrheiten durch einen gültigen Geist festgelegt und das Festhalten am Selbst ist kein gültiger Geist. Folglich wird ein konventionelles Objekt als «Wahrheit für einen Verdunkler» bezeichnet, nicht weil das Objekt vom Geist des Festhaltens am Selbst festgelegt wird, sondern weil sich das Festhalten am Selbst die scheinbar inhärente Existenz des Objekts unwissentlich als wahr vorstellt.

Aus dieser Erklärung wird offenkundig, wie wichtig es ist, zwischen konventionellen Wahrheiten und etwas Nichtexistentem zu unterscheiden. Ein traditionelles Beispiel von etwas Nichtexistentem ist ein Horn auf dem Kopf eines Hasen. Obwohl die Ohren eines Hasen als Hörner erscheinen können und wir uns einen Hasen mit Hörnern vorstellen können, wissen wir, dass diese Erscheinung fehlerhaft und die Vorstellung unwahr ist. Ein Horn auf dem Kopf eines Hasen wird nicht von einem gültigen Geist festgelegt. Es ist folglich etwas Nichtexistentes und keine konventionelle (oder endgültige) Wahrheit. In gleicher Weise gilt: Obwohl dem Geist inhärent existente Objekte erscheinen und sie Objekte der Vorstellung sind, sind sie dennoch vollkommen nichtexistent und deshalb keine konventionellen Wahrheiten.

Wenn es also heißt, dass ein Tisch eine konventionelle Wahrheit ist, bedeutet dies, dass der Tisch, der durch einen gültigen Geist erfasst wird, eine konventionelle Wahrheit ist. Es bedeutet nicht, dass der inhärent existente Tisch, der dem Geist gewöhnlicher Wesen erscheint, eine konventionelle Wahrheit ist. Wenn wir zum Beispiel einen Tisch mit einem gültigen Augenbewusstsein wahrnehmen, wird dieser Tisch unserem Augenbewusstsein als inhärent existent erscheinen, es sei denn, wir sind vollerleuchtete Wesen. Unser Augenbewusstsein erfasst den Tisch jedoch nicht auf eine Weise, als sei er inhärent existent; es erfasst lediglich den Tisch selbst. Der Tisch, der auf diese Weise richtig von unserem Augenbewusstsein erfasst wird, ist eine konventionelle Wahrheit und existiert (aber nicht inhärent). Es ist wahrscheinlich, dass wir, dem gültigen Augenbewusstsein folgend, das lediglich den Tisch selbst erfasst, ein begriffliches geistiges Bewusstsein entwickeln, das den Tisch als inhärent existent erfasst. Dieser begriffliche Geist ist ein Geist des Festhaltens am Selbst. Er ist ein ungültiger Geist und das Objekt, an dem er festhält, ist etwas Nichtexistentes.

Wir können nun betrachten, was mit der endgültigen und der konventionellen Natur von Phänomenen gemeint ist. Die endgültige Natur eines Phänomens ist die Leerheit des Phänomens und da sie eine Leerheit ist, ist sie eine endgültige Wahrheit. Die konventionelle Natur eines Phänomens ist die Natur des Phänomens, wie sie von einem gültigen Geist festgelegt wird, der aber Leerheit ausschließt. Da die konventionelle Natur durch einen gültigen Geist festgelegt wird, ist sie etwas Existentes. Da sie etwas Existentes und keine Leerheit ist, ist sie eine konventionelle Wahrheit. Wir können einen Tisch als Beispiel nehmen, um diese zwei Arten von Natur zu veranschaulichen. Die Leerheit des Tisches ist die endgültige Natur des Tisches. Der Tisch selbst und seine Form, Farbe und so weiter sind die konventionelle Natur des Tisches. Jedes Phänomen, wie zum Beispiel ein Tisch, hat eine endgültige und eine konventionelle Natur. Erstere ist eine endgültige Wahrheit und letztere ist eine konventionelle Wahrheit.

Die konventionelle Natur eines Objekts kann viele Aspekte haben. Einige dieser Aspekte wie Form und Farbe können einfach durch direkte Sinneswahrnehmung erkannt werden. Andere, wie die Unbeständigkeit eines Objekts, sind schwieriger zu erfassen. Einige Aspekte der konventionellen Natur eines Objekts können erst nach der Verwirklichung der endgültigen Natur des Objekts erkannt werden. Derjenige Teil der konventionellen Natur eines Objekts, der nicht erkannt werden kann, bevor nicht die endgültige Natur des Objekts verwirklicht wurde, ist die subtile konventionelle Natur des Objekts.

Wie schon dargelegt, ist die Tiefgründigkeit des Konventionellen – die zweite der vier Tiefgründigkeiten –, dass Phänomene eine Manifestation der Leerheit sind und dass sie Teil der subtilen konventionellen Natur der Phänomene ist. Sie ist Teil der konventionellen und nicht der endgültigen Natur, weil sie keine Leerheit ist; deshalb ist sie eine konventionelle und keine endgültige Wahrheit. Sie ist Teil der subtilen konventionellen Natur der Phänomene, weil wir nicht eher verstehen können, dass Phänomene eine Manifestation der Leerheit sind, bis wir verwirklicht haben, dass Phänomene leer von inhärenter Existenz sind.

Es gibt viele Verweise in den Schriften, dass Phänomene Manifestationen der Leerheit sind. Zum Beispiel sagt Changkya Rölpai Dorje in *Lied der Leerheit*:

> Diese verschiedenen erfassten [Objekte] und die Erfasser sind die Manifestation der Mutter. Diese Geburt, dieser Tod und diese sich verändernden [Dinge] sind die Unwahrheiten der Mutter.

Hier bezieht sich «Mutter» auf Leerheit und «Unwahrheit» auf die unwahre Erscheinung konventioneller Wahrheiten.

Wenn Avalokiteshvara sagt: «Leerheit ist Form», verkündet er die zweite Tiefgründigkeit von Form – dass Form eine Manifestation der Leerheit ist. Was bedeutet es zu sagen, dass Form eine Manifestation der Leerheit ist? Wenn wir unseren Körper als Beispiel nehmen, so ist die endgültige Natur unseres Körpers die Leerheit unseres Körpers. Wenn wir nach unserem Körper suchen, gibt es keinen Körper. Dennoch erscheint unserem Geist ein Körper aus seiner Leerheit heraus, der die Natur einer raumgleichen Leere hat. Daher können wir sagen, dass unser Körper eine Manifestation seiner Leerheit ist.

Dies kann durch die Analogie einer Goldmünze veranschaulicht werden. Die zugrundeliegende Natur der Münze ist Gold. Es ist das Gold selbst, das uns in Form einer Münze erscheint. Zweifellos ist die Münze, die uns erscheint, nicht von ihrem Gold zu trennen, und außer dem Gold gibt es keine Münze. Deshalb können wir sagen, dass die Münze eine Manifestation ihres Goldes ist. In dieser Analogie steht das Gold für die Leerheit unseres Körpers und die Münze für unseren Körper selbst. Genauso wie die Münze eine Manifestation ihres Goldes ist, ist unser Körper eine Manifestation seiner Leerheit.

Wir können die Beziehung zwischen unserem Körper und seiner Leerheit noch subtiler veranschaulichen. Ein vollständig klarer Himmel erscheint uns blau. Wir wissen, dass die eigentliche Natur des Himmels bloß leer ist, so wie der Raum um uns herum leer ist. Wenn wir in den Himmel fliegen, werden wir, obwohl der Himmel ein blaues Zelt zu sein scheint, nie auf ein blaues Objekt treffen; es gibt nur Raum. Schauen wir jedoch in den Himmel, sehen wir Blau und deuten auf dieses Blau, als wäre es der Himmel. Wir können deshalb sagen, dass das Blau, das wir direkt sehen, eine Manifestation des leeren Himmels ist. Aus einem leeren Himmel manifestiert sich Blau. Ebenso manifestiert sich Form aus der Leerheit von Form. In dieser Weise sind alle Phänomene Manifestationen ihrer Leerheit.

Eine andere Art, die Tiefgründigkeit des Konventionellen zu verstehen, ist zu begreifen, dass Phänomene bloße Erscheinungen sind. Der Gebrauch des Wortes «bloß» schließt jede Möglichkeit inhärenter Existenz aus. Wie zuvor erklärt existiert unser Körper nicht innerhalb seiner Teile, aber es gibt auch keinen Körper getrennt von seinen Teilen. Wie also existiert unser Körper? Er existiert als eine bloße Erscheinung des Geistes. Sind wir zufrieden mit der bloßen Erscheinung, können wir sagen: «Mein Körper ist gesund oder krank» und so weiter. Sind wir nicht zufrieden mit der bloßen Erscheinung und suchen nach unserem Körper, werden wir entdecken, dass unser Körper überhaupt nicht existiert. Dies beweist eindeutig, dass unser Körper eine bloße Erscheinung des Geistes ist. Dass unser Körper als eine bloße Erscheinung des Geistes existiert, ist ein sehr tiefgründiges konventionelles Phänomen. Alle anderen Phänomene existieren auf die gleiche Weise.

Um zu veranschaulichen, inwiefern unser Körper eine bloße Erscheinung ist, können wir das Beispiel eines Regenbogens nehmen. Unter gewissen Bedingungen erscheint ein Regenbogen am Himmel. Für den Beobachter scheint der Regenbogen eine bestimmte Größe, Form und einen Standort im Raum zu haben. Er scheint seine eigene Existenz zu haben, vielleicht fünf oder sechs Kilometer von uns entfernt. Wir wissen jedoch, dass wir nicht die Spur des Regenbogens finden werden, wenn wir uns zu seinem scheinbaren Standort begeben. Deshalb können wir sagen, dass der Regenbogen eine bloße Erscheinung ist, der durch Nachforschung nicht gefunden werden kann. Obwohl andere Objekte, wie zum Beispiel unser Körper, greifbarer zu existieren scheinen, werden wir, wenn wir es sorgfältig untersuchen, entdecken, dass auch sie bloße Erscheinung sind.

Aus Erfahrung wissen wir, dass die Erscheinung eines Regenbogens täuschend ist. Er scheint seine eigene, unabhängige Existenz zu haben, aber wir wissen, dass seine Existenz von der Sonne, dem Regen und dem Standort des Beobachters abhängt. Wenn sich der Beobachter bewegt, bewegt er sich auch. Wenn die Sonne hinter einer Wolke verschwindet, verblasst oder verschwindet er. Vorausgesetzt wir akzeptieren, dass der Regenbogen nur eine Erscheinung ist, die in Abhängigkeit von bestimmten Ursachen und Bedingungen entsteht, können wir seine Existenz annehmen und uns auf angemessene Weise verhalten. Klammern wir uns jedoch an die Idee, dass der Regenbogen unabhängig von uns existiert und im Raum verankert ist, so wie er erscheint, können wir uns auf die Suche nach dem «Ende des Regenbogens» begeben und werden nur enttäuscht sein.

Das Gleiche gilt allgemein für alle Formen und Phänomene. Wenn wir sie als bloße Erscheinungen akzeptieren, legen wir ihre Existenz fest und gehen mit ihnen in angemessener Weise um, ohne irgendwelche Probleme zu erleben. Noch einmal: Klammern wir uns jedoch an Phänomene, als ob sie inhärent existierten, so wie sie uns erscheinen, werden wir dauernd Probleme und Enttäuschungen erleben. So wie wir aus eigener Erfahrung die wirkliche Natur des Regenbogens kennengelernt haben, so können wir durch Studium und Nachdenken die subtile konventionelle Natur von Form und von anderen Phänomenen verstehen und beginnen, angemessen mit ihnen umzugehen.

Ein anderer Aspekt der subtilen konventionellen Natur der Phänomene ist, dass Phänomene bloßer Name sind. Stellen wir uns einen Ausschuss vor, der aus einer Anzahl von Mitgliedern besteht, von denen einer John genannt wird. Nehmen wir an, dass John heute zum Vorsitzenden des Ausschusses gewählt wird. Von heute an wird John «Vorsitzender» genannt und die anderen Mitglieder des Ausschusses denken an ihn als den Vorsitzenden. Der John von gestern war kein Vorsitzender, der John von heute ist es. Von Johns Seite aus hat sich nicht viel geändert. John ist nun Vorsitzender, einfach weil er vom Ausschuss benannt worden ist. Wenn wir etwas finden wollen, das aus sich selbst heraus, inhärent ein Vorsitzender ist, werden wir keinen Erfolg haben. Johns Körper ist kein Vorsitzender; sein Geist ist kein

Vorsitzender; und wir werden auch nichts anderes finden, was ein Vorsitzender ist. Dieses Beispiel macht es leicht zu verstehen, dass «Vorsitzender» nicht mehr als ein Name ist. Tatsächlich aber werden wir durch sorgfältige Untersuchung entdecken, dass alle Phänomene auf diese Weise als bloßer Name existieren. In der Tat sagt Buddha im *Sutra der Vollkommenheit der Weisheit in hunderttausend Zeilen*: «Shariputra, wisse, dass alle Phänomene bloßer Name sind.»

Das Wissen, dass Form bloße Erscheinung und bloßer Name ist, hilft uns zu verstehen, dass Form eine Manifestation der Leerheit ist. Wenn wir das verstehen, dann können wir die Existenz von Form festlegen, ohne darauf zu schließen, dass Form inhärent existiert. Dann beginnen wir, die subtile konventionelle Natur von Form zu verstehen und es wird uns gelingen, die zwei Extreme von Existenz und Nichtexistenz zu vermeiden.

Die Art und Weise, wie die Madhyamika-Prasangikas die Existenz konventioneller Phänomene festlegen, stimmt tatsächlich mit der Sichtweise gewöhnlicher Menschen überein. Um zum Beispiel die Existenz eines Tisches festzulegen, sind gewöhnliche Menschen mit der Erscheinung eines Tisches und dem Namen «Tisch» zufrieden. Sie führen normalerweise keine Untersuchung durch, um den wirklichen Tisch zu finden. Auf ähnliche Weise sagen die Madhyamika-Prasangikas, dass alle Phänomene unserem Geist lediglich erscheinen und bloßer Name sind. Sie sagen, wir hätten keinen Erfolg, wenn wir versuchten, außer der bloßen Erscheinung und dem bloßen Namen, einen wirklichen Tisch zu finden.

Im Gegensatz zu gewöhnlichen Menschen und den Madhyamika-Prasangikas behaupten andere philosophische Systeme, einschließlich der niederen buddhistischen Schulen, dass wir das wirkliche Objekt durch Untersuchung entdecken können. Zum Beispiel kommen einige buddhistische Schulen, wenn sie den Tisch innerhalb seiner Teile suchen, zum Schluss, dass die bloße Ansammlung der Teile des Tisches der Tisch ist. Sie behaupten, dass diese Ansammlung der wirkliche, wahrhaft existente Tisch sei. Entsprechend den Madhyamika-Prasangikas widerspricht diese Sichtweise der Sicht gewöhnlicher Menschen. Der Tisch, der auf diese Weise festgelegt wird, ist nicht der Tisch, der von gewöhnlichen Menschen erfasst wird; er ist lediglich ein Produkt philosophischer Analyse. Die Madhyamika-Prasangikas sagen, dass es so etwas wie ein wahrhaft existentes Phänomen nicht gibt. Deshalb ist der Tisch, den die niederen Schulen zu bestimmen suchen, tatsächlich nichtexistent. Aus diesem Grund warnte Chandrakirti die niederen Schulen davor, mit gewöhnlichen Menschen zu debattieren. Versuchten sie es, würden sie verlieren!

Obwohl die Madhyamika-Prasangikas die Existenz konventioneller Phänomene in Übereinstimmung mit der Sicht gewöhnlicher Menschen festlegen, widerspricht ihre Sicht der endgültigen Natur der Phänomene der Sicht gewöhnlicher Menschen. Gewöhnliche Menschen akzeptieren nicht nur die Existenz von Objekten, die ihnen erscheinen. Sie akzeptieren auch, dass Objekte inhärent existent sind, so wie sie erscheinen. Die Sicht der Madhyamika-Prasangika besagt, dass alle Objekte leer von inhärenter Existenz sind. Deshalb muss, obwohl der Existenz konventioneller Objekte zugestimmt wird, der Geist, der an inhärenter Existenz festhält, aufgegeben werden, wenn wir Befreiung erlangen wollen. Ist unser Ziel die volle Erleuchtung, dann muss sogar die Erscheinung von Objekten als inhärent existent überwunden werden.

Sobald wir verwirklichen, dass Phänomene leer von inhärenter Existenz sind, können wir damit beginnen, ihre subtile konventionelle Natur zu verstehen. Wir meditieren deshalb über Phänomene als Manifestationen der Leerheit und verwenden dazu einige der Begründungen und Beispiele, die in diesem Kapitel erläutert werden. Die Praxis, die Phänomene als Manifestation der Leerheit zu betrachten, können wir dann in unser tägliches Leben übertragen. Obwohl wir gewöhnliche Wesen nicht über Leerheit meditieren können, während wir essen, arbeiten oder mit anderen sprechen und so weiter, so können wir dennoch die Objekte um uns herum als Manifestationen der Leerheit betrachten. Wenn wir dies tun, werden uns unsere Nahrung, unser Körper, unsere Freunde und so weiter zwar immer noch als inhärent existent erscheinen, aber wir werden dieser Erscheinung nicht länger zustimmen. Wir werden weiterhin unsere normalen Aufgaben erledigen, uns gleichzeitig aber daran erinnern, dass die Dinge, die wir normalerweise sehen, nicht existieren. Auf diese Weise vergrößert sich unsere Weisheit, die Leerheit verwirklicht, beständig. Wenn wir alles als Manifestationen der Leerheit betrachten, wird unser Geist ganz natürlich frei von Verblendungen sein und wir handeln tugendhaft. Diese Praxis macht unsere alltäglichen Handlungen äußerst bedeutungsvoll.

Leerheit ist ein beständiges Phänomen. Die Manifestationen der Leerheit müssen hingegen nicht beständig sein. Funktionierende Dinge wie unser Körper sind unbeständige, momentane Phänomene. Sie sind das Ergebnis vergangener Ursachen und die Ursachen zukünftiger Wirkungen, aber sie sind alle Manifestationen der Leerheit. Unser Körper funktioniert und ändert sich Augenblick für Augenblick, aber er existiert nicht von seiner Seite; er wird lediglich durch Gedanken zugeschrieben. Unser Körper bleibt jederzeit leer von inhärenter Existenz und aus dieser beständigen Leerheit heraus erscheint er uns in seiner sich ständig verändernden Form.

Vom Standpunkt des Geistes höherer Wesen aus betrachtet, sind konventionelle Wahrheiten wie unser Körper unwahr. Vom Standpunkt des Geistes gewöhnlicher Wesen aus gesehen, sind konventionelle Wahrheiten jedoch wahr, weil ihr Geist des Festhaltens am Selbst die scheinbar inhärente Existenz konventioneller Wahrheiten als wahr betrachtet. Wir müssen verstehen, dass die Formen und so weiter, die uns erscheinen, Manifestationen ihrer Leerheit und bloßer Name sind. Aber sie funktionieren und erscheinen gewöhnlichen Wesen als wahr. Deshalb sollten wir während unserer täglichen Handlungen mit dem bloßen Namen der Phänomene zufrieden sein, ohne sie weiter zu untersuchen. Zu dieser Zeit macht es gar keinen Sinn zu versuchen, ein wahrhaft existentes Phänomen zu entdecken, denn ein solches Phänomen kann nicht gefunden werden.

Wenn wir, nachdem wir Leerheit verwirklicht haben, Phänomene als bloßer Name akzeptieren und mit dieser Sicht unsere täglichen Aufgaben erledigen können, dann zeigt dies, dass wir die subtile konventionelle Natur der Phänomene erkannt haben. Wir können immer noch sagen, dass ein bestimmtes Objekt zum Beispiel groß oder klein ist. Doch wir wissen, dass das Objekt bloßer Name ist und durch Analyse nicht gefunden werden kann.

Haben wir dieses richtige Verständnis der subtilen konventionellen Natur der Phänomene erlangt, dann verstehen wir, dass Phänomene leer von inhärenter Existenz sind, aber auch ihre individuellen Funktionen erfüllen. Auf diese Weise widersprechen sich die konventionelle Natur der Phänomene und ihre Leerheit nicht, sondern sie unterstützen sich gegenseitig. Verwirklichen wir zum Beispiel die Leerheit unseres Körpers, so hilft uns dies, die konventionelle Natur unseres Körpers als bloßer Name oder bloße Erscheinung zu verstehen. Verwirklichen wir, dass unser Körper bloßer Name ist, hilft uns dies zu verstehen, dass unser Körper leer von inhärenter Existenz ist. Wir müssen danach streben, die beiden Wahrheiten auf diese Weise zu verwirklichen.

DIE ERKLÄRUNG DER TIEFGRÜNDIGKEIT DER VEREINIGUNG DER ZWEI WAHRHEITEN DER ANHÄUFUNG VON FORM

Leerheit ist nichts anderes als Form; Form ist ebenfalls nichts anderes als Leerheit.

Die Bedeutung dieser Worte ist, dass die Leerheit von Form und Form selbst keine unterschiedlichen Objekte, sondern die gleiche Wesenheit sind. Diese gleiche Wesenheit wird die «Vereinigung der zwei Wahrheiten von Form» genannt und ist ein sehr tiefgründiges und subtiles Objekt. Wenn wir über die Leerheit von Form mit tiefer Kenntnis der Vereinigung der zwei Wahrheiten von Form meditieren, wird unsere Meditation große Kraft haben, unsere Verblendungen schnell zu beseitigen.

Konventionelle Wahrheiten wie unser Körper sind nur Schöpfungen unserer Unwissenheit des Festhaltens am Selbst, die so stark am Gedanken «mein Körper, mein Körper» festhält. Dann mag die Frage auftauchen: «Wie existieren konventionelle Wahrheiten tatsächlich, wenn sie lediglich Schöpfungen des falschen Gewahrseins des Festhaltens am Selbst sind?» Die richtige Antwort auf diese Frage ist sehr subtil.

Wie bereits erklärt kann man sagen, dass konventionelle Wahrheiten entsprechend allgemeiner Erscheinung, der

Erscheinung für gewöhnliche Wesen, tatsächlich existieren. Entsprechend der außergewöhnlichen Erscheinung höherer Wesen, die über Leerheit meditieren, gibt es keine konventionellen Wahrheiten. Für sie wurde die Erscheinung konventioneller Wahrheiten beseitigt, indem sie ihren Geist vollständig in Leerheit auflösten. Wie Chandrakirti in seinem *Leitfaden zum Mittleren Weg* sagt, ist das, was durch die am Selbst festhaltende Unwissenheit als Wahrheit erschaffen wurde, eine konventionelle Wahrheit. Das bedeutet, dass alle konventionellen Wahrheiten nur Schöpfungen der Unwissenheit des Festhaltens am Selbst sind. Daraus folgt, dass die Dinge, die wir normalerweise wahrnehmen, auch nur Schöpfungen der Unwissenheit des Festhaltens am Selbst sind.

Dieser Teil des Sutra enthüllt die Vereinigung der zwei Wahrheiten. Dies ist ein sehr tiefgründiges Thema. «Vereinigung» bedeutet, dass «zwei Dinge eines» sind. Für gewöhnliche Wesen zum Beispiel sind der Körper als konventionelle Wahrheit und die Leerheit des Körpers als endgültige Wahrheit zwei unterschiedliche Dinge, weil sie es auf diese Weise wahrnehmen. Für erleuchtete Wesen jedoch sind diese zwei Wahrheiten eins in endgültiger Wahrheit. Im Zustand der Erleuchtung gibt es keine konventionellen Wahrheiten, weil konventionelle Wahrheiten bloße Schöpfungen des Festhaltens am Selbst sind. Erleuchtete Wesen haben keine am Selbst festhaltende Unwissenheit.

DIE ERKLÄRUNG DER TIEFGRÜNDIGKEIT DER NOMINELLEN UNTERSCHEIDUNG DER ZWEI WAHRHEITEN DER ANHÄUFUNG VON FORM

Die Tiefgründigkeit der nominellen Unterscheidung der zwei Wahrheiten der Anhäufung von Form bedeutet, dass wir sie in Abhängigkeit von ihrem bloßen Namen unterscheiden

Sarvanivaranaviskambini

können, obwohl Form (konventionelle Wahrheit) und die Leerheit von Form (endgültige Wahrheit) keine zwei unterschiedlichen Dinge, sondern eine Wesenheit sind. Auch dies ist ein sehr tiefgründiges Thema. Wenn wir die Unterschiede der zwei Wahrheiten der Anhäufung von Form klar verstehen und gleichzeitig zustimmen, dass sie die gleiche Wesenheit sind, dann verstehen wir die Tiefgründigkeit der nominellen Unterscheidung der zwei Wahrheiten der Anhäufung von Form. Wissen wir dies, werden wir auf dem mittleren Weg (tib. Uma) bleiben, frei von den Extremen der Existenz und Nichtexistenz. Wir können die zwei Wahrheiten von Form unterscheiden, indem wir vollkommen zufrieden mit ihren bloßen Namen sind. In dieser Weise werden wir frei sein von diesen beiden extremen Sichtweisen.

Abschließend enthüllt Avalokiteshvaras Antwort auf Shariputras Frage die vier Tiefgründigkeiten der Anhäufung von Form: die Tiefgründigkeit des Endgültigen, die Tiefgründigkeit des Konventionellen, die Tiefgründigkeit der Vereinigung der zwei Wahrheiten und die Tiefgründigkeit der nominellen Unterscheidung der zwei Wahrheiten. Ziel des Nachdenkens über die Erklärung der ersten Tiefgründigkeit ist, die Leerheit von Form richtig zu verstehen. Ziel des Nachdenkens über die Erklärung der zweiten Tiefgründigkeit ist, unser Verständnis der Leerheit von Form zu vervollständigen. Ziel des Nachdenkens über die Erklärung der dritten Tiefgründigkeit ist, unser Verständnis der Leerheit von Form zu verbessern, damit wir fähig sind, Verblendungen schnell zu beseitigen. Ziel des Nachdenkens über die Erklärung der vierten Tiefgründigkeit ist, uns selbst vollständig von den Extremen der Existenz und Nichtexistenz zu befreien.

Nachdem wir die Leerheit unseres Körpers richtig verstanden haben, meditieren wir fortwährend über diese Leerheit, bis wir eine tiefe Erfahrung dieser Meditation gewinnen. Wir sollten uns auch bemühen, die subtile konventionelle Wahrheit unseres Körpers zu verstehen, dass unser Körper als bloßer Name existiert. Wenn uns das gelingt, ist unser Verständnis der Leerheit unseres Körpers vollständig. Um dann unser Verständnis der Leerheit so kraftvoll zu machen, dass es unsere Verblendungen rasch ausmerzt, meditieren wir fortwährend über die Vereinigung der zwei Wahrheiten unseres Körpers – den nichtdualen Körper und seine Leerheit – bis wir eine tiefe Erfahrung dieser Meditation gewinnen. Jetzt hat unsere Meditation über Leerheit große Kraft, unsere Verblendungen wie Wut, Anhaftung und das Festhalten am Selbst rasch zu beseitigen. Wenn wir dann zwischen unserem Körper und seiner Leerheit aufgrund ihrer bloßen Namen unterscheiden, werden wir frei sein von extremen Sichtweisen, die glauben, dass unser Körper entweder inhärent existent ist oder gar nicht existiert.

Diese Erklärung, wie die vier Tiefgründigkeiten der Anhäufung von Form geübt werden, kann auf alle anderen Phänomene angewandt werden.

In den *Sutras der Vollkommenheit der Weisheit* erklärt Buddha eine besondere Schulung, die «Schulung in abhängiger Beziehung stehender Phänomene», wodurch wir Leerheit fehlerlos und leicht verstehen und unser Verständnis von Leerheit vollenden können.

Alle Dinge sind in abhängiger Beziehung stehende Phänomene, weil sie von ihren Ursachen, ihrem Namen, ihren Teilen, ihrer Basis der Zuschreibung und ihrer bloßen Zuschreibung durch den Geist abhängen. Deshalb kann ein Phänomen auf fünf Arten in abhängiger Beziehung stehen: ein in abhängiger Beziehung stehendes Phänomen, das von seinen Ursachen abhängt; ein in abhängiger Beziehung stehendes Phänomen, das von seinem Namen abhängt; ein in abhängiger Beziehung stehendes Phänomen, das von seinen Teilen abhängt; ein in abhängiger Beziehung stehendes Phänomen, das von seiner Grundlage der Zuschreibung abhängt, und ein in abhängiger Beziehung stehendes Phänomen, das von seiner bloßen Zuschreibung durch den Geist abhängt. Unbeständige Phänomene stehen in allen fünf Arten in abhängiger Beziehung, beständige Phänomene nur in den letzten vier Arten.

Was ist ein in abhängiger Beziehung stehendes Phänomen, das von seinen Ursachen abhängt? Jetzt besitzen wir zum Beispiel diesen menschlichen Körper. Wir brachten ihn nicht mit aus unserem vergangenen Leben, niemand schenkte ihn uns und niemand erschuf ihn uns zuliebe. Dieser Körper entwickelte sich aus seinen Ursachen. Die Hauptursachen unseres Körpers sind besondere tugendhafte Handlungen, die wir in unseren früheren Leben ausübten, wie zum Beispiel moralische Disziplin. Hierdurch nahmen wir diese menschliche Wiedergeburt an und haben nun diesen menschlichen Körper. Er gibt uns die Gelegenheit, ein Leben als Mensch zu führen, eine höhere Bildung zu erhalten und vor allem Befreiung und Erleuchtung zu erlangen. Tiere haben diese Möglichkeiten nicht.

Als wir im Schoß unserer Mutter in der Vereinigung des Spermas unseres Vaters und der Eizelle unserer Mutter empfangen wurden, wandelte sich diese Vereinigung allmählich in unseren Körper um. Sie ist deshalb die substanzielle Ursache unseres Körpers. Weiter gab es viele beitragende Bedingungen zur Entwicklung unseres Körpers. Es ist deshalb eindeutig, dass unser Körper von seiner substanziellen

Ursache und beitragenden Bedingungen abhängig ist. Wenn wir dies verstehen, kommen wir zu folgendem Schluss: «Mein Körper, den ich normalerweise als unabhängige Wesenheit sehe, existiert überhaupt nicht, weil mein eigentlicher Körper von vielen Ursachen und Bedingungen abhängt.» Indem wir so denken, meditieren wir über die bloße Abwesenheit des unabhängigen Körpers, den wir normalerweise sehen; dies ist die Leerheit unseres Körpers. Wir sollten diese Meditation beständig üben, bis wir eine tiefe Erfahrung dieser Meditation gewinnen.

Wir sollten auch wissen, dass unser Körper von seinem Namen abhängt: Suchen wir nach unserem Körper, wird er verschwinden. Nur sein Name wird übrig bleiben. Das zeigt deutlich, dass unser Körper von seinem Namen abhängt.

Unser Körper hängt auch von seinen Teilen ab, denn außer seinen Teilen gibt es keinen Körper. Wenn wir dies verwirklichen, sollten wir denken: «Mein Körper, den ich normalerweise als unabhängige Wesenheit sehe, existiert überhaupt nicht, weil mein eigentlicher Körper von seinen Teilen abhängt.» Indem wir so denken, meditieren wir über die bloße Abwesenheit des unabhängigen Körpers, den wir normalerweise sehen.

Wenn wir verwirklichen, dass es außer seinen Teilen keinen Körper gibt, werden wir verwirklichen, dass unser Körper nur eine Zuschreibung ist. Die Grundlage der Zuschreibung sind seine Teile. Es ist deshalb offenkundig, dass unser Körper von seiner Grundlage der Zuschreibung abhängt. Auf diese Weise werden wir schließlich verstehen, dass unser Körper von bloßer Zuschreibung durch einen begrifflichen Geist abhängt; er existiert als bloße Zuschreibung durch Geist. Auf dieser Stufe ist unser Verständnis der Leerheit unseres Körpers vollständig.

Unter den fünf Arten von in abhängiger Beziehung stehenden Phänomenen ist die erste Art das gröbste in abhängiger Beziehung stehende Phänomen; die nächsten drei sind stufenweise weniger grob; und die fünfte ist das subtilste in abhängiger Beziehung stehende Phänomen. Verwirklichen wir die fünfte Art von in abhängiger Beziehung stehendem Phänomen, ist unser Verständnis der Leerheit unseres Körpers vollkommen.

Diese Erklärung, wie man sich in den in abhängiger Beziehung stehenden Phänomenen in Bezug auf unseren Körper schult, sollte auf unser Selbst, unsere Welt und alle anderen Dinge angewandt werden. Im Sutra *Bitte von Yunkorkyong* heißt es:

> Weil Lebewesen Leerheit nicht verstehen,
> Wandern sie Leben für Leben im Kreislauf des
> Leidens.
> Deshalb gibt der mitfühlende Buddha Hunderte
> logischer Begründungen
> Als Methoden, um die Verwirklichung von Leerheit
> zu gewinnen.

Es heißt, dass abhängige Beziehung die Königin aller logischen Begründungen ist, die von Buddha in den Sutras enthüllt wurden, um Leerheit festzulegen.

DIE ERKLÄRUNG DER VIER TIEFGRÜNDIGKEITEN DER ANHÄUFUNGEN VON GEFÜHL UND SO WEITER

Genauso sind Gefühl, Unterscheidung, zusammensetzende Faktoren und Bewusstsein leer.

In diesem Teil des Sutra rät uns Avalokiteshvara zu wissen, dass Gefühl, Unterscheidung, zusammensetzende Faktoren und Bewusstsein gleichermaßen leer von inhärenter Existenz sind, so wie Form leer von inhärenter Existenz ist. In dieser Weise ermutigt er uns, die Leerheit der fünf Anhäufungen zu verstehen und darüber zu meditieren. Die fünf Anhäufungen sind unser Körper und Geist, die die Grundlage der Zuschreibung für unser Selbst sind.

Im Allgemeinen ist es wichtig, zwischen «Leere» und «Leerheit» zu unterscheiden, da dies für viele Menschen das Gleiche ist. Im Buddhismus sind «Leere» und «Leerheit» sehr unterschiedlich. Leerheit ist ein sehr tiefgründiges Objekt; es ist endgültige Wahrheit und die endgültige Natur der Phänomene. Diese Leerheit zu verstehen, hat für unser Leben eine sehr große Bedeutung. Eine Leere aber ist einfach leer; dies zu wissen hat keine Bedeutung für unser Leben. Die Leerheit von Phänomenen ist ein sinnvolles Objekt. Eine «Leere von Phänomenen» gibt es gar nicht, weil Phänomene alles durchdringen.

Für uns gewöhnliche Wesen sind unser Körper und Geist das Gleiche wie unser Selbst. So nehmen wir es einfach wahr. Aus diesem Grund ermutigt uns dieser Teil des Sutra insbesondere – obwohl er uns anregt, die Leerheit unserer fünf Anhäufungen zu verstehen und darüber zu meditieren – die Leerheit unseres Selbst zu verstehen und darüber zu meditieren. Zum Beispiel denken wir für gewöhnlich, einfach weil wir unser Selbst, das wir normalerweise sehen, wahrnehmen: «Mein Wunsch ist so wichtig.» Und wir entwickeln Anhaftung an die Erfüllung unserer Wünsche. In Wahrheit existiert unser Selbst, das wir normalerweise sehen, überhaupt nicht. Um uns von Leiden und Problemen zu befreien, müssen wir unsere Anhaftung an die Erfüllung unserer eigenen Wünsche aufgeben. Diese Anhaftung ist die Quelle all unserer täglichen Probleme. Weil wir so stark an der Erfüllung unserer eigenen Wünsche festhalten, haben wir seit anfangsloser Zeit verschiedenste Arten von nichttugendhaften Handlungen – Handlungen, die anderen schaden – begangen. Aufgrunddessen erleben wir nun ständig verschiedene Arten von Leiden und schlechten Bedingungen, Leben für Leben, endlos. Erfüllen sich unsere Wünsche nicht, entstehen normalerweise unangenehme Gefühle wie Unglücklichsein oder Depression. Dies ist unser eigenes Problem, weil wir so an der Erfüllung unserer Wünsche hängen. Verlieren wir einen engen Freund, schmerzt uns der Verlust allein aufgrund unserer Anhaftung an diesen Freund und wir sind unglücklich. Verlieren wir unseren Besitz, unsere Stellung oder unseren Ruf, fühlen wir uns unglücklich und deprimiert, weil wir so sehr an diesen Dingen hängen. Hätten wir keine Anhaftung, gäbe es keine Grundlage, diese Probleme zu erleben. Viele Menschen sind in Kämpfe, kriminelle Handlungen und sogar Kriege verwickelt. All dies entsteht aus ihrer starken Anhaftung an die Erfüllung ihrer eigenen Wünsche. Auf diese Weise können wir sehen, dass Lebewesen kein einziges Problem erleben, das nicht aus ihrer Anhaftung herrührt. Dies ist der Beweis dafür, dass unsere Probleme nie aufhören werden, es sei denn, wir gewinnen Kontrolle über unsere Anhaftung.

Meditation über die Leerheit unseres Selbst – die bloße Abwesenheit unseres Selbst, das wir normalerweise sehen – ist die Methode, diese Anhaftung aufzugeben. Aus diesem Grund rät uns Avalokiteshvara, dass wir die Leerheit unseres Selbst verstehen und darüber meditieren sollten, um so die Quelle all unserer Leiden und Probleme auszutrocknen.

Setzen wir diesen Rat in die Praxis um, werden wir dauerhaft von Leiden und Problemen frei sein.

Die oben beschriebene Erklärung der vier Tiefgründigkeiten der Anhäufung von Form kann auf die vier Tiefgründigkeiten von Gefühl, Unterscheidung, zusammensetzenden Faktoren, Bewusstsein und alle anderen Phänomene angewandt werden. Indem wir über die vier Tiefgründigkeiten aller Phänomene meditieren, werden wir die Leerheit aller Phänomene zuerst mit einem anschließenden gültigen Erkenner und dann mit einem direkten gültigen Erkenner verwirklichen. Verwirklichen wir die Leerheit aller Phänomene mit einem nichtbegrifflichen, direkten gültigen Erkenner, werden wir ein höheres Wesen werden, ein Arya auf Sanskrit.

Die Pfade des Sehens, der Meditation und des Nicht-mehr-Lernens

EINE ERKLÄRUNG, WIE MAN SICH IN DER VOLLKOMMENHEIT DER WEISHEIT AUF DEM PFAD DES SEHENS SCHULT

Shariputra, auf diese Weise sind alle Phänomene Leerheit, sie haben keine Merkmale. Sie werden nicht erzeugt und enden nicht. Sie haben keine Unreinheit und sind nicht getrennt von Unreinheit. Sie haben keine Abnahme und keine Zunahme.

In diesem Teil des Sutra sagt Avalokiteshvara: «Shariputra, auf diese Weise sind alle Phänomene Leerheit.» Dies bedeutet, dass für höhere Bodhisattvas, die über Leerheit meditieren, alle Phänomene Leerheit sind. Es gibt keine konventionellen Wahrheiten, weil die Erscheinung konventioneller Wahrheiten durch die Auflösung ihres Geistes in Leerheit beseitigt wurde. Da höhere Bodhisattvas anfänglich auf dem Pfad des Sehens sind, können wir verstehen, dass dieser Teil des Sutra enthüllt, wie man sich auf dem Pfad des Sehens in der Vollkommenheit der Weisheit schult.

Avalokiteshvara sagt: «... sie haben keine Merkmale. Sie werden nicht erzeugt und enden nicht. Sie haben keine Unreinheit und sind nicht getrennt von Unreinheit. Sie haben keine Abnahme und keine Zunahme.» Weil es für höhere Bodhisattvas, die über Leerheit meditieren, keine konventionellen Wahrheiten gibt, bedeutet dies, dass es folglich für sie keine Merkmale, keine Erzeugung, keine Beendigung, keine Unreinheiten, keine Trennung von Unreinheiten, keine Abnahme und keine Zunahme gibt – nichts existiert außer Leerheit. Für solch höhere Bodhisattvas sind alle Phänomene in Leerheit gesammelt. Sie verweilen in weiter, raumähnlicher Leerheit und erleben den tiefen inneren Frieden der Glückseligkeit.

Ein höherer Bodhisattva ist ein Bodhisattva, der eine direkte Verwirklichung der Leerheit erlangt hat. Es gibt zehn Stufen höherer Bodhisattvas, von Bodhisattvas auf der ersten Ebene bis zu Bodhisattvas auf der zehnten Ebene, wobei jede Ebene zunehmend höher als die vorangehende ist. Anfänglich ist ein Bodhisattva auf der ersten Ebene auf dem Pfad des Sehens, aber dann tritt er oder sie in den Pfad der Meditation ein. Die Eigenschaften eines Bodhisattva auf der ersten Ebene umfassen Folgendes: Sie haben endgültigen Bodhichitta erlangt, sie halten die nahe Überlieferung einer Buddha Familie, sie haben alle intellektuell gebildeten Verblendungen aufgegeben, sie erleben kein Leiden und keinen Schmerz mehr, sie erfahren Leben für Leben höchste Freude, durch ihre Wunderkräfte können sie in einem Augenblick in hundert unterschiedlichen Welten sein, mittels ihrer Hellsicht können sie hundert vergangene und zukünftige Leben direkt sehen, sie sind fähig, in einem Moment hundert unterschiedliche Konzentrationen auszuüben und sie haben Handlungen, die eine Wiedergeburt in Samsara verursachen, aufgegeben. Sie besitzen solche Eigenschaften aufgrund ihrer Verwirklichung der Vollkommenheit der Weisheit des endgültigen Bodhichitta. Wir sollten uns zutiefst an ihren guten Eigenschaften erfreuen und den Entschluss fassen, so wie diese Bodhisattvas zu werden.

Vielleicht wundern wir uns, warum es für uns notwendig ist, diese Anleitungen, wie man sich in der Vollkommenheit der Weisheit schult, zu verstehen. Avalokiteshvara gab sie doch für Bodhisattvas auf den Pfaden der Ansammlung, der Vorbereitung, des Sehens und der Meditation und wir sind keiner dieser Bodhisattvas. Die Antwort ist: Da wir Buddha Natur haben, den Samen, ein Buddha zu werden, und dem Buddhadharma begegnet sind, haben wir eine großartige Gelegenheit, das höchste Glück der Erleuchtung, das endgültige Ziel unseres menschlichen Lebens, zu erlangen. Um dieses endgültige Ziel zu erreichen, müssen wir uns in den Bodhisattvapfaden der Ansammlung, der Vorbereitung, des Sehens und der Meditation schulen. Außer dieser Schulung gibt es keinen Weg, volle Erleuchtung zu erlangen. Auch wenn wir momentan kein Bodhisattva sind, so müssen wir uns definitiv bemühen ein Bodhisattva zu werden. Dann müssen wir von Pfad zu Pfad fortschreiten, bis wir ein erleuchtetes Wesen sind. Indem wir uns den Übungen der Bodhisattvapfade der Ansammlung, der Vorbereitung, des Sehens und der Meditation widmen, wird unsere Buddha Natur oder unser Buddha Samen mit Sicherheit reifen; wir werden die Erleuchtung erlangen. Dies ist der wesentliche Grund, warum wir diese Unterweisungen jetzt verstehen und üben müssen. Wie zuvor erwähnt ist es Buddhas endgültige Absicht, jedes einzelne Lebewesen zum Zustand

Akashagarbha

der Erleuchtung zu führen. Aus diesem Grund lehrte er die *Sutras der Vollkommenheit der Weisheit.*

Zuerst erlangen wir die anfängliche Verwirklichung des endgültigen Bodhichitta. Dann schulen wir uns in der Vollkommenheit der Weisheit auf dem Pfad des Sehens, indem wir diese Verwirklichung durch fortwährende Meditation über die Leerheit aller Phänomene, motiviert durch Mitgefühl für alle Lebewesen, verbessern, bis sie zum Pfad der Meditation wird.

EINE ERKLÄRUNG, WIE MAN SICH IN DER VOLLKOMMENHEIT DER WEISHEIT AUF DEM PFAD DER MEDITATION SCHULT

Deshalb, Shariputra, gibt es in der Leerheit keine Form, kein Gefühl, keine Unterscheidung, keine zusammensetzenden Faktoren, kein Bewusstsein. Es gibt kein Auge, kein Ohr, keine Nase, keine Zunge, keinen Körper, keine Geistigkeit; keine Form, keinen Klang, keinen Geruch, keinen Geschmack, kein Tastobjekt, kein Phänomen. Es gibt kein Augenelement und so weiter, bis hin zu keinem Geisteselement und ebenso bis hin zu keinem Element des geistigen Bewusstseins. Es gibt keine Unwissenheit und keine Erschöpfung der Unwissenheit und so weiter, bis hin zu keinem Altern und Sterben und keiner Erschöpfung von Altern und Sterben. Desgleichen gibt es kein Leiden, keinen Ursprung, keine Beendigung und keinen Pfad; kein erhabenes Gewahrsein, keine Erlangung und auch keine Nichterlangung.

Dieser Teil des Sutra enthüllt, dass der Bodhisattva auf der ersten Ebene von Pfad zu Pfad bis zur zehnten Ebene fortschreiten sollte. Dies ist die letzte «Station», von der aus der Bodhisattva direkt die Ebene der Erleuchtung erlangen wird, das letztendliche Ziel. Das sollte er oder sie tun, indem er sich beständig in der Meditation über die Leerheit der fünf Anhäufungen, der zwölf Quellen, der achtzehn Elemente, der zwölf in abhängiger Beziehung stehenden Glieder und der vier edlen Wahrheiten schult.

Die Worte «in der Leerheit gibt es keine Form» enthüllen die Leerheit von Form; und «kein Gefühl» enthüllt die Leerheit von Gefühl. Das wird gleichermaßen auf die verbleibenden drei Anhäufungen, die zwölf Quellen, die achtzehn Elemente, die zwölf in abhängiger Beziehung stehenden Glieder und die vier edlen Wahrheiten angewandt. Wir sollten wissen, dass dieser Teil des Sutra enthüllt, dass die fünf Anhäufungen, die zwölf Quellen, die achtzehn Elemente, die zwölf in abhängiger Beziehung stehenden Glieder und die vier edlen Wahrheiten die Grundlagen sind, um Leerheit festzulegen. Dies hat große Bedeutung, weil es indirekt die Stufen des Pfades zur Befreiung oder Nirvana enthüllt, die gemeinsame Pfade sowohl für das Hinayana als auch für das Mahayana sind. Das ist die verborgene Bedeutung dieses Teils des Sutra. Die Erklärung dieser verborgenen Bedeutung hat fünf Teile:

1. Samsara erkennen
2. Wer Leiden erfährt
3. Wie wir Leiden erfahren
4. Wie wir in Samsara wandern
5. Wie wir Befreiung oder Nirvana erlangen

SAMSARA ERKENNEN

Leben für Leben verunreinigte Anhäufungen, d.h. einen verunreinigten Körper und Geist, anzunehmen – das ist Samsara. Samsara kann auf unterschiedliche Weise erklärt werden: als verunreinigte Anhäufungen, als Kreislauf verunreinigter Wiedergeburt, als Kreislauf unkontrollierten Todes und unkontrollierter Wiedergeburt, als Kreislauf unreinen Lebens oder als Kreislauf der zwölf in abhängiger Beziehung stehenden Glieder. Alle diese Erklärungen von Samsara sind richtig. Wir nehmen zum Beispiel Leben für Leben, endlos, fünf verunreinigte Anhäufungen an und dies ist unser eigenes Samsara. Um dies zu zeigen, erklärt Avalokiteshvara insbesondere die fünf Anhäufungen als Grundlagen, um Leerheit zu begründen.

WER LEIDEN ERFÄHRT

Diejenigen, die Befreiung und Erleuchtung erlangt haben, und diejenigen, die Leerheit direkt verwirklichen, leiden nicht. Unbelebte Objekte leiden nicht, weil sie kein Gefühl und keine Unterscheidung besitzen. Nur diejenigen leiden, die verunreinigte Anhäufungen – einen verunreinigten Körper und Geist – als Grundlage der Zuschreibung nehmen. Dies ist ein weiterer Grund, weshalb Avalokiteshvara die fünf Anhäufungen als Grundlagen nimmt, um Leerheit zu begründen.

WIE WIR LEIDEN ERFAHREN

Unsere Augensinneskraft, Ohrensinneskraft und so weiter trifft auf ein Objekt – Formen, Klänge und so weiter – und wir entwickeln ein Augenbewusstsein, Ohrenbewusstsein und so weiter, das inhärent existente Dinge wahrnimmt. So entsteht automatisch ein Geist, der glaubt, dass diese Dinge inhärent existent sind. Dies ist unser Geist der Unwissenheit des Festhaltens am Selbst. Aufgrund dieser Unwissenheit erleben wir alle Arten von Leiden und Problemen. Sie sind fehlerhafte Erscheinungen oder Halluzinationen, genau wie die Dinge, die wir in einem Traum erleben. Um zu zeigen, wie Leiden entsteht, erläutert Avalokiteshvara die zwölf Quellen und achtzehn Elemente als Grundlagen, um Leerheit zu begründen.

WIE WIR IN SAMSARA WANDERN

Wir wandern in Samsara, indem wir den Kreislauf der zwölf in abhängiger Beziehung stehenden Glieder durchlaufen. Dies ist nicht einfach zu verstehen, es sei denn, wir haben Unterweisungen darüber erhalten. Das Diagramm des Lebensrades wurde von Buddha entworfen. Es zeigt, wie Lebewesen in Samsara durch den Kreislauf der zwölf in abhängiger Beziehung stehenden Glieder wandern. Das Diagramm wird im Buch *Freudvoller Weg* erklärt.

Eine ausführliche Erklärung der zwölf Quellen, der achtzehn Elemente und der zwölf in abhängiger Beziehung stehenden Glieder ist im Anhang IV enthalten.

WIE WIR BEFREIUNG ODER NIRVANA ERLANGEN

Die Worte «Desgleichen gibt es kein Leiden, keinen Ursprung, keine Beendigung und keinen Pfad» enthüllen die Leerheit von Leiden, Ursprung, Beendigung und Pfad. Indirekt enthüllen sie deshalb die Praxis der vier edlen Wahrheiten. Im *Sutra der vier edlen Wahrheiten* sagt Buddha: «Ihr solltet

Leiden kennen». Das bedeutet, dass wir die Leiden unserer zahllosen zukünftigen Leben kennen und Entsagung entwickeln sollten, den aufrichtigen Wunsch, dauerhaft von diesen Leiden befreit zu sein. Dann sagt er: «Ihr solltet Ursprünge aufgeben.» «Ursprünge» sind Verblendungen, hauptsächlich die Unwissenheit des Festhaltens am Selbst. Buddha ermutigt uns hier, die Unwissenheit des Festhaltens am Selbst, die Wurzel aller Leiden dieses Lebens und zukünftiger Leben, aufzugeben. Wenn Buddha dann sagt: «Ihr solltet Beendigungen erlangen», rät er uns, die dauerhafte Befreiung von allen Leiden zu erlangen, weil eine vorübergehende Befreiung von einzelnen Leiden nicht genug ist. Und wenn er dann sagt: «Ihr solltet den Pfad üben», bedeutet dies, dass wir, um dauerhafte Befreiung zu erlangen, über den Pfad zur Befreiung meditieren müssen. Dies ist hauptsächlich die Schulung in Meditation über Leerheit mit der Motivation der Entsagung.

Die Worte «kein erhabenes Gewahrsein, keine Erlangung und auch keine Nichterlangung» enthüllen die Leerheit von erhabenem Gewahrsein, Erlangung und Nichterlangung. Indirekt enthüllen sie, dass erhabenes Gewahrsein, Pfad und Beendigung Erlangungen sind, und dass Leiden und Ursprünge Nichterlangungen sind, das heißt Objekte, die wir aufgeben sollten. «Erhabenes Gewahrsein», «spiritueller Pfad» und «spirituelle Verwirklichung» sind Synonyme.

Entsagung ist das Tor, durch das wir den Pfad zur Befreiung betreten. Bodhichitta ist das Tor, durch das wir den Pfad zur Erleuchtung betreten. Kurz gesagt heißt dies: Indem wir uns bemühen, den Ursprung des Leidens – die Unwissenheit des Festhaltens am Selbst – durch Schulung in Meditation über Leerheit mit der Motivation der Entsagung aufzugeben, werden wir Beendigung erlangen, dauerhafte Befreiung von Leiden. Und durch Schulung in Meditation über Leerheit mit der Motivation des Bodhichitta werden wir volle Erleuchtung erlangen.

Haben wir die anfängliche Verwirklichung des Pfades der Meditation erlangt, schulen wir uns auf dem Pfad der Meditation in der Vollkommenheit der Weisheit. Durch fortwährende Meditation über die Leerheit aller Phänomene, motiviert durch Mitgefühl für alle Lebewesen, verbessern wir unsere Verwirklichung, bis sie zur vajragleichen Konzentration wird. Sie hat die Kraft, subtile fehlerhafte Erscheinung dauerhaft aus unserem Geist zu entfernen.

EINE ERKLÄRUNG, WIE DER PFAD DES NICHT-MEHR-LERNENS ERLANGT WIRD

Deshalb, Shariputra, verlassen sich Bodhisattvas, da es keine Erlangung gibt, auf die Vollkommenheit der Weisheit und verweilen in ihr; ihr Geist hat keine Behinderungen und keine Angst. Indem sie Verdorbenheit gänzlich überwinden, erlangen sie das endgültige Nirvana. Auch alle Buddhas, die sich auf vollendete Weise in den drei Zeiten aufhalten, wurden zu manifesten und vollständigen Buddhas im Zustand der unübertroffenen, vollendeten und vollständigen Erleuchtung, indem sie sich auf die Vollkommenheit der Weisheit verlassen haben.

Die Bedeutung dieses Teils des Sutra ist, dass Bodhisattvas auf dem Pfad der Meditation durch beständige Meditation über die Leerheit von Erlangung und Nichterlangung – die Leerheit aller Phänomene – von Pfad zu Pfad fortschreiten, bis sie die zehnte Bodhisattva Ebene erreichen. Auf der zehnten Ebene erlangt der Bodhisattva die Verwirklichung der höheren Vollkommenheit der Weisheit, «vajragleiche Konzentration» genannt. In Abhängigkeit von dieser Vollkommenheit der Weisheit wird der Bodhisattva vollkommen frei von den Ängsten fehlerhafter Vorstellungen und den Behinderungen fehlerhafter Erscheinungen. So wird er das endgültige Nirvana erreichen, die dauerhafte Beendigung subtiler fehlerhafter Erscheinung. Alle Buddhas der Vergangenheit, Gegenwart und Zukunft vollenden die unübertroffene Erlangung der vollen Erleuchtung, den «Pfad des Nicht-mehr-Lernens», in Abhängigkeit von dieser Vollkommenheit der Weisheit.

Schlussfolgerung

SCHLUSSFOLGERUNG

Deshalb sollte das Mantra der Vollkommenheit der Weisheit, das Mantra des großen Wissens, das unübertroffene Mantra, das Mantra, das dem Unvergleichlichen gleicht, das Mantra, das vollständig alles Leiden befriedet, da es nicht falsch ist, als die Wahrheit bekannt sein. Das Mantra der Vollkommenheit der Weisheit wird verkündet:

TAYATHA OM GATE GATE PARAGATE PARASAMGATE BODHI SÖHA

Shariputra, ein Bodhisattva, ein großes Wesen, sollte sich auf diese Weise in der tiefgründigen Vollkommenheit der Weisheit schulen.»

Die Bedeutung dieses Teils des Sutra ist, dass wir schließlich das Folgende verstehen und üben. Mantra ist eine innere Verwirklichung, die Lebewesen vor den Behinderungen fehlerhafter Vorstellungen und fehlerhafter Erscheinungen schützt. In diesem Zusammenhang gibt es fünf Arten von Mantras: das Mantra der Vollkommenheit der Weisheit, das Mantra des großen Wissens, das unübertroffene Mantra, das Mantra, das dem Unvergleichlichen gleicht und das unvergleichliche Mantra oder Mantra, das vollständig alles Leiden befriedet.

Die Vollkommenheit der Weisheit des Pfades der Ansammlung wird «das Mantra der Vollkommenheit der Weisheit» genannt, da es ein Weisheitsmantra ist, das nicht mit Leerheit beobachtendem höheren Sehen verknüpft ist. Die Vollkommenheit der Weisheit des Pfades der Vorbereitung wird «das Mantra des großen Wissens» genannt, da es ein Weisheitsmantra ist, das mit Leerheit beobachtendem höheren Sehen verknüpft ist. Die Vollkommenheit der Weisheit des Pfades des Sehens wird «das unübertroffene Mantra» genannt, da es ein Weisheitsmantra ist, das mit der direkten Verwirklichung von Leerheit verknüpft ist. Die Vollkommenheit der Weisheit des Pfades der Meditation wird «das Mantra, das dem Unvergleichlichen gleicht» genannt, da es ein Weisheitsmantra ist, das der Erlangung des unvergleichlichen Mantra, der tatsächlichen Erleuchtung, sehr nahe ist. Die Weisheit der Erleuchtung wird «das unvergleichliche Mantra» genannt, da es die Kraft hat, die Leiden aller Lebewesen vollständig zu befrieden.

Das Mantra, das wir mündlich rezitieren, ist nicht eigentliches Mantra. Es wird «Mantra» genannt, weil es hauptsächlich das Weisheitsmantra enthüllt. Ein eigentliches Mantra ist notwendigerweise eine innere Verwirklichung.

Es ist wichtig zu wissen, dass die Schulung in der Vollkommenheit der Weisheit der Pfade der Ansammlung, der Vorbereitung, des Sehens, der Meditation und des Nicht-mehr-Lernens nichttäuschende und wirklich bedeutungsvolle Übungen sind. Wenn wir dies verstehen, fassen wir einen unumstößlichen Entschluss. Wir denken: «Ich muss Zuflucht nehmen zum Dharma der Vollkommenheit der Weisheit der Pfade der Ansammlung, der Vorbereitung, des Sehens, der Meditation und des Nicht-mehr-Lernens». Dann meditieren wir über diesen Entschluss. Damit unser Entschluss kraftvoll und unerschütterlich wird, rezitieren wir das folgende mündliche Mantra, während wir uns auf seine Bedeutung konzentrieren:

> TAYATHA OM GATE GATE PARAGATE PARASAMGATE BODHI SÖHA

Diese Meditation und Rezitation sollten wir beständig als tägliche Praxis üben.

Das Mantra hat folgende Bedeutung: TAYATHA bedeutet «somit». OM bezieht sich auf «ich» und GATE bedeutet «gehen». Diese Worte bedeuten deshalb: «Somit werde ich gehen» oder «Ich werde die Vollkommenheit der Weisheit des Pfades der Ansammlung vollenden». Das zweite GATE bedeutet: «Ich werde die Vollkommenheit der Weisheit des Pfades der Vorbereitung vollenden». PARAGATE bedeutet: «Ich werde die Vollkommenheit der Weisheit des Pfades des Sehens vollenden». PARASAMGATE bedeutet: «Ich werde die Vollkommenheit der Weisheit des Pfades der Meditation vollenden». BODHI bedeutet: «Ich werde die Vollkommenheit der Weisheit des Pfades des Nicht-mehr-Lernens vollenden». Und SÖHA bedeutet: «Ich werde die Grundlage für alle diese inneren Verwirklichungen schaffen, um Lebewesen zu helfen». Hier bezieht sich «Grundlage» auf die Schulung in den Stufen des weiten Pfades, die in Teil Zwei dargelegt wird.

Buddhas Billigung und das Versprechen zu üben

DIE BILLIGUNG DER ANTWORTEN DURCH BUDDHA

Dann erhob sich der Gesegnete aus dieser Konzentration und sagte zum höheren Avalokiteshvara, dem Bodhisattva, dem großen Wesen, dass er gut gesprochen habe: «Gut, gut, o Sohn der Überlieferungslinie. So ist es. Da es so ist, wie du es enthüllt hast, sollte die tiefgründige Vollkommenheit der Weisheit auf diese Weise geübt werden, und auch die Tathagatas werden sich erfreuen.»

Wir wissen, dass wir, wenn wir einsgerichtet meditieren, nicht gleichzeitig sprechen oder lehren können. Um sprechen oder lehren zu können, müssen wir unsere Konzentration beenden. Buddhas jedoch verwirklichen endgültige Wahrheit und konventionelle Wahrheit direkt und gleichzeitig. Sie sind in der Lage zu sprechen oder zu lehren, während sie einsgerichtet über Leerheit meditieren. Um dies zu tun, müssen sie ihre Konzentration nicht beenden. Wenn Ananda sagt: «Dann erhob sich der Gesegnete aus dieser Konzentration»,

Shariputra

sagt er dies nur entsprechend gewöhnlicher Erscheinung, der Erscheinung gewöhnlicher Wesen.

Wie bereits erwähnt ist dieses Sutra Buddhas eigene Unterweisung, da er es aus seinem Herzen lehrte. Wenn Buddha also die Antworten Avalokiteshvaras billigt, geschieht dies nur entsprechend gewöhnlicher Erscheinung, da die Antwort tatsächlich von Buddha selbst stammt.

DIE ANHÄNGER SIND ERFREUT UND NEHMEN SICH DIE UNTERWEISUNGEN ZU HERZEN

Als der Gesegnete dies gesagt hatte, waren der ehrwürdige Shariputra, der höhere Avalokiteshvara, der Bodhisattva, das große Wesen und der ganze Kreis der Schüler sowie die weltlichen Wesen – Götter, Menschen, Halbgötter und Geister – hocherfreut und lobten die Worte des Gesegneten sehr.

Als Buddha die *Sutras der Vollkommenheit der Weisheit* lehrte, umfasste die große Versammlung der Schüler, die diesen Unterweisungen zuhörten, Menschen, Bodhisattvas, Götter, Halbgötter und Geister. Sie alle freuten sich zutiefst über ihr großes Glück, diese tiefgründigen Unterweisungen erhalten zu haben, und sie versprachen, diese Unterweisungen zu üben und zu verbreiten.

Von den menschlichen Schülern sahen diejenigen mit reinem Geist direkt die nichtmenschlichen Schüler, wie die Gottheiten Avalokiteshvara und Maitreya. Unter den Geisterschülern war auch eine Versammlung der Nagas. Es heißt, dass zu jener Zeit viele Könige der Nagas eine besonders starke Hingabe für Buddhas Unterweisungen der *Sutras der Vollkommenheit der Weisheit* hatten. Als nach dem Ableben

Buddhas der Mahayana Buddhismus aus vielen Gründen ernsthaft degenerierte, nahmen die Nagageister die ausführlichen Schriften der *Sutras der Vollkommenheit der Weisheit* in ihre eigene Welt mit. Deshalb verschwanden diese Schriften für Hunderte von Jahren aus der menschlichen Welt. Später besuchte der große Meister Nagarjuna die Welt der Nagas, um diese Schriften zu finden und in die menschliche Welt zurückzubringen. Danach erneuerte und verbreitete er den Mahayana Buddhismus im Allgemeinen und die Unterweisungen der *Sutras der Vollkommenheit der Weisheit* im Besonderen. Deshalb ist die große Güte Nagarjunas unermesslich. Der indische buddhistische Meister Atisha sagte:

> Wir werden die Erleuchtung der Buddhaschaft erlangen,
> Indem wir uns auf die Unterweisungen verlassen, die von Nagarjuna und seinem Schüler Chandrakirti stammen;
> Mit Sichtweisen, die diesen Unterweisungen widersprechen, gibt es keine Erlangung der Erleuchtung.

Die Lebensgeschichte Nagarjunas wird in Teil Zwei erzählt.

Kommentar zum *Herz Sutra*

TEIL ZWEI:
Die Erklärung der verborgenen Bedeutung des Sutra

Ananda

Vorbereitende Erklärung und das Leben von Beschützer Nagarjuna und Arya Asanga

VORBEREITENDE ERKLÄRUNG

Es ist wichtig zu wissen, dass jedes einzelne Lebewesen seinen eigenen Körper und Geist hat. Diese sind ihr subtiler Körper und Geist. Sie werden «ständig verweilender Körper und Geist» genannt und sind seine oder ihre Buddha Natur, die Linie eines zukünftigen Buddha. Da alle Lebewesen Buddha Natur haben, werden sie – wenn sie dem Buddhadharma begegnen – schließlich alle den Zustand eines erleuchteten Buddha erlangen.

Ein erleuchteter Buddha ist jemand, der aus dem Schlaf der Unwissenheit erwacht ist und dessen Aufgabe es ist, jedem einzelnen Lebewesen geistigen Frieden zu schenken. Erfahren Lebewesen beständig geistigen Frieden, werden sie immer glücklich sein; ohne geistigen Frieden aber ist niemand glücklich. Woher kommt der Geistesfrieden der Lebewesen? Er entsteht, wenn ihr Geist Buddhas Segnungen empfängt. Dies ist die Aufgabe der Buddhas. Deshalb verstehen wir, dass Buddha die Quelle des Glücks aller Lebewesen ist. Betrachten wir unsere eigenen Erfahrungen, dann wissen wir, dass es in diesem unreinen Leben kein wirkliches Glück oder wirkliche Freiheit gibt. Weil wir und alle Lebewesen uns jedoch aufrichtig wünschen, glücklich und frei von Leiden zu sein, müssen wir uns mit Sicherheit bemühen, den Zustand eines erleuchteten Buddha zu erlangen. Haben wir diesen Zustand erreicht, werden wir die Quelle des Glücks für alle anderen Lebewesen sein. Buddha lehrte das *Herz Sutra*, um alle Lebewesen zum höchsten Glück der Erleuchtung zu führen.

Dieses Sutra zeigt direkt die Stufen des tiefgründigen Pfades auf, enthüllt aber implizit die Stufen des weiten Pfades. Diese beiden Pfade, der tiefgründige und der weite, sind der eigentliche Pfad zur Erleuchtung. Der tiefgründige Pfad ist die Schulung in der Vollkommenheit der Weisheit. Er wurde in Teil Eins erklärt. Der weite Pfad ist die Schulung in den Pfaden der Personen anfänglicher und mittlerer Ausrichtung, sowie die Übungen in Liebe, Mitgefühl und Bodhichitta.

Beschützer Nagarjuna erhielt die Anleitungen über die Stufen des tiefgründigen Pfades von Bodhisattva Manjushri, der sie direkt von Buddha Shakyamuni erhalten hatte. Arya Asanga erhielt die Anleitungen über die Stufen des weiten Pfades von Bodhisattva Maitreya, der sie direkt von Buddha Shakyamuni erhalten hatte. Die Überlieferungslinien dieser beiden Anleitungen wurden in ungebrochener Folge von Lehrer zu Lehrer weitergegeben, bis sie zu Atisha, dem Gründer des Kadampa Buddhismus, gelangten. Atisha verfasste den Text *Eine Lampe für den Pfad*. Er erklärt in dieser besonderen Darlegung der «Stufen des Pfades der Personen anfänglicher, mittlerer und großer Ausrichtung», wie die Stufen der tiefgründigen und weiten Pfade geübt werden. Sein Werk umfasst in praktischer Weise alle Unterweisungen Buddhas über Sutra und Tantra.

Die Anleitungen, die diese besondere Präsentation haben, nennt man «Kadam Lamrim» oder «Kadam Dharma». Atishas Text *Eine Lampe für den Pfad* ist der Urtext des Kadam Lamrim. Er ist sehr kurz, und ohne einen ausführlichen Kommentar wäre es für uns schwer zu verstehen, wie wir die Stufen des tiefgründigen und weiten Pfades richtig üben können, insbesondere die Stufen des tiefgründigen Pfades. Darum erschien in Tibet die Weisheit aller Buddhas in Gestalt von Je Tsongkhapa, der ausführliche, mittlere und kurze Kommentare zu *Eine Lampe für den Pfad* schrieb und ausführliche öffentliche Unterweisungen gab. So blühte der Kadam Lamrim in ganz Tibet, China, in der Mongolei und vielen anderen asiatischen Ländern. Nun beginnt er sich in der ganzen übrigen Welt zu verbreiten. Ich persönlich habe durch die große Güte Je Tsongkhapas und meines spirituellen Meisters Trijang Dorjechang, der eine Manifestation Je Tsongkhapas ist, die Gelegenheit Kadam Dharma zu üben und zu lehren.

BESCHÜTZER NAGARJUNA

Nagarjunas Leben und Werk wurde mehrmals von Buddha vorhergesagt. In einer bekannten Passage im *Sutra Nach Lanka gegangen* wird Buddha gefragt, wer die Lehre nach seinem Ableben aufrechterhalten wird. Buddha erwidert:

> In der südlichen Region, im Land der Palmen,
> Wird der Mönch Shriman, von großem Ansehen,
> Bekannt unter dem Namen «Naga»,

Die Extreme der Existenz und Nichtexistenz
widerlegen.
Nachdem er der Welt meine Lehre verkündet hat,
Das unübertroffene Große Fahrzeug,
Wird er die Ebene Sehr Freudvoll erreichen
Und zum Land der Glückseligkeit gehen.

Wie vorausgesagt wurde vierhundert Jahre nachdem Buddha dahingeschieden war, ein Sohn in eine wohlhabende Brahmanenfamilie geboren. Sie lebte in einer Gegend Südindiens, die Bedarwa oder das «Land der Palmen» genannt wird. Ein Orakel sagte voraus, dass das Kind nur sieben Tage lang leben würde; dass seine Lebensspanne jedoch um weitere sieben Tage verlängert werden könne, wenn an hundert gewöhnliche Menschen Geschenke dargebracht würden; um weitere sieben Monate, wenn Darbringungen an hundert Brahmanen gemacht würden; oder um weitere sieben Jahre, wenn Darbringungen an hundert Mönche gemacht würden. Das Orakel kannte jedoch keine Methode, das Leben des Knaben noch weiter zu verlängern. Folglich brachten die Eltern hundert Mönchen Gaben dar und lebten sieben Jahre lang glücklich mit ihrem Sohn.

Als der siebte Geburtstag des Kindes näher rückte, sandten sie ihn mit mehreren ihrer Diener auf eine Pilgerreise. Sie konnten es nicht ertragen, seinen Tod mitzuerleben. Von einer Manifestation Avalokiteshvaras geführt, fand die Gruppe ihren Weg zum Kloster Nalanda. Dort trafen sie den großen Lehrer Saraha. Sie erklärten Saraha die Notlage des Knaben. Er sagte ihnen, dass das Kind einen vorzeitigen Tod abwenden könne, wenn es in Nalanda bliebe und als Mönch ordiniert würde. Er gab dem Kind die Ermächtigung der Langlebenspraxis von Buddha

Amitayus und ermutigte es, diesen Yoga ausführlich zu üben. Am Vorabend seines siebten Geburtstags rezitierte das Kind das Mantra von Amitayus ohne Unterbrechung und verhinderte so seinen vorzeitigen Tod. Am folgenden Tag ordinierte es als Mönch und erhielt den Namen «Shrimanta». Shrimanta blieb in Nalanda und studierte unter dem Schutz Manjushris alle Sutras und Tantras. Bald wurde er ein vollendeter Gelehrter und Lehrer und sein Ruf verbreitete sich überall. Schließlich wurde er der Abt von Nalanda.

Nagarjunas Leben umfasste drei große Perioden glückverheißender Taten. Sie entsprechen den drei Drehungen des Dharma Rades von Buddha. Deshalb wird er oft «der zweite Buddha» genannt. Die erste Periode umfasst seine Amtszeit als Abt von Nalanda. Leider hatte sich die moralische Disziplin der Mönche seit der Zeit, als Buddha erstmals Gelübde gab, verschlechtert und Nagarjuna war sehr bestrebt in seinem Bemühen, die Reinheit der Disziplin wiederherzustellen. Er klärte in ausführlichen Unterweisungen viele Punkte der moralischen Disziplin und verfasste eine Anzahl von Werken über reines Benehmen. Diese Schriften, die als *Sammlung von Ratschlägen* bekannt sind, beinhalten Werke wie *Kostbare Girlande*, *Freundlicher Brief*, *Baum der Weisheit*, *Hundert Weisheiten* und *Tropfen für die Heilung von Wesen*. Diese Tätigkeiten sind vergleichbar mit Buddhas erster Drehung des Dharma Rades.

Nagarjuna bleibt jedoch vor allem wegen der Werke der zweiten Periode in Erinnerung. Wie zuvor erwähnt verschwanden die *Sutras der Vollkommenheit der Weisheit*, die hauptsächlichen Mahayana Lehren, kurz nach Buddhas Tod aus dieser Welt. Es heißt, dass einige Nagas, die diese Unterweisungen von Buddha erhalten hatten, die ausführlichen

Schriften der *Vollkommenheit der Weisheit* in ihre eigene Welt mitnahmen, um sie sicher aufzubewahren. Es gab nur noch wenige Praktizierende, die diese Unterweisungen verstehen konnten, und die meisten von ihnen hielten ihre Praxis geheim. Die einzigen Unterweisungen Buddhas, die weitverbreitet waren, waren die Hinayana Lehren. Infolgedessen glaubten viele Menschen, dass sie Buddhas einzige Unterweisungen seien. Einige Zeit später luden die Nagas Nagarjuna ein und gaben ihm die Schriften der *Vollkommenheit der Weisheit* zurück. Nagarjuna kehrte mit den Schriften in die Welt der Menschen zurück und verbreitete sie überall. Aufgrund seiner besonderen Beziehung zu den Nagas und weil er viele Nagas mit Hilfe besonderer ritueller Gebete von Krankheiten heilte, erhielt Nagarjuna den Namen «Beschützer der Nagas». «Arjuna» wurde seinem Namen beigefügt, weil er die Mahayana Lehren mit so großer Schnelligkeit und Genauigkeit verbreitete, wie der legendäre Bogenschütze Arjuna die Pfeile seines Bogens abschoss. Deswegen wurde er schließlich «Beschützer Nagarjuna» genannt.

Weil er einen sehr hellen, klaren Geist und große Weisheit besaß, konnte Nagarjuna die *Sutras der Vollkommenheit der Weisheit* vollkommen verstehen und sie anderen erläutern. Er verbreitete diese Lehren überall und sorgte dadurch für das große Wiederaufleben der Mahayana Lehren in dieser Welt. Er legte ein System von Begründungen dar, das die «Philosophie des mittleren Weges» oder «Madhyamaka» genannt wurde, weil es einen fehlerfreien Kurs zwischen den zwei Extremen von Existenz und Nichtexistenz einschlägt. Nagarjuna verfasste viele Kommentare zu den *Sutras der Vollkommenheit der Weisheit*, die die Madhyamaka Sichtweise erhellen. Diese Abhandlungen, die *Sammlung von Begründungen*, beinhalten die berühmte *Grundlegende*

Weisheit des mittleren Wegs und ihre vier Glieder: *Sechzig Begründungen*, *Siebzig Leerheiten*, *Fein gewebt* und *Widerlegung von Einwänden*. Er schrieb auch *Kompendium der Sutras*, *Fünf Stufen der Vollendungsstufe von Guhyasamaja* und viele weitere Kommentare zu den Sutras und Tantras. Diese Tätigkeiten sind vergleichbar mit Buddhas zweiter Drehung des Dharma Rades.

Nagarjunas dritte Periode von glückverheißenden Taten fand gegen Ende seines Lebens statt. Auf Anraten Taras kehrte er nach Südindien zurück und verweilte an einem Ort namens Berg der Pracht. Dort gab er weitere ausführliche Unterweisungen zu den Sutras und Tantras und verfasste viele weitere Schriften. Diese Schriften, die *Sammlung von Lobpreisungen*, beinhalten Werke wie *Lobpreisung des Dharmadhatu*, *Lobpreisung des Überweltlichen*, *Lobpreisung des Unvorstellbaren* und *Lobpreisung des Endgültigen*. Diese Tätigkeiten sind vergleichbar mit Buddhas dritter Drehung des Dharma Rades.

Es ist in einem so kurzen Bericht unmöglich, dem Leben und Werk Nagarjunas auch nur im Ansatz gerecht zu werden. Er widmete sein Leben voll und ganz der Wiederbelebung des Mahayana Dharma und der Stärkung der Mahayana Sangha. Um das zu erreichen gab er überaus fruchtbare Unterweisungen, verfasste viele Bücher über Sutra und Tantra und führte zahllose andere außerordentliche Handlungen aus. Wie im *Sutra Nach Lanka gegangen* erwähnt erreichte Nagarjuna die Verwirklichung der ersten Bodhisattva Ebene «Sehr Freudvoll», schritt dann weiter fort und erreichte schließlich das Land der höchsten Glückseligkeit der Erleuchtung.

ARYA ASANGA

Asanga war ein großer Praktizierender. Sein Herzenswunsch war, Unterweisungen über die *Sutras der Vollkommenheit der Weisheit* zu erhalten, denn hier würde er alle Anleitungen der Stufen des Pfades zur Erleuchtung finden. Er suchte einen Lehrer, der ihm die verborgene Bedeutung der *Sutras der Vollkommenheit der Weisheit*, das heißt die Stufen des weiten Pfades, enthüllen würde. Doch einen solchen Lehrer fand er nicht. So entschloss sich Asanga eine direkte Vision von Maitreya, der diese Unterweisungen direkt von Buddha Shakyamuni erhalten hatte, zu erlangen. Um dieses Ziel zu erreichen, begab er sich in einer abgelegenen Berghöhle in ein Retreat. Er konzentrierte sich drei Jahre lang auf die Visualisierung, Meditation und Rezitation des Mantra von Buddha Maitreya. Doch aufgrund karmischer Behinderungen gelang es ihm nicht, Maitreya zu sehen. Er verlor den Mut und gab sein Retreat auf. Auf dem Heimweg begegnete er einem Mann, der unermüdlich daran arbeitete, einen Eisenblock mit einer Pfauenfeder zu zerteilen. Asanga fragte den Mann: «Wie kannst du diesen Eisenblock mit einer Pfauenfeder zerteilen?» Der Mann entgegnete: «Mit Bemühen wird uns alles gelingen. Schau, ich habe bereits einige Fortschritte gemacht», und er zeigte Asanga eine kleine Kerbe im Eisenblock. Asanga fragte: «Was machst du mit dem Block, wenn du ihn zerteilt hast?» Der Mann antwortete: «Nichts, ich lasse ihn einfach hier.» Asanga dachte: «Wenn dieser Mann so hart an etwas arbeitet, das völlig sinnlos ist, dann sollte ich in meinem Retreat unermüdlich für etwas arbeiten können, das für mich und unzählige Lebewesen von unermesslicher Bedeutung sein wird.» Mit diesem Gedanken kehrte er in sein Retreat zurück.

Der Mann, der den Eisenblock mit der Pfauenfeder zerteilte, war in Wirklichkeit Maitreya, der sich zum Wohle Asangas in dieser Weise ausgestrahlt hatte. Durch diese und viele andere Emanationen half Maitreya Asanga fortwährend. Nach zwölf Jahren Retreat war Asanga allerdings erneut entmutigt und wollte sein Retreat endgültig beenden. Maitreya aber strahlte sich als Hündin aus, die am Straßenrand lag und bei lebendigem Leib von Maden zerfressen wurde. Als Asanga die Hündin sah, wurde er von starkem Mitgefühl überwältigt und zwar sowohl für sie, als auch für die Maden. Um beider Leben zu retten, schnitt er ein Stück Fleisch aus seinem Schenkel, entfernte mit seiner Zunge die Maden vom Körper der Hündin und legte sie auf das Stück Fleisch. Diese mitfühlenden, tugendhaften Handlungen reinigten vollständig die karmischen Behinderungen, die ihn daran gehindert hatten, Maitreya zu sehen, und anstelle der Hündin erblickte Asanga plötzlich Maitreya. Erschüttert und gleichzeitig hocherfreut rief er: «Warum hast du mich so lange warten lassen?» Maitreya antwortete: «Ich war seit Anbeginn deines Retreats bei dir. Doch aufgrund karmischer geistiger Behinderungen konntest du mich nicht wahrnehmen. Nun sprich, wie kann ich dir helfen?»

Daraufhin bat Asanga Maitreya: «Bitte gib mir die Anleitungen des *Sutra der Vollkommenheit der Weisheit*, die du direkt von Buddha Shakyamuni erhalten hast. Dann kann ich so wie du die Erleuchtung Buddhas erlangen.» Durch die Kraft von Maitreyas Segnungen gelangte Asanga augenblicklich in Maitreyas Yiga Chödzin Palast im Reinen Land Tushita und erhielt dort die Anleitungen zum *Sutra der Vollkommenheit der Weisheit*.

Asanga erhielt ebenfalls Anleitungen zu Maitreyas *Fünf Gruppen des Dharma*, die *Schmuckstück für klare Verwirklichung* (ein Kommentar zum *Sutra der Vollkommenheit der Weisheit*) und vier Kommentare zu anderen Sutra Lehren Buddhas beinhalten – *Schmuckstück für Mahayana Sutras, Erklärung der Phänomene und der Leerheit der Phänomene, Den mittleren Weg und die Extreme unterscheiden*, sowie *Erhabenes Kontinuum*.

Asanga blieb fünfzig Jahre lang im Reinen Land Tushita. Während dieser Zeit betonte er die Übungen der Stufen des Pfades zur Erleuchtung, die er direkt von Maitreya erhalten hatte und erreichte die dritte Ebene eines höheren Bodhisattva. Ferner übersetzte er Maitreyas *Fünf Gruppen des Dharma* aus der Sprache des Reinen Landes Tushita ins Sanskrit und kehrte dann mit diesen fünf Texten in die menschliche Welt zurück.

Zu dieser Zeit gab es viele berühmte Gelehrte und Lehrer, so auch Asangas jüngeren Bruder Vasubandhu, die Buddhas Mahayana Lehren leugneten. Vasubandhu war ursprünglich ein berühmter Lehrer des Hinayana, der Tausende von Schülern hatte. In einem Buch kritisierte er das Mahayana. Es sei wie eine Blume im Himmel, die nicht existiere. Nagarjuna sei ein Bote der Maras und sein eigener Bruder Asanga ein Anhänger der Maras.

Asanga konnte es kaum ertragen, dass sein jüngerer Bruder so viel negatives Karma ansammelte. Aus Mitgefühl suchte er nach einem Weg, ihn aufzuhalten. Schließlich bat er einen Mahayana Praktizierenden, der das Mahayana Sutra *Sutra über die zehn Ebenen* (*eines Bodhisattva*) auswendig gelernt hatte, seinen jüngeren Bruder aufzusuchen. Während er dort sei, solle er das Sutra jeden Morgen laut rezitieren. Der Praktizierende kam zu Vasubandhu und dieser erlaubte ihm zu bleiben, da er von seinem älteren Bruder gesandt worden war. Am nächsten Morgen rezitierte der Praktizierende laut das Sutra und Vasubandhu hörte zu. Weil er intelligent und sehr gelehrt war und einen scharfen Verstand besaß, begann er das Mahayana Sutra zu schätzen und entwickelte ein gutes Gefühl. Am nächsten Morgen rezitierte der Praktizierende abermals. Vasubandhu hörte aufmerksam zu, verstand rasch seine wirkliche Bedeutung und entwickelte tiefe Wertschätzung. Er begann seine frühere Ablehnung von Buddhas Mahayana Unterweisungen und seine Kritik an Nagarjuna und seinem älteren Bruder zu bereuen. Als der Praktizierende das Sutra am dritten Morgen rezitierte, gewann Vasubandhu schließlich ein tiefes Verständnis des Sutra in seiner vollen Bedeutung.

Er dachte, wie wundervoll und kostbar Buddhas Unterweisungen über die Lebensweise eines Bodhisattva doch sind. Sein Bedauern, Buddhas Mahayana Unterweisungen geleugnet zu haben, und sein aufrichtiger Wunsch, die Auswirkungen seiner Negativität zu reinigen, waren so stark, dass er fast den Verstand verlor. Er nahm ein Messer und bat jeden, den er traf, ihm seine Zunge abzuschneiden! Als sie ihn nach dem Grund fragten, antwortete er: «Mit dieser Zunge habe ich derart schlechte Handlungen begangen, dass ich sterben möchte. Ich will dies jetzt reinigen. Bitte, schneidet mir die Zunge ab.» Schließlich sagte ihm jemand, er müsse nicht seine Zunge abschneiden, um sein negatives Karma zu reinigen. Er solle seinen Bruder Asanga besuchen, er würde ihm einen Weg zeigen, wie er seine Negativität reinigen könne. Unter Tränen der Reue bat Vasubandhu seinen Bruder: «Bitte zeige mir einen Weg, wie ich mein negatives Karma reinigen kann.» Asanga, der direkt mit Buddha Maitreya kommunizieren konnte, bat seinen Bruder zu warten. Er fragte Maitreya um Rat, welche Art der Reinigung sein jüngerer Bruder ausführen solle. Maitreya versprach, wenn Vasubandhu sogleich in den Mahayanapfad eintreten und viele Kommentare zu Mahayana Sutras schreiben würde, könne sich sein negatives Karma allmählich auflösen. Asanga teilte seinem Bruder Maitreyas Rat mit. Sogleich trat Vasubandhu in den Mahayanapfad ein und wurde ein Schüler Asangas. Später verfasste er viele Kommentare zu den Mahayana Sutras. So reinigte er sein Karma zwar im Wesentlichen, aber es blieben subtile Prägungen seiner Negativität übrig. Deshalb erlangte er die Erleuchtung nicht so rasch, wie es sonst möglich gewesen wäre.

Asanga gab seine Anleitungen der Stufen des weiten Pfades an seine Schüler, in erster Linie an Vasubandhu, weiter. Mit der Zeit erreichten diese Anleitungen Atisha, der, wie schon erwähnt eine besondere Darlegung des Lamrim lehrte, «die Stufen des Pfades der Personen anfänglicher, mittlerer und großer Ausrichtung». Aus diesem Grund ist Atisha berühmt als Begründer des Kadam Lamrim, denn Atisha gründete seine Lamrim Anleitungen auf Maitreyas *Schmuckstück für klare Verwirklichung*, das Asanga aus der Sprache des Tushita Himmels ins Sanskrit übersetzt hatte.

Der Pfad einer Person anfänglicher Ausrichtung

DIE STUFEN DES WEITEN PFADES: DIE VERBORGENE BEDEUTUNG DES *HERZ SUTRA*

Wenn wir verstehen, wie man sich in der Vollkommenheit der Weisheit schult, wie in Teil Eins erklärt, und dann lernen, wie man sich in den Stufen des weiten Pfades schult, dann kennen wir die gesamte Bedeutung des *Herz Sutra*. Deshalb folgt nun in diesem Kommentar eine Darlegung der Stufen des weiten Pfades. Diese hat drei Teile:

1. Der Pfad einer Person anfänglicher Ausrichtung
2. Der Pfad einer Person mittlerer Ausrichtung
3. Der Pfad einer Person großer Ausrichtung

DER PFAD EINER PERSON ANFÄNGLICHER AUSRICHTUNG

In diesem Zusammenhang bezieht sich «Person anfänglicher Ausrichtung» auf jemanden, der über eine anfängliche Befähigung verfügt, spirituelles Verständnis und Verwirklichungen zu entwickeln.

Nagarjuna

DIE KOSTBARKEIT UNSERES MENSCHLICHEN LEBENS

Das Ziel, die Kostbarkeit unseres menschlichen Lebens zu verstehen, besteht darin, uns selbst zu ermutigen, den wirklichen Sinn aus unserem menschlichen Leben zu ziehen und es nicht mit sinnlosen Tätigkeiten zu verschwenden. Unser menschliches Leben ist sehr kostbar und sinnvoll, aber nur wenn wir es nutzen, um dauerhafte Befreiung und das höchste Glück der Erleuchtung zu erlangen. Wir sollten uns ermutigen, den wirklichen Sinn unseres menschlichen Lebens zu erfüllen, indem wir die folgende Erklärung verstehen und darüber nachdenken.

Viele Menschen glauben, dass der wirkliche Sinn eines menschlichen Lebens in der Entwicklung des Materiellen liegt. Doch wir sehen, dass keine wie immer geartete materielle Entwicklung in der ganzen Welt menschliches Leiden und Probleme vermindert. Stattdessen nehmen Leiden und Probleme eher zu. Daher kann die Entwicklung des Materiellen nicht der wirkliche Sinn menschlichen Lebens sein. Wir sollten wissen, dass wir, aus unseren früheren Leben kommend, gegenwärtig nur für einen kurzen Augenblick in die menschliche Welt gelangt sind, und dass wir jetzt die Gelegenheit haben, durch die Praxis des Dharma das höchste Glück der Erleuchtung zu erlangen. Dies ist ein außerordentliches Glück für uns. Wenn wir Erleuchtung erlangen, haben wir unsere eigenen Wünsche erfüllt und wir können auch die Wünsche aller anderen Lebewesen erfüllen. Wir haben uns selbst dauerhaft von den Leiden dieses Lebens und zahlloser zukünftiger Leben befreit und wir können nun jedem einzelnen Lebewesen jeden Tag direkt helfen. Deshalb ist die Erlangung der Erleuchtung der wirkliche Sinn menschlichen Lebens.

Erleuchtung ist das innere Licht der Weisheit, das dauerhaft frei ist von allen fehlerhaften Erscheinungen und dessen Funktion es ist, jedem einzelnen Lebewesen jeden Tag geistigen Frieden zu schenken. Genau jetzt haben wir eine menschliche Wiedergeburt erlangt und haben die Gelegenheit, durch Dharma Praxis Erleuchtung zu erlangen. Verschwenden wir diese kostbare Gelegenheit durch sinnlose Tätigkeiten, gibt es keinen größeren Verlust und keine größere Torheit. Das ist so, weil es in der Zukunft äußerst schwierig sein wird, eine derart kostbare Gelegenheit noch einmal zu finden. In einem Sutra veranschaulicht Buddha dies durch die folgende Analogie. Er fragt seine Schüler: «Angenommen es gibt einen weiten und tiefen Ozean, der so groß ist wie diese Welt, und auf seiner Oberfläche treibt ein goldenes Joch. Auf dem Grund des Ozeans lebt eine blinde Schildkröte, die nur einmal alle hunderttausend Jahre an die Oberfläche kommt. Wie oft würde diese Schildkröte ihren Kopf durch die Mitte des Jochs erheben?» Sein Schüler Ananda antwortet, dass dies in der Tat wohl äußerst selten sei.

In dieser Analogie ist der weite und tiefe Ozean Samsara, der Kreislauf unreinen Lebens, in dem wir seit anfangsloser Zeit leiden, Leben für Leben, endlos. Das goldene Joch ist der Buddhadharma und die blinde Schildkröte sind wir selbst. Obwohl unser Körper nicht der einer Schildkröte ist, ist unser Geist nicht so sehr anders; und obwohl unsere physischen Augen nicht blind sein mögen, sind es doch unsere Weisheitsaugen. In den meisten unserer zahllosen früheren Leben weilten wir auf dem Grund des Ozeans von Samsara in den drei niederen Bereichen – den Bereichen der Tiere, der hungrigen Geister und Höllenwesen – und gelangten nur etwa alle hunderttausend Jahre als Menschen an die Oberfläche. Selbst wenn wir als Mensch für kurze Zeit den oberen Bereich des Ozeans Samsaras erreichen, ist es äußerst schwierig, dem goldenen Joch des Buddhadharma zu begegnen: Der Ozean Samsaras ist unermesslich weit. Das goldene Joch des Buddhadharma bleibt nicht an einem Ort, sondern wandert von hier nach da. Und unsere Weisheitsaugen sind immer blind. Deshalb sagt Buddha, dass es in der Zukunft äußerst selten sein wird, dass wir dem Buddhadharma wieder begegnen, selbst wenn wir eine menschliche Wiedergeburt haben sollten. Noch seltener werden wir dem Kadam Dharma begegnen. Wir sehen selbst, dass die allermeisten Menschen dieser Welt dem Buddhadharma nicht begegnet sind, obwohl sie doch für eine kurze Zeit im oberen Bereich Samsaras leben. Dies ist so, weil sich ihre Weisheitsaugen nicht geöffnet haben.

Was heißt «dem Buddhadharma begegnen»? Es bedeutet, in den Buddhismus einzutreten, indem wir aufrichtig Zuflucht zu Buddha, Dharma und Sangha nehmen und dadurch die Gelegenheit haben, den Pfad zur Erleuchtung zu betreten und auf ihm voranzuschreiten. Wenn wir dem Buddhadharma nicht begegnen, haben wir keine Gelegenheit dies zu tun, und wir haben keine Möglichkeit das reine und immerwährende Glück der Erleuchtung, den wirklichen Sinn unseres menschlichen Lebens, zu verwirklichen. Abschließend sollten wir denken:

Gegenwärtig habe ich für kurze Zeit die menschliche Welt erreicht. Ich habe die Gelegenheit, dauerhafte Befreiung von Leiden und das höchste Glück der Erleuchtung zu erlangen, indem ich Dharma in die Praxis umsetze. Wenn ich diese kostbare Gelegenheit mit sinnlosen Tätigkeiten verschwende, gibt es keinen größeren Verlust und keine größere Torheit.

Mit diesem Gedanken fassen wir den starken Entschluss, Dharma, Buddhas Lehren über Entsagung, allumfassendes Mitgefühl und die tiefgründige Sicht der Leerheit, jetzt, während wir die Gelegenheit haben, zu üben. Wir meditieren immer wieder über diesen Entschluss. Wir sollten diese Kontemplation und Meditation jeden Tag in vielen Sitzungen üben und uns auf diese Weise ermutigen, den wirklichen Sinn aus unserem menschlichen Leben zu ziehen.

Wir sollten uns fragen, was für uns das Wichtigste ist – was wünschen wir uns, wonach streben wir, wovon träumen wir? Für manche Menschen ist es materieller Besitz, ein großes luxuriöses Haus, ein schnelles Auto oder eine gut bezahlte Arbeit. Für andere sind es Ansehen, gutes Aussehen, Macht, Zerstreuung oder Abenteuer. Viele suchen den Sinn ihres Lebens in der Beziehung zu ihrer Familie und ihrem Freundeskreis. Alle diese Dinge können uns zwar für kurze Zeit glücklich machen, doch sie bereiten uns auch viele Sorgen und viel Leid. Sie geben uns niemals das vollkommene und dauerhafte Glück, nach dem wir uns alle von Herzen sehnen. Haben wir diese Dinge zum Hauptzweck unseres Lebens erkoren, werden sie uns eines Tages im Stich lassen, denn wir können sie nicht mitnehmen, wenn wir sterben. Weltliche Errungenschaften sind als Selbstzweck hohl; sie sind nicht der wirkliche Sinn menschlichen Lebens.

Mit unserem menschlichen Leben können wir den höchsten, dauerhaften geistigen Frieden, «Nirvana», und Erleuchtung erlangen, indem wir Dharma in die Praxis umsetzen. Diese Errungenschaften sind nichttäuschende, endgültige Zustände des Glücks, deshalb sind sie der wirkliche Sinn des menschlichen Lebens. Weil aber unser Wunsch nach weltlichem Vergnügen so stark ist, haben wir wenig oder gar kein Interesse an Dharma Praxis. Von einem spirituellen Standpunkt aus ist dieses fehlende Interesse an Dharma Praxis eine Art der Faulheit. Sie wird die «Faulheit der Anhaftung» genannt. Solange uns diese Faulheit begleitet, ist das Tor zur Befreiung verschlossen und wir werden infolgedessen in diesem und in zahllosen zukünftigen Leben Elend und Leiden erleben müssen. Über den Tod zu meditieren ist der einzige Weg diese Faulheit, die das Haupthindernis für unsere Dharma Praxis ist, zu überwinden.

Wir müssen immer wieder über unseren Tod nachdenken und meditieren, bis wir eine tiefe Verwirklichung des Todes gewinnen. Auf einer intellektuellen Ebene wissen wir alle, dass wir schließlich sterben werden. Dennoch bleibt unser Gewahrsein des Todes oberflächlich. Unser intellektuelles Wissen um den Tod berührt unser Herz nicht, und so denken wir weiterhin Tag für Tag: «Ich werde heute nicht sterben. Ich werde heute nicht sterben.» Selbst an unserem Todestag denken wir noch an das, was wir morgen oder nächste Woche vorhaben. Dieser Geist, der jeden Tag denkt: «Ich werde heute nicht sterben», ist täuschend – er führt uns in die falsche Richtung und macht unser menschliches Leben leer. Andererseits werden wir durch Meditation über den Tod den täuschenden Gedanken «Ich werde heute nicht sterben» schrittweise durch den nichttäuschenden Gedanken «Ich könnte heute sterben» ersetzen. Der Geist, der spontan Tag für Tag denkt: «Ich könnte heute sterben», ist die Verwirklichung des Todes. Es ist diese Verwirklichung, die unsere Faulheit der Anhaftung direkt beseitigt und das Tor zum spirituellen Pfad öffnet.

Natürlich könnten wir heute sterben oder wir könnten heute nicht sterben. Wir wissen es nicht. Wenn wir aber jeden Tag denken: «Ich werde heute nicht sterben», dann täuscht uns dieser Gedanke, denn er entsteht aus unserer

Unwissenheit. Wenn wir stattdessen jeden Tag denken: «Ich könnte heute sterben», dann täuscht uns dieser Gedanke nicht, denn er entsteht aus Weisheit. Dieser nützliche Gedanke verhindert die Faulheit der Anhaftung und ermutigt uns, uns auf das Wohl unserer zahllosen zukünftigen Leben vorzubereiten oder uns sehr zu bemühen, in den Pfad zur Befreiung und Erleuchtung einzutreten. Auf diese Weise werden wir unserem gegenwärtigen menschlichen Leben Sinn geben. Bis jetzt haben wir unsere zahllosen früheren Leben ohne irgendeinen Sinn verschwendet und haben aus unseren früheren Leben nichts als Verblendungen und Leiden mitgebracht.

WAS BEDEUTET UNSER TOD?

Unser Tod ist die dauerhafte Trennung von Körper und Geist. Wir können viele vorübergehende Trennungen unseres Körpers und Geistes erleben, doch diese sind nicht unser Tod. Wenn zum Beispiel diejenigen, die ihre Schulung in der Praxis der «Bewusstseinsübertragung» vollendet haben, in Meditation verweilen, trennt sich ihr Geist vom Körper. Ihr Körper bleibt dort, wo sie meditieren. Ihr Geist aber geht in ein Reines Land und kehrt später in ihren Körper zurück. Nachts, in unseren Träumen, bleibt unser Körper im Bett, doch unser Geist reist zu verschiedenen Orten der Traumwelt und kehrt dann in unseren Körper zurück. Diese Trennungen von Körper und Geist sind nicht unser Tod, weil sie nur vorübergehend sind.

Im Tod trennt sich unser Geist dauerhaft von unserem Körper. Unser Körper bleibt am Ort dieses Lebens zurück, doch unser Geist geht zu den verschiedenen Orten unserer zukünftigen Leben. Er ist wie ein Vogel, der das eine Nest verlässt und zu einem anderen fliegt. Dies weist eindeutig auf die Existenz zahlloser zukünftiger Leben hin und dass Natur und Funktionen von Körper und Geist sehr unterschiedlich sind. Unser Körper ist eine sichtbare Form, die Farbe und Gestalt besitzt. Unser Geist hingegen ist ein formloses Kontinuum, dem Farbe und Form immer fehlen. Die Natur unseres Geistes ist leer wie Raum und seine Funktion ist, Objekte wahrzunehmen oder zu verstehen. Und so verstehen wir, dass unser Gehirn nicht unser Geist ist. Es ist einfach nur ein Teil unseres Körpers und kann zum Beispiel, anders als unser Geist, fotografiert werden.

Es macht uns vielleicht nicht glücklich, an unseren Tod erinnert zu werden. Doch das Nachdenken und Meditieren über den Tod ist von großer Bedeutung für die Wirksamkeit unserer Dharma Praxis. Das ist so, weil die Meditation über den Tod das größte Hindernis für unsere Dharma Praxis – die Faulheit der Anhaftung an die Dinge dieses Lebens – überwindet und uns ermutigt, genau jetzt reinen Dharma zu üben. Tun wir dies, werden wir den wirklichen Sinn unseres menschlichen Lebens verwirklichen bevor wir sterben.

WIE MAN ÜBER DEN TOD MEDITIERT

Zuerst überlegen wir wie folgt:

> *Ich werde mit Sicherheit sterben. Es gibt keine Möglichkeit, meinen Körper vor dem endgültigen Zerfall zu bewahren. Tag um Tag, Moment für Moment zerrinnt mein Leben. Ich habe keine Ahnung, wann ich sterben werde; der Zeitpunkt des Todes ist völlig ungewiss. Viele junge Menschen sterben vor ihren Eltern. Manche sterben bei ihrer Geburt – es gibt keine Sicherheit in dieser Welt. Zudem gibt es unzählige*

Asanga

Ursachen eines vorzeitigen Todes. Das Leben von vielen starken und gesunden Menschen wird durch Unfälle zerstört. Es gibt deshalb keine Garantie, dass ich heute nicht sterben werde.

Haben wir mehrmals über diese Punkte nachgedacht, wiederholen wir im Geist immer wieder den Gedanken «Ich könnte heute sterben. Ich könnte heute sterben» und konzentrieren uns auf das Gefühl, das dadurch in uns entsteht. Wir verwandeln unseren Geist in dieses Gefühl «Ich könnte heute sterben» und verweilen solange wie möglich einsgerichtet darauf. Wir sollten diese Meditation so oft wiederholen, bis wir jeden Tag spontan glauben: «Ich könnte heute sterben.» Auf diese Weise gelangen wir ganz natürlich zu der Schlussfolgerung: «Weil ich diese Welt schon bald verlassen muss, ist es sinnlos an den Dingen dieses Lebens zu hängen. Stattdessen werde ich von jetzt an mein ganzes Leben reiner und aufrichtiger Dharma Praxis widmen.» Diesen Entschluss bewahren wir Tag und Nacht.

In der Meditationspause bemühen wir uns ohne Faulheit in unserer Dharma Praxis. Wir verstehen, dass weltliche Vergnügen täuschend sind und uns nur davon abhalten, unser Leben auf eine sinnvolle Weise zu nutzen. Deshalb geben wir die Anhaftung an sie auf. Auf diese Weise beseitigen wir das Haupthindernis für reine Dharma Praxis.

DIE GEFAHREN NIEDERER WIEDERGEBURT

Das Ziel dieser Erklärung ist, uns zu ermutigen, einen Schutz vor den Gefahren niederer Wiedergeburt vorzubereiten. Wir müssen dies jetzt tun, während wir in diesem menschlichen Leben mit all seinen Freiheiten und Ausstattungen die

Gelegenheit dazu haben. Haben wir erst einmal eine der drei niederen Wiedergeburten angenommen, wird es zu spät sein. Zum einen ist es äußerst schwierig, erneut ein solch kostbares menschliches Leben zu erlangen. Zum anderen heißt es, dass Menschen leichter Erleuchtung erlangen, als zum Beispiel Tiere eine kostbare menschliche Wiedergeburt. Dieses Wissen ermutigt uns Nichttugend aufzugeben, Tugend zu üben und Zuflucht zu Buddha, Dharma und Sangha (den erhabenen spirituellen Freunden) zu nehmen. Dies ist unser eigentlicher Schutz.

Nichttugendhafte Handlungen auszuführen ist die Hauptursache einer niederen Wiedergeburt. Tugend zu üben und Zuflucht zu Buddha, Dharma und Sangha zu nehmen sind die Hauptursachen für eine kostbare menschliche Wiedergeburt – eine Wiedergeburt, die uns die Gelegenheit gibt, dauerhafte Befreiung von allen Leiden zu erlangen. Schwere nichttugendhafte Handlungen sind die Hauptursache für eine Wiedergeburt als Höllenwesen, mittelschwere nichttugendhafte Handlungen sind die Hauptursache für eine Wiedergeburt als hungriger Geist und leichtere nichttugendhafte Handlungen sind die Hauptursache für eine Wiedergeburt als Tier. In den buddhistischen Schriften gibt es viele Beispiele dafür, wie nichttugendhafte Handlungen zu einer Wiedergeburt in den drei niederen Bereichen führen.

Einst lebte ein Jäger, dessen Frau aus einer Familie von Viehzüchtern stammte. Nachdem er starb, wurde er als Kuh wiedergeboren, die der Familie seiner Frau gehörte. Ein Metzger kaufte diese Kuh, schlachtete sie und verkaufte das Fleisch. Der Jäger wurde sieben Mal als Kuh im Besitz dieser Familie wiedergeboren und wurde so Nahrung für andere.

In Tibet gibt es einen See namens Yamdroktso. Viele Menschen aus der nahe gelegenen Stadt verbrachten ihr ganzes

Leben mit Fischfang. Eines Tages besuchte ein großer Yogi die Stadt. Er war hellsichtig und sagte: «Ich sehe, dass die Menschen dieser Stadt und die Fische im See ständig ihren Platz wechseln.» Er meinte damit, dass die Menschen der Stadt, die sich am Fischen erfreuten, als Fische, also als Nahrung für andere, wiedergeboren wurden; und die Fische im See wurden als Menschen wiedergeboren, die Freude am Fischen hatten. Indem sie auf diese Weise ihre körperliche Gestalt tauschten, töteten und aßen sie sich ständig gegenseitig. Dieser Kreislauf des Elends setzte sich von Generation zu Generation fort.

WIE MAN ÜBER DIE GEFAHREN NIEDERER WIEDERGEBURT MEDITIERT

Zuerst überlegen wir wie folgt:

> *Wenn das Öl in einer Öllampe verbraucht ist, erlischt die Flamme, weil die Flamme durch das Öl erzeugt wird. Stirbt jedoch unser Körper, erlischt unser Bewusstsein nicht, weil das Bewusstsein nicht vom Körper erzeugt wird. Wenn wir sterben, muss unser Geist diesen gegenwärtigen Körper, der nur eine zeitweilige Behausung ist, verlassen und einen neuen finden. So wie ein Vogel sein Nest verlässt, um zu einem anderen zu fliegen. Unser Geist hat weder die Freiheit zu bleiben, noch kann er wählen, wohin er geht. Wir werden durch die Winde unserer Handlungen oder unseres Karmas (unser Glück oder Unglück) zum Ort unserer nächsten Wiedergeburt geweht. Ist das Karma, das zum Zeitpunkt unseres Todes reift, negativ, erfahren wir mit Sicherheit eine niedere Wiedergeburt. Schwerwiegendes negatives Karma führt zu einer Wiedergeburt in der Hölle, mittelschweres negatives*

Karma zu einer Wiedergeburt als hungriger Geist und geringeres negatives Karma zu einer Wiedergeburt als Tier.

Es ist sehr leicht, schweres negatives Karma zu erschaffen. Töten wir zum Beispiel aus Wut eine Mücke, ist dies eine Ursache, um in der Hölle wiedergeboren zu werden. Während dieses Lebens und unserer zahllosen früheren Leben begingen wir zahlreiche schwerwiegende negative Handlungen. Falls wir diese Handlungen nicht bereits durch aufrichtiges Bekennen gereinigt haben, bleiben ihre Potenziale in unserem Geisteskontinuum. Jedes dieser negativen Potenziale kann zum Zeitpunkt unseres Todes reifen. Dies bedenken wir und überlegen: «Wo werde ich morgen sein, wenn ich heute sterbe? Es ist gut möglich, dass ich mich im Tierbereich, unter den hungrigen Geistern oder in der Hölle wiederfinde. Würde mich heute jemand eine dumme Kuh nennen, könnte ich das schwer ertragen. Aber was mache ich, wenn ich tatsächlich eine Kuh, ein Schwein oder ein Fisch werde – Nahrung für Menschen?»

Haben wir wiederholt über diese Punkte nachgedacht und verstanden, wie sehr die Lebewesen, zum Beispiel Tiere, in den niederen Bereichen leiden, erzeugen wir eine starke Furcht vor einer solchen Wiedergeburt. Dieses Gefühl der Furcht ist das Objekt unserer Meditation. Wir halten es, ohne es zu vergessen. Unser Geist sollte einsgerichtet und solange wie möglich auf diesem Gefühl der Furcht verweilen. Verlieren wir das Objekt unserer Meditation, erneuern wir es, indem wir uns sofort an das Gefühl der Furcht erinnern oder wiederholen die Kontemplation.

Auch in der Meditationspause versuchen wir das Gefühl der Furcht vor einer Wiedergeburt in den niederen Bereichen nicht zu vergessen. An sich ist Furcht sinnlos, doch diese

Furcht, die durch Kontemplation und Meditation entsteht, hat eine unermessliche Bedeutung. Sie entsteht aus Weisheit, nicht aus Unwissenheit. Diese Furcht ist die Hauptursache für die Zufluchtnahme zu Buddha, Dharma und Sangha und ist der eigentliche Schutz vor diesen Gefahren. Sie hilft uns, achtsam und gewissenhaft nichttugendhafte Handlungen zu vermeiden.

ZUFLUCHT NEHMEN

In diesem Zusammenhang bedeutet «Zuflucht nehmen» Zufluchtnahme zu Buddha, Dharma und Sangha. Das Ziel dieser Praxis ist, uns dauerhaft vor niederer Wiedergeburt zu schützen. Als Mensch sind wir gegenwärtig frei von einer Wiedergeburt als Tier, hungriger Geist oder Höllenwesen. Doch weil dies nur vorübergehend ist, ähneln wir einem Gefangenen, der eine Woche Urlaub bekommt, nach Hause gehen kann, aber danach wieder ins Gefängnis zurückkehren muss. Wir aber brauchen dauerhafte Befreiung von den Leiden dieses Lebens und zahlloser zukünftiger Leben. Dies ist abhängig davon, dass wir in den buddhistischen Pfad zur Befreiung eintreten, auf ihm voranschreiten und ihn vollenden. Und dies wiederum ist abhängig davon, dass wir zuerst einmal in den Buddhismus eintreten.

Durch die Praxis der Zufluchtnahme treten wir in den Buddhismus ein. Unsere Zuflucht wird qualifiziert sein, wenn wir Buddha vor uns visualisieren und mit Worten oder im Geist das Versprechen geben, unser Leben lang Zuflucht zu Buddha, Dharma und Sangha zu nehmen. Dieses Versprechen ist unser Zufluchtsgelübde. Es ist das Tor, durch das wir in den Buddhismus eintreten. Solange wir dieses Versprechen halten, befinden wir uns innerhalb des Buddhismus, brechen wir es aber, dann sind wir draußen. Innerhalb des Buddhismus zu sein und zu bleiben gibt uns die Gelegenheit, den buddhistischen Pfad zu betreten, auf ihm voranzuschreiten und ihn zu vollenden.

Wir sollten unser Zufluchtsversprechen zu Buddha, Dharma und Sangha niemals in unserem Leben aufgeben. Zuflucht zu Buddha, Dharma und Sangha zu nehmen heißt, dass wir uns bemühen Buddhas Segnungen zu erhalten, Dharma in die Praxis umzusetzen und Hilfe von Sangha zu bekommen. Dies sind die drei Hauptverpflichtungen des Zufluchtsgelübdes. Wenn wir diese drei einhalten und aufrichtig üben, können wir unser endgültiges Ziel erreichen.

Warum fassen wir den Entschluss und legen das Versprechen ab, unser Leben lang Zuflucht zu Buddha, Dharma und Sangha zu nehmen? Der Hauptgrund ist, dass wir dauerhafte Befreiung von Leiden erlangen müssen. Vielleicht erleben wir gegenwärtig kein körperliches Leiden und keinen geistigen Schmerz. Doch wie schon gesagt ist dies eine vorübergehende, zeitweilige Freiheit. Später in diesem und in unseren zahllosen zukünftigen Leben erfahren wir fortwährend unerträgliches körperliches Leiden und geistigen Schmerz, Leben für Leben, endlos.

Ist unser Leben in Gefahr oder bedroht uns jemand, dann suchen wir normalerweise Zuflucht bei der Polizei. Natürlich kann uns die Polizei manchmal vor einer bestimmten Gefahr schützen. Doch sie kann uns nicht dauerhaft vom Tod befreien. Sind wir ernsthaft krank, suchen wir Zuflucht bei Ärzten. Manchmal können Ärzte eine bestimmte Krankheit heilen, doch sie können uns nicht dauerhaft von Krankheit befreien. Was wir wirklich brauchen, ist die dauerhafte Befreiung von allen Leiden. Uns Menschen kann dies tatsächlich gelingen, indem wir Zuflucht zu Buddha, Dharma und Sangha nehmen.

Buddhas sind «erwacht». Das bedeutet, sie sind aus dem Schlaf der Unwissenheit erwacht und frei von den Träumen Samsaras, dem Kreislauf unreinen Lebens. Buddhas sind völlig reine Wesen, die dauerhaft frei sind von allen Verblendungen und fehlerhafter Erscheinung. Wie schon erwähnt ist es Buddhas Aufgabe, durch seine Segnungen jedem einzelnen Lebewesen Tag für Tag geistigen Frieden zu schenken. Wir wissen aus eigener Erfahrung, dass wir glücklich sind, wenn unser Geist friedvoll ist, und dass wir unglücklich sind, wenn er es nicht ist. Unser Glück hängt also von einem friedvollen Geist ab und nicht von guten äußeren Bedingungen. Wenn unser Geist jederzeit friedvoll ist, werden wir jederzeit glücklich sein, selbst wenn die äußeren Bedingungen schlecht sind. Wie kann unser Geist immer glücklich sein? Indem wir beständig Buddhas Segnungen erhalten. Deshalb ist Buddha die Quelle unseres Glücks. Dharma ist der eigentliche Schutz, der uns dauerhaft von den Leiden der Krankheit, des Alterns, des Todes und der Wiedergeburt erlöst. Sangha sind die erhabenen spirituellen Freunde, die uns zu den richtigen spirituellen Pfaden führen. Mit diesen drei kostbaren wunscherfüllenden Juwelen Buddha, Dharma und Sangha – den «Drei Juwelen» – können wir unsere eigenen Wünsche und die Wünsche aller anderen Lebewesen erfüllen.

Jeden Tag sollten wir aus der Tiefe unseres Herzens und voller Vertrauen Bittgebete an die erleuchteten Buddhas richten. Dies ist eine einfache Art und Weise, beständig Buddhas Segnungen zu erhalten. Wir sollten auch an Gruppengebeten, den «Pujas», teilnehmen, die in buddhistischen Tempeln oder Gebetsräumen veranstaltet werden. Dies sind kraftvolle Methoden, Buddhas Segnungen und Schutz zu erhalten.

Atisha

WIE MAN ÜBER ZUFLUCHTNAHME MEDITIERT

Zuerst denken wir Folgendes:

> *Ich möchte mich dauerhaft vor den Leiden dieses Lebens und zahlloser künftiger Leben schützen, mich dauerhaft davon befreien. Dies kann mir nur gelingen, indem ich Buddhas Segnungen erhalte, Dharma in die Praxis umsetze und Hilfe von Sangha, den erhabensten spirituellen Freunden, bekomme.*

Haben wir tief in dieser Weise nachgedacht, fassen wir zuerst den starken Entschluss und dann das Versprechen, unser Leben lang aufrichtig Zuflucht zu Buddha, Dharma und Sangha zu nehmen. Wir meditieren Tag für Tag über diesen Entschluss. Damit halten wir unser Versprechen für den Rest unseres Lebens. Als Verpflichtung unseres Zufluchtsgelübdes sollten wir uns stets bemühen Buddhas Segnungen zu erhalten, Dharma in die Praxis umzusetzen und Hilfe von Sangha, unseren reinen spirituellen Freunden und unserem spirituellen Lehrer, zu bekommen. Auf diese Weise nehmen wir Zuflucht zu Buddha, Dharma und Sangha und erreichen unser Ziel – die dauerhafte Befreiung von allen Leiden dieses Lebens und zahlloser zukünftiger Leben. Das ist der wirkliche Sinn unseres menschlichen Lebens.

Um unser Versprechen, ein Leben lang Zuflucht zu Buddha, Dharma und Sangha zu nehmen, zu bewahren, und damit wir und alle Lebewesen Buddhas Segnungen und Schutz erhalten, rezitieren wir täglich voller Vertrauen das folgende Zufluchtsgebet:

Bis wir Erleuchtung erlangen, nehmen ich und alle
fühlenden Wesen
Zuflucht zu Buddha, Dharma und Sangha.

WAS IST KARMA?

Das Ziel, Karma zu verstehen und daran zu glauben, besteht darin, zukünftiges Leiden zu verhindern und die Grundlage für den Pfad zur Befreiung und Erleuchtung zu legen. Im Allgemeinen bedeutet Karma «Handlung». Aus nichttugendhaften Handlungen entsteht Leiden und aus tugendhaften Handlungen entsteht Glück. Wenn wir dies glauben, glauben wir an Karma. Buddha gab ausführliche Unterweisungen, die die Wahrheit dieser Aussagen belegen. An vielen unterschiedlichen Beispielen zeigte er die Verbindung zwischen den Handlungen unserer früheren Leben und den Erfahrungen dieses Lebens. Einige davon finden wir im Buch *Freudvoller Weg*.

In unseren früheren Leben handelten wir auf verschiedenste Art und Weise nichttugendhaft und fügten anderen Leid zu. Deshalb erleben wir jetzt allerlei schwierige Bedingungen und Situationen sowie endloses menschliches Leiden und Probleme. Das gilt in gleicher Weise für alle anderen Lebewesen.

Beurteilen wir selbst: Glauben wir oder glauben wir nicht, dass die Hauptursache des Leidens unsere nichttugendhaften Handlungen und die Hauptursache des Glücks unsere tugendhaften Handlungen sind? Wenn wir dies nicht glauben, werden wir uns niemals bemühen tugendhaft zu handeln und Verdienste anzusammeln. Wir werden uns auch niemals kraftvoll bemühen unsere nichttugendhaften Handlungen zu reinigen. Als Folge davon werden wir fortwährend weiter Leiden und Schwierigkeiten erfahren – Leben für Leben, endlos.

Jede unserer Handlungen hinterlässt eine Prägung in unserem sehr subtilen Geist. Jede dieser Prägungen zeitigt irgendwann ihre eigene Auswirkung. Unser Geist gleicht einem Feld. Unser Handeln gleicht dem Säen von Samen. Tugendhafte Handlungen säen Samen für zukünftiges Glück und nichttugendhafte Handlungen säen Samen für zukünftiges Leiden. Die Samen ruhen in unserem Geist, bis die Bedingungen entstehen, die sie reifen lassen; dann erleben wir ihre Auswirkung. In manchen Fällen kommt es erst viel später dazu, viele Leben nach dem Leben, in dem die Handlung ursprünglich begangen wurde.

Besonders wichtig sind die Samen, die zum Zeitpunkt unseres Todes reifen. Sie bestimmen die Wiedergeburt unseres nächsten Lebens. Welcher Same zum Zeitpunkt des Todes reift, hängt davon ab, in welchem Geisteszustand wir sterben. Sterben wir mit einem friedvollen Geist, regt dies das Reifen eines tugendhaften Samens an und wir erleben eine glückliche Wiedergeburt. Sterben wir aber mit einem unfriedlichen Geist, zum Beispiel in einem Zustand der Wut, regt dies einen nichttugendhaften Samen an und wir erleben eine unglückliche Wiedergeburt. Dies ähnelt der Art und Weise wie ein erregter Geisteszustand unmittelbar vor dem Einschlafen Albträume auslöst.

Alle unangemessenen Handlungen wie Töten, Stehlen, sexuelles Fehlverhalten, Lügen, entzweiende Rede, verletzende Rede, leeres Geschwätz, Begehrlichkeit, Böswilligkeit und das Halten falscher Sichtweisen sind nichttugendhafte Handlungen. Wir üben moralische Disziplin, wenn wir nichttugendhafte Handlungen aufgeben und uns bemühen, frühere nichttugendhafte Handlungen zu reinigen. Dies verhindert, zukünftiges Leiden zu erleben und eine niedere Wiedergeburt anzunehmen. Beispiele von tugendhaften Handlungen sind die Schulung in allen Meditationen oder anderen spirituellen Übungen, die in diesem Buch dargelegt sind. Meditation ist eine tugendhafte geistige Handlung. Sie ist die Hauptursache dafür, geistigen Frieden in der Zukunft zu erleben. Wann immer wir uns in Meditation schulen, ganz gleich ob unsere Meditation klar ist oder nicht, üben wir eine tugendhafte geistige Handlung aus. Sie ist die Ursache für zukünftiges Glück und geistigen Frieden. Normalerweise achten wir vor allem auf körperliche und sprachliche Handlungen, doch in Wirklichkeit sind geistige Handlungen wichtiger. Unsere körperlichen und sprachlichen Handlungen hängen von unserer geistigen Handlung ab – davon, dass wir einen Entschluss fassen.

Zu Beginn aller tugendhafter Handlungen wie Meditation oder andere spirituelle Übungen, sollten wir folgenden geistigen Entschluss fassen:

> Während ich das Pferd tugendhafter Handlungen reite,
> Werde ich es mit den Zügeln der Entsagung in den
> Pfad der Befreiung lenken;
> Und indem ich das Pferd mit der Peitsche des
> Bemühens vorantreibe,
> Werde ich schnell das Reine Land der Befreiung und
> Erleuchtung erreichen.

Zum Abschluss unserer Kontemplation über die obigen Erklärungen sollten wir denken:

> *Da ich selbst niemals leiden und immer glücklich sein möchte, muss ich meine nichttugendhaften Handlungen aufgeben und reinigen und ich muss aufrichtig Tugend üben.*

Wir meditieren Tag für Tag über diesen Entschluss und setzen ihn in die Praxis um.

Der Pfad einer Person mittlerer Ausrichtung

In diesem Zusammenhang bezieht sich eine «Person mittlerer Ausrichtung» auf jemanden, der über eine mittlere Befähigung verfügt, spirituelles Verständnis und Verwirklichungen zu entwickeln.

WAS WIR WISSEN SOLLTEN

Wie zuvor erwähnt sagt Buddha im *Sutra der vier edlen Wahrheiten*: «Ihr solltet Leiden kennen.» Buddha rät uns hier, die unerträglichen Leiden, die wir in unseren zahllosen zukünftigen Leben erfahren werden, zu kennen. Dann sollten wir Entsagung entwickeln, den Entschluss, uns dauerhaft von diesen Leiden zu befreien.

Im Allgemeinen versteht jeder, der geistige oder körperliche Schmerzen hat, sein eigenes Leid, selbst Tiere. Doch wenn Buddha sagt: «Ihr solltet Leiden kennen», meint er, etwas anderes. Er meint, dass wir die Leiden zukünftiger Leben kennen sollten. Denn nur, wenn wir diese kennen, werden wir den starken Wunsch entwickeln, uns von ihnen zu befreien. Dieser praktische Rat ist für uns alle wichtig. Nur wenn wir den Wunsch haben, uns von den Leiden

Je Tsongkhapa

unserer zukünftigen Leben zu befreien, werden wir unser gegenwärtiges menschliches Leben nutzen und die Freiheit und das Glück unserer zahllosen zukünftigen Leben sichern. Dies ist das Sinnvollste, was wir tun können.

Haben wir diesen Wunsch aber nicht, werden wir unser kostbares menschliches Leben nur für die Freiheit und das Glück dieses einen kurzen Lebens verschwenden. Das wäre wirklich töricht. Unsere Absichten und Handlungen wären nicht anders als die Absichten und Handlungen von Tieren, die einzig und allein mit diesem Leben beschäftigt sind. Der große Yogi Milarepa sagte einmal zum Jäger Gonpo Dorje:

> Du hast den Körper eines Menschen, aber den Geist
> eines Tieres.
> Du, ein Mensch, der den Geist eines Tieres besitzt,
> bitte höre mein Lied.

Normalerweise denken wir, dass es das Wichtigste ist, die Probleme und Leiden dieses gegenwärtigen Lebens zu bewältigen. Wir widmen unser ganzes Leben diesem Ziel. In Wirklichkeit aber dauern die Probleme und Leiden dieses Lebens nicht lange; wenn wir morgen sterben, sind sie morgen vorbei. Die Probleme und Leiden zukünftiger Leben dauern dagegen endlos. Deshalb sind Freiheit und Glück unserer zukünftigen Leben weitaus wichtiger als Freiheit und Glück dieses einen kurzen Lebens. Buddha ermutigt uns, wenn er sagt: «Ihr solltet Leiden kennen», dieses gegenwärtige Menschenleben zu nutzen, um uns für die Freiheit und das Glück unserer unzähligen zukünftigen Leben zu rüsten. So zu handeln ist wirklich weise.

Wenn wir in zukünftigen Leben als Tier geboren werden, etwa als Kuh oder Fisch, werden wir Nahrung für andere Lebewesen sein und viele andere Arten der Leiden eines Tieres erleben. Tiere haben keine Freiheit. Sie werden von Menschen ausgenutzt für Nahrung, Arbeit und Vergnügen. Sie haben keine Möglichkeit sich zu entwickeln. Selbst kostbare Worte des Dharma haben für sie keine Bedeutung, sie sind wie das Rauschen des Windes. Als hungriger Geist geboren, finden wir nicht einmal den kleinsten Tropfen Wasser zum Trinken; unser einziges Wasser werden unsere Tränen sein. Hunderte von Jahren leiden wir unter unerträglichem Hunger und Durst. Als Höllenwesen in den heißen Höllen geboren, wird unser Körper eins mit dem Feuer. Andere werden ihn nur durch unsere Schreie vom Feuer unterscheiden können. Millionen von Jahren müssen wir unter der unerträglichen Folter unserer brennenden Körper leiden. Wie alle Phänomene existieren auch die Höllenbereiche nicht inhärent. Sie sind wie Träume bloße Erscheinungen des Geistes. Als Gott des Begierdebereichs geboren, erfahren wir viel Streit und Unzufriedenheit. Wir erleben zwar einige oberflächliche Vergnügen, doch unsere Wünsche werden immer stärker. So ist unser geistiges Leiden sogar größer, als das der Menschen. Als Halbgott geboren, sind wir stets eifersüchtig auf die Herrlichkeit der Götter und leiden geistig sehr darunter. Unsere Eifersucht ist wie ein Dorn in unserem Geist, der uns für sehr lange Zeit geistiges und körperliches Leiden beschert. Als Mensch geboren, müssen wir die verschiedenen Arten menschlichen Leidens ertragen, wie die Leiden der Geburt, der Krankheit, des Alterns und des Todes.

GEBURT

Wenn unser Bewusstsein in die Vereinigung des Spermas unseres Vaters und der Eizelle unserer Mutter eintritt, ist unser Körper eine sehr heiße, wässrige Substanz, wie weißer, leicht rötlich gefärbter Joghurt. Kurz nach der Empfängnis haben wir noch keine groben Gefühle. Sobald sich diese aber entwickeln, beginnt unsere Schmerzempfindung. Unser Körper wird allmählich immer fester. Wenn unsere Gliedmaßen wachsen, fühlt es sich an, als würde unser Körper auf einer Folterbank gestreckt. In der Gebärmutter ist es heiß und dunkel. Neun Monate lang ist dieser kleine, fest zusammengedrückte Raum voller unreiner Substanzen unser Wohnort. Es fühlt sich an, als ob wir in einen mit schmutziger Flüssigkeit gefüllten kleinen Wassertank eingezwängt wären, der so dicht ist, dass weder Luft noch Licht eindringen.

Im Mutterleib erleben wir in völliger Verlassenheit große Schmerzen und große Angst. Wir reagieren äußerst empfindlich auf alles, was unsere Mutter tut. Geht sie schnell, fühlt es sich an, als würden wir von einem hohen Berg fallen und wir erschrecken. Beim Geschlechtsverkehr fühlt es sich an, als würden wir zwischen zwei riesigen Mühlsteinen zerquetscht und erstickt, und wir geraten in Panik. Wenn unsere Mutter auch nur einen einzigen Sprung macht, fühlt es sich an, als würden wir aus großer Höhe heftig auf den Boden aufschlagen. Wenn sie etwas Heißes trinkt, fühlt es sich an, als würde kochendes Wasser unsere Haut verbrennen. Wenn sie etwas Kaltes trinkt, fühlt es sich an wie ein eiskalter Regenguss im tiefsten Winter.

Wenn wir aus dem Mutterleib herauskommen, ist es, als würden wir durch eine enge Spalte zwischen zwei Felsen gepresst. Kurz nach der Geburt ist unser Körper so empfindlich, dass jede Art von Berührung schmerzt. Selbst wenn uns jemand zärtlich in die Arme nimmt, empfinden wir die Hände wie Dornengestrüpp, das unsere Haut aufreißt. Sogar das feinste Gewebe fühlt sich für uns rau und grob an. Im Gegensatz zur Geschmeidigkeit und Sanftheit des Mutterleibs, ist jede Berührung rau und schmerzhaft. Wenn uns jemand hochhebt, fühlt es sich an, als würden wir über einen tiefen Abgrund geschleudert. Wir fürchten uns und fühlen uns wie verloren. Wir haben alles aus unseren vergangenen Leben vergessen. Wir bringen nur Schmerz und Verwirrung aus dem Mutterleib mit. Was auch immer wir hören, ist für uns so sinnlos wie das Rauschen des Windes. Wir verstehen nichts von alledem, was wir wahrnehmen. In den ersten Wochen sind wir wie blind, taub, stumm oder dement. Wenn wir hungrig sind, können wir nicht sagen: «Ich brauche Essen», und wenn wir Schmerzen haben, können wir nicht sagen: «Hier tut es weh.» Die einzigen Anzeichen, dass uns etwas fehlt, sind heiße Tränen und wilde Gebärden. Unsere Mutter weiß oft gar nicht, unter welchen Schmerzen und Beschwerden wir leiden. Wir sind völlig hilflos. Alles muss uns beigebracht werden: wie man isst, wie man sitzt, wie man geht, wie man spricht.

Obwohl wir in den ersten Wochen unseres Lebens am verletzlichsten sind, hören unsere Schmerzen nicht auf, wenn wir älter werden. Während unseres ganzen Lebens müssen wir weiterhin die unterschiedlichsten Arten von Leiden ertragen. Die Wärme eines Kaminfeuers, das wir in einem großen Haus entzünden, durchdringt das ganze Haus und all die Wärme im Haus kommt von diesem Feuer. Genauso durchdringt, wenn wir in Samsara geboren werden, Leiden unser ganzes Leben und all das Elend, das wir erleben, entsteht einzig und allein, weil wir eine verunreinigte Wiedergeburt angenommen haben.

Unsere Wiedergeburt als Mensch ist durch die giftige Verblendung des Festhaltens am Selbst verunreinigt. Sie ist die Grundlage unseres menschlichen Leidens. Ohne diese Grundlage gibt es keine menschlichen Probleme. Und so wandeln sich die Schmerzen der Geburt allmählich in die Schmerzen von Krankheit, Altern und Tod um – sie sind ein Kontinuum.

KRANKHEIT

Geburt mündet unweigerlich in die Leiden der Krankheit. So wie Wind und Schnee im Winter den grünen Wiesen, Wäldern und Blumen ihre Herrlichkeit rauben, so raubt die Krankheit unserem Körper seine jugendliche Pracht. Seine Kraft nimmt ab und unsere Sinne werden stumpf. Normalerweise sind wir gesund und munter. Doch wenn uns eine Krankheit überfällt, dann sind wir plötzlich nicht mehr in der Lage, unseren üblichen körperlichen Tätigkeiten nachzugehen. Selbst ein Boxchampion, der normalerweise alle seine Gegner k.o. schlagen kann, ist völlig hilflos, wenn ihn eine Krankheit trifft. Krankheit zerstört alles, was uns täglich Vergnügen bereitet, und unangenehme Gefühle überwältigen uns Tag und Nacht.

Wenn wir krank werden, gleichen wir einem Vogel, der hoch am Himmel kreist und plötzlich abgeschossen wird. Er fällt zu Boden wie ein Klumpen Blei und all seine Pracht und Stärke sind sogleich dahin. Ganz ähnlich ergeht es uns: Krankheit macht uns augenblicklich handlungsunfähig. Sind wir ernsthaft krank, werden wir womöglich vollständig abhängig von anderen sein und verlieren sogar die Kontrolle über unsere Körperfunktionen. Dieser Wandel ist schwer zu ertragen. Ganz besonders für diejenigen, die stolz auf ihre Unabhängigkeit und körperliche Gesundheit sind.

Wenn wir krank sind, sind wir frustriert. Wir können unsere tägliche Arbeit nicht mehr verrichten und nicht das erledigen, was wir uns vorgenommen haben. Wir sind schnell ungeduldig mit unserer Krankheit und fühlen uns deprimiert, weil wir viele Dinge nicht mehr tun können. Wir können uns nicht mehr an den Dingen erfreuen, die uns für gewöhnlich Vergnügen bereiten, wie Sport, Tanzen, Trinken, reichhaltig essen oder unter Freunden sein. Alle diese Einschränkungen machen uns noch unglücklicher. Und unser Leiden wird noch größer, weil wir viele Schmerzen erdulden müssen, die die Krankheit mit sich bringt.

Wenn wir krank sind, müssen wir nicht nur die unerwünschten Schmerzen der Krankheit selbst erdulden, sondern auch viele andere unerwünschte Begleiterscheinungen. Wir müssen verschiedenste Behandlungen über uns ergehen lassen wie bittere Arznei, Spritzen, größere Operationen, oder wir müssen uns von etwas zurückhalten, was wir sehr mögen. Wenn wir uns operieren lassen, müssen wir uns in ein Krankenhaus begeben und alle Bedingungen dort annehmen. Vielleicht bekommen wir etwas zu essen, was wir nicht mögen, oder wir müssen den ganzen Tag im Bett liegen, ohne etwas tun zu können. Vielleicht haben wir Angst vor der bevorstehenden Operation. Möglicherweise erklärt uns der Arzt nicht genau, was wir haben, und ob wir gesund werden oder sterben müssen.

Wenn wir erfahren, dass unsere Krankheit unheilbar ist, und wir erkennen, dass wir unser Leben nicht für Dharma Praxis genutzt haben, werden uns Sorgen, Ängste und das Gefühl von Reue überwältigen. Vielleicht werden wir deprimiert sein und alle Hoffnung aufgeben, vielleicht werden wir wütend sein und unsere Krankheit als böswilligen Feind betrachten, der uns aller Freuden beraubt.

ALTERN

Geburt führt ebenfalls zum Leiden des Alterns. Altern stiehlt uns unsere Schönheit, unsere Gesundheit, unser gutes Aussehen, unseren zarten Teint, unsere Vitalität und unser Wohlbehagen. Altern verwandelt uns in Objekte der

Geringschätzung. Altern beschert uns viele unerwünschte Schmerzen und bringt uns rasch dem Tod näher.

Während wir alt werden, verlieren wir die Schönheit unserer Jugend. Unser starker, gesunder Körper wird schwach und von Krankheiten geplagt. Unsere einst feste und ebenmäßige Gestalt krümmt und verformt sich. Unsere Muskeln und unser Fleisch schrumpfen, so dass unsere Glieder wie dünne Stöcke aussehen und unsere Knochen hervorstechen. Unser Haar verliert seine Farbe und seinen Schimmer, unsere Haut ihren Glanz. Unser Gesicht wird zunehmend runzlig und verunstaltet. Milarepa sagte:

> Wie stehen alte Leute auf? Sie stehen auf, als würden sie einen Pfahl aus dem Boden ziehen. Wie gehen alte Leute? Wenn sie einmal auf ihren Füßen stehen, gehen sie so behutsam wie Vogelfänger. Wie lassen sich alte Leute nieder? Sie brechen zusammen wie schweres Gepäck, dessen Riemen gerissen ist.

Wir können über das folgende Gedicht nachdenken, das das Leiden des Altwerdens treffend beschreibt. Es wurde vom Gelehrten Gungtang verfasst:

> Wenn wir alt sind, wird unser Haar weiß,
> Aber nicht, weil wir es gewaschen haben.
> Es ist ein Zeichen, dass wir bald dem Herrn des Todes
> begegnen werden.
>
> Wir haben Falten auf unserer Stirn,
> Aber nicht, weil wir zu viel Haut haben.
> Es ist eine Warnung vom Herrn des Todes: «Du bist
> im Begriff zu sterben.»

Unsere Zähne fallen aus,
Aber nicht, um Platz für neue zu machen.
Es ist ein Zeichen, dass wir menschliche Nahrung bald nicht mehr essen können.

Unsere Gesichter sind hässlich und unangenehm,
Aber nicht, weil wir Masken tragen.
Es ist ein Zeichen, dass uns die Maske der Jugend abhanden gekommen ist.

Unsere Köpfe wackeln hin und her,
Aber nicht, weil uns etwas missfällt.
Es ist der Herr des Todes, der unsere Köpfe mit dem Stock schlägt, den er in seiner rechten Hand hält.

Wir gehen gebeugt und starren auf den Boden,
Aber nicht, weil wir nach verlorenen Nadeln suchen.
Es ist ein Zeichen, dass wir nach unserer verlorenen Schönheit und unseren Erinnerungen Ausschau halten.

Beim Aufstehen stützen wir uns auf allen Vieren vom Boden ab,
Aber nicht, weil wir Tiere nachahmen.
Es ist ein Zeichen, dass unsere Beine zu schwach sind, um unseren Körper zu tragen.

Wir setzen uns hin, als würden wir plötzlich fallen,
Aber nicht, weil wir zornig sind.
Es ist ein Zeichen, dass die Kräfte unseres Körpers versagen.

Beim Gehen schwankt unser Körper hin und her,
Aber nicht, weil wir uns so wichtig dünken.
Es ist ein Zeichen, dass unsere Beine den Körper nicht länger tragen können.

Unsere Hände zittern,
Aber nicht, weil sie versucht sind zu stehlen.
Es ist ein Zeichen, dass der Herr des Todes versucht
unseren Besitz zu rauben.

Wir essen nur wenig,
Aber nicht, weil wir geizig sind.
Es ist ein Zeichen, dass wir keine Nahrung verdauen
können.

Wir keuchen fortwährend,
Aber nicht, weil wir Kranken Mantras zuflüstern.
Es ist ein Zeichen, dass unser Atem bald aufhören wird.

Wenn wir jung sind, können wir die ganze Welt bereisen. Doch sind wir alt, dann schaffen wir es kaum bis zu unserer eigenen Haustür. Für viele weltliche Tätigkeiten sind wir zu schwach und unsere spirituellen Aktivitäten sind oft eingeschränkt. So fehlt uns die körperliche Kraft für tugendhaftes Handeln und die geistige Kraft, etwas auswendig zu lernen, nachzudenken und zu meditieren. Wir können nicht an Unterweisungen teilnehmen, die an abgelegenen Orten stattfinden oder unbequeme Unterkünfte anbieten. Wir können anderen nicht helfen, sofern dies körperliche Stärke und Gesundheit erfordert. Entbehrungen wie diese machen alte Menschen oft sehr traurig.

Wenn wir alt werden, ist es so, als seien wir blind und taub. Wir können nicht gut sehen und brauchen immer stärkere Brillen, bis wir schließlich gar nicht mehr lesen können. Wir können nicht gut hören und es wird immer schwieriger, Musik zu hören, fernzusehen oder den Gesprächen anderer zu lauschen. Unser Gedächtnis schwindet. Alle Tätigkeiten, weltliche und spirituelle, werden mühsamer. Wenn wir meditieren, wird es schwieriger für uns, Verwirklichungen zu erlangen. Unser Gedächtnis und unsere Konzentration sind schwach und beim Studium lassen unsere Kräfte nach. Es ist so: Haben wir uns in jungen Jahren nicht in spiritueller Praxis geschult, können wir im Alter nichts anderes tun als tiefe Reue zu empfinden und auf den Herrn des Todes zu warten.

Wenn wir alt sind, bereitet uns das, was wir früher genossen haben, nicht mehr das gleiche Vergnügen. Beim Essen, Trinken und Sex erleben wir nicht mehr die gleiche Freude. Wir sind zu schwach, um zu spielen und oft sogar zu erschöpft, um uns unterhalten zu lassen. Wenn unsere Lebensspanne schwindet, nehmen wir an den Unternehmungen junger Leute nicht mehr teil. Wenn sie auf Reisen gehen, bleiben wir zurück. Niemand will uns mitnehmen, wenn wir alt sind. Niemand will uns besuchen. Sogar unsere eigenen Enkel bleiben nicht sehr lange bei uns. Alte Menschen denken oft: «Wie schön wäre es, mit jungen Menschen zusammen zu sein. Wir würden spazieren gehen und ich könnte ihnen so vieles zeigen.» Doch solche Pläne lassen die Jungen unbekümmert. Wenn das Leben zu Ende geht, erleben alte Menschen den Kummer der Verlassenheit und der Einsamkeit. Sie haben viele besondere Leiden.

TOD

Geburt führt auch zu den Leiden des Todes. Wenn wir in unserem Leben schwer und viel gearbeitet haben, um Besitz anzuhäufen, wird unsere Anhaftung stark sein. Zum Zeitpunkt des Todes werden wir sehr leiden und denken: «Jetzt muss ich all das Kostbare, das ich besitze, zurücklassen.» Gewöhnlich fällt es uns sehr schwer, auch nur etwas von den Dingen auszuleihen, die uns am Herzen liegen. Ganz zu schweigen davon, etwas herzugeben. Kein Wunder also, dass wir uns so elend fühlen, wenn wir begreifen, dass wir in der Umarmung des Todes alles verlieren.

Wenn wir sterben, müssen wir uns sogar von unseren engsten Freunden trennen. Wir müssen unseren Ehepartner verlassen, auch wenn wir viele Jahre zusammen und nicht einen einzigen Tag voneinander getrennt lebten. Haben wir sehr starke Anhaftung an unsere Freunde, überwältigt uns zum Zeitpunkt des Todes der Kummer. Doch das einzige, was wir tun können, ist ihre Hand zu halten. Den Todesprozess können wir nicht aufhalten, selbst wenn sie uns anflehen nicht zu sterben. Gewöhnlich sind wir eifersüchtig, wenn uns jemand, an dem wir sehr stark hängen, allein lässt und Zeit mit anderen verbringt. Doch wenn wir sterben, müssen wir unsere Freunde für immer bei anderen zurücklassen. Wir lassen alle zurück, unsere Familie und alle Menschen, die uns in diesem Leben begleitet haben.

Wenn wir sterben, müssen wir sogar diesen Körper, den wir geschätzt und um den wir uns immer gesorgt haben, zurücklassen. Er wird so geistlos sein wie ein Stein und verbrannt oder begraben. Ohne den inneren Schutz spiritueller Erfahrung erleben wir zum Zeitpunkt des Todes nichts als Angst, Kummer und körperlichen Schmerz.

Unser Bewusstsein, das zum Zeitpunkt des Todes den Körper verlässt, trägt alle Potenziale, die wir in unserem Geist durch tugendhafte oder nichttugendhafte Handlungen angesammelt haben. Etwas anderes können wir aus dieser Welt nicht mitnehmen. Alles andere ist eine Täuschung. Der Tod beendet all unser Tun – unsere Gespräche, unser Essen, das Treffen mit Freunden, unseren Schlaf. All dies geht an unserem Todestag zu Ende. Wir lassen alles zurück, sogar die

Ringe an unseren Fingern. In Tibet tragen Bettler einen Stock, um sich gegen Hunde zu wehren. Selbst diesen Stock, das Geringste, was ein Mensch besitzen kann, muss der Bettler zum Zeitpunkt des Todes zurücklassen. Das zeigt uns den vollkommenen Verlust, den wir beim Tod erleiden. Überall auf der Welt sehen wir, dass der in Stein gemeißelte Name der einzige Besitz der Toten ist.

ANDERE ARTEN DES LEIDENS

Wir müssen noch viele andere Arten des Leidens ertragen: die Leiden der Trennung, die Leiden, dem zu begegnen, was wir nicht mögen, und die Leiden, unsere Wünsche nicht erfüllen zu können. All dies schließt das Leiden der Armut mit ein und das Leiden, Unheil durch Menschen und Nichtmenschen zu erleben, sowie durch Wasser, Feuer, Wind und Erde. Der Tod trennt uns endgültig von allem. Doch schon vorher müssen wir uns oft vorübergehend von Menschen und Dingen trennen, die wir gern haben und dies führt zu geistigem Schmerz. Vielleicht müssen wir unsere Heimat verlassen und damit alle unsere Freunde und Verwandten. Vielleicht müssen wir uns von der Arbeit trennen, die uns gefällt. Möglicherweise verlieren wir unseren guten Ruf. Das Unglück, uns von Menschen trennen zu müssen, die wir mögen, oder Dinge zu verlieren oder auf sie verzichten zu müssen, die uns erfreuen, trifft uns oft in diesem Leben. Der Tod jedoch trennt uns für immer von allen Gefährten und Freuden dieses Lebens und von allen äußeren und inneren Bedingungen für unsere Dharma Praxis.

Oft begegnen wir Menschen, die wir nicht mögen, und müssen mit ihnen leben. Oder wir begegnen Umständen, die uns unangenehm sind. Vielleicht geraten wir in große

Gefahren wie Brände, Überschwemmungen, Ausbrüche von Gewalt in Aufständen oder Kriegen. Im Moment erleben wir genügend weniger extreme Umstände, die uns aber dennoch lästig sind. Oft können wir nicht das tun, was wir wollen. So machen wir uns an einem sonnigen Tag zum Strand auf und bleiben in einem Stau stecken. Ständig stört der innere Dämon der Verblendungen unseren Geist und unsere spirituelle Praxis, und beeinträchtigt unser Wohlbefinden. Zahllose Umstände vereiteln unsere Pläne und hindern uns daran, das zu tun, was wir wollen. Es ist, als würden wir nackt in einem Dornbusch leben. Sobald wir uns bewegen, fühlen wir uns durch die Umstände verletzt. Menschen und Dinge sind wie Dornen, die sich in unser Fleisch bohren. Es gibt keine Situation, in der wir uns ganz und gar wohlfühlen. Je mehr Wünsche wir haben, je mehr Pläne wir machen, desto größer sind die Enttäuschungen. Je mehr wir bestimmte Umstände möchten, umso mehr geraten wir in Umstände, die wir nicht möchten. Jeder Wunsch scheint sein eigenes Hindernis hervorzurufen. Unerwünschtes kommt auf uns zu, ohne dass wir danach suchen. Das Einzige, was tatsächlich mühelos entsteht, ist das, was wir nicht wollen. Niemand möchte sterben, doch der Tod kommt mühelos. Niemand möchte krank sein, doch die Krankheit kommt mühelos. Weil wir ohne Wahl und Kontrolle wiedergeboren wurden, haben wir einen unreinen Körper und wohnen in einer unreinen Umgebung. Deshalb ergießt sich Unerfreuliches über uns. In Samsara sind Erfahrungen dieser Art völlig natürlich .

Unsere Wünsche sind zahllos. Doch wie sehr wir uns auch anstrengen, nie haben wir das Gefühl, dass sie erfüllt werden. Sogar wenn wir bekommen, was wir wollen, bekommen wir es nicht so, wie wir es wollen. Wir besitzen zwar das Objekt, doch es zu besitzen befriedigt uns nicht. Vielleicht träumen wir davon, reich zu werden. Aber sind wir dann wirklich reich, ist unser Leben bei weitem nicht so, wie wir uns das vorgestellt hatten. Es fühlt sich nicht so an, als sei unser Wunsch in Erfüllung gegangen. Das ist so, weil unsere Wünsche nicht abnehmen, wenn unser Reichtum zunimmt. Je größer unser Reichtum ist, desto größer werden unsere Wünsche. Den Reichtum, den wir suchen, können wir nicht finden, denn wir suchen etwas, das unsere Wünsche stillt, und das kann kein noch so großer Reichtum. Was noch schlimmer ist: Dadurch, dass wir bekommen, was wir begehren, entsteht neue Unzufriedenheit. Alles, was wir uns wünschen, zieht etwas an, das wir uns nicht wünschen. Reichtum ist verbunden mit höheren Steuern, Unsicherheit und riskanten finanziellen Angelegenheiten. Das sind die unerwünschten Nebenwirkungen. Sie hindern uns daran, je das Gefühl zu haben, wirklich das bekommen zu haben, was wir uns wünschten. Vielleicht träumen wir von einem Urlaub an exotischen Orten. Doch wenn wir tatsächlich unseren Urlaub dort verbringen, werden unsere Erlebnisse nie ganz mit unseren Erwartungen übereinstimmen. Vielleicht bekommen wir einen Sonnenbrand, geben zu viel Geld aus oder etwas anderes Unerfreuliches geschieht.

Warum ist das so? Prüfen wir es nach, dann werden wir sehen, dass unsere Wünsche übertrieben sind. Wir wollen immer das Beste, was Samsara zu bieten hat: die beste Arbeit, den besten Partner, den besten Ruf, das beste Haus, das beste Auto, den besten Urlaub. Alles, was nicht das Beste ist, hinterlässt ein Gefühl der Enttäuschung. Wir suchen weiter und finden doch nie das, was wir uns wünschen. Kein weltliches Vergnügen kann uns die vollständige und vollkommene Befriedigung geben, die wir begehren. Ständig wird etwas Besseres hergestellt. Die Werbung verspricht, dass gerade jetzt das absolut Beste auf den Markt gekommen ist. Und was geschieht dann? Einige Tage später wird ein neues «Bestes» präsentiert. Und es ist besser als «das Beste», das vor einigen Tagen angepriesen wurde. So gibt es kein Ende an neuen Dingen, die unsere Wünsche anfachen.

Schulkinder können ihren eigenen und den Ehrgeiz ihrer Eltern nicht zufriedenstellen. Selbst die Klassenbesten sind nie ganz zufrieden, außer sie können im nächsten Jahr wieder an der Spitze stehen. Solange sie Erfolg haben, treibt ihr Ehrgeiz sie an. Den Moment, an dem sie sich ausruhen und das Gefühl haben könnten, mit dem Erreichten vollkommen zufrieden zu sein, den gibt es nicht.

Vielleicht glauben wir, dass zumindest die Menschen auf dem Land, die ein einfaches Leben führen, zufrieden sind. Schauen wir aber genauer hin, dann sehen wir, dass auch Bauern ständig auf der Suche sind und nicht das bekommen, was sie sich wünschen. Auch sie haben viele Probleme und Sorgen und finden keinen wirklichen Frieden und Zufriedenheit. Ihr Leben ist von vielen Faktoren wie dem Wetter abhängig, auf die sie keinen Einfluss haben. Bauern sind nicht weniger unzufrieden als Geschäftsleute in der Stadt. Die Geschäftsleute sehen schick und tüchtig aus, wenn sie morgens mit ihren Aktenkoffern zur Arbeit gehen. Äußerlich wirken sie sehr souverän, doch tragen auch sie in ihren Herzen eine große Unzufriedenheit, denn sie sind immer auf der Suche und finden nicht, was sie sich wünschen.

Nun könnten wir vielleicht zu dem Schluss kommen, dass wir finden, was wir suchen, wenn wir unseren gesamten Besitz aufgeben. Das ist ein Trugschluss. Auch arme Menschen suchen und finden nicht, was sie sich wünschen. Viele arme Menschen haben sogar Schwierigkeiten das Lebensnotwendige zu finden.

Das Leiden der Unzufriedenheit können wir auch nicht durch ständiges Ändern der Umstände überwinden. Oft glauben wir, dass wir einfach weiter unseren Partner, unsere Arbeit oder unseren Wohnort wechseln müssen, um zu finden, was wir uns wünschen. Aber selbst wenn wir an jeden Ort dieses Planeten reisen würden und an jedem Ort einen neuen Geliebten, eine neue Geliebte hätten, wir würden immer weiter nach einem anderen Ort und einem neuen Partner suchen. Das ist so, weil es in Samsara keine wirkliche Erfüllung unserer Wünsche gibt.

Alle Menschen, ob in hoher oder niedriger Stellung, Ordinierte oder Laien, Mann oder Frau, unterscheiden sich nur in ihrer Erscheinung, ihrer Kleidung, ihrem Benehmen und ihrem Status. In ihrer Essenz sind sie gleich – sie alle haben Probleme im Leben. Wenn wir ein Problem haben, glauben wir, dass es durch besondere Umstände verursacht wurde und verschwinden wird, wenn wir die Umstände ändern. Wir geben anderen die Schuld, unseren Freunden, unserer Nahrung, unserer Regierung, unserer Zeit, dem Wetter, der Gesellschaft, der Geschichte und so weiter. Doch solche äußeren Umstände sind nicht die Hauptursache unserer Probleme. Wir müssen erkennen, dass alle unsere körperlichen und geistigen Schmerzen die Folgen unserer Wiedergeburt sind – einer Wiedergeburt, die vom inneren Gift der Verblendungen verunreinigt ist. Menschen müssen menschliches Leiden ertragen, weil sie eine verunreinigte menschliche Wiedergeburt angenommen haben. Tiere müssen das Leiden der Tiere ertragen, weil sie eine verunreinigte Wiedergeburt als Tier angenommen haben. Hungrige Geister und Höllenwesen müssen auf ähnliche Weise ihre eigenen Leiden ertragen, weil sie eine verunreinigte Wiedergeburt als hungriger Geist oder Höllenwesen angenommen haben. Selbst Götter sind nicht ohne Leiden. Auch sie haben eine verunreinigte Wiedergeburt angenommen. Jemand, der von einem rasenden Feuer eingeschlossen ist, spürt eine intensive Furcht. In gleicher Weise sollten wir uns vor den unerträglichen Leiden des endlosen Kreislaufs unreinen Lebens fürchten. Diese Furcht ist echte Entsagung. Sie entsteht aus unserer Weisheit.

Zum Abschluss unserer Kontemplation über die obigen Erklärungen sollten wir denken:

Es hat keinen Sinn, die Leiden künftiger Leben zu leugnen. Wenn sie mich tatsächlich ereilen, ist es zu spät, mich vor ihnen zu schützen. Jetzt, während ich dieses menschliche Leben habe, muss ich mit Sicherheit damit beginnen, diesen Schutz vorzubereiten. Dieses Leben gibt mir die Gelegenheit, mich dauerhaft von den Leiden meiner unzähligen künftigen Leben zu befreien. Wenn ich mich jetzt nicht darum bemühe, sondern es zulasse, dass mein Leben sinnentleert wird, dann gibt es keine größere Täuschung und keine größere Torheit. Ich muss mich jetzt bemühen, mich dauerhaft von den Leiden meiner unzähligen künftigen Leben zu befreien.

Wir meditieren solange über diesen Entschluss, bis wir den spontanen Wunsch haben, uns dauerhaft von den Leiden unserer zahllosen zukünftigen Leben zu befreien. Das ist die eigentliche Verwirklichung von Entsagung. In diesem Moment treten wir in den Pfad zur Befreiung ein. Befreiung bezieht sich in diesem Zusammenhang auf den höchsten, dauerhaften geistigen Frieden, der «Nirvana» genannt wird. Er schenkt uns reines und immerwährendes Glück.

WAS WIR AUFGEBEN SOLLTEN

Im *Sutra der vier edlen Wahrheiten* sagt Buddha: «Ihr solltet Ursprünge aufgeben.» Mit diesen Worten rät uns Buddha, dass wir, wenn wir uns dauerhaft von den Leiden unserer zahllosen zukünftigen Leben befreien wollen, Ursprünge aufgeben sollten. «Ursprünge» sind unsere Verblendungen, hauptsächlich unsere Verblendung des Festhaltens am Selbst. Festhalten am Selbst wird ein «Ursprung» oder auch «innerer Dämon» genannt, weil es die Quelle all unserer Leiden und Probleme ist. Verblendungen sind falsche Gewahrseinsarten, deren einzige Funktion es ist, unseren geistigen Frieden, die Quelle des Glücks, zu zerstören. Sie haben keine andere Funktion, als uns zu schaden. Verblendungen, wie das Festhalten am Selbst, weilen in unserem Herzen und schaden uns beständig Tag und Nacht. Sie lassen uns nicht in Ruhe und zerstören den Frieden unseres Geistes. In Samsara, dem Kreislauf unreinen Lebens, erfährt niemand echtes Glück, weil sein geistiger Frieden, die Quelle des Glücks, ständig durch den inneren Dämon des Festhaltens am Selbst zerstört wird.

Unsere Unwissenheit des Festhaltens am Selbst ist ein Geist, der fälschlicherweise glaubt, dass unser Selbst, unser Körper und all die anderen Dinge, die wir normalerweise sehen, tatsächlich existieren. Aufgrund dieser Unwissenheit entwickeln wir Anhaftung an die Dinge, die uns gefallen, und Wut auf die Dinge, die uns nicht gefallen. Dann führen wir verschiedene Arten nichttugendhafter Handlungen aus und erleben infolgedessen jede Menge Leiden und Probleme in diesem Leben und Leben für Leben.

Die Unwissenheit des Festhaltens am Selbst ist ein inneres Gift, das weit größeren Schaden anrichtet als jedes andere Gift. Unser Geist, der durch dieses innere Gift verschmutzt ist, sieht alles auf eine fehlerhafte Art und Weise und wir erleben Leiden und Probleme, die wie Halluzinationen sind. In Wirklichkeit existieren unser Selbst, unser Körper und all die anderen Dinge, die wir normalerweise sehen, nicht. Das Festhalten am Selbst ist wie ein giftiger Baum, alle anderen Verblendungen sind seine Äste und alle unsere Leiden und Probleme seine Früchte. Das Festhalten am Selbst ist die Quelle all unserer Verblendungen und all unserer Leiden und Probleme. Verstehen wir das, dann wissen wir, dass alle unsere Leiden und Probleme dieses Lebens und zahlloser zukünftiger Leben erst dann dauerhaft aufhören, wenn wir unser Festhalten am Selbst aufgeben. Der große Yogi Saraha sagte: «Wenn dein Geist dauerhaft vom Festhalten am Selbst erlöst ist, dann bist auch du, ohne jeden Zweifel, dauerhaft von Leiden erlöst.» Indem wir dies verstehen und über die obigen Erklärungen nachgedacht haben, sollten wir denken:

Ich muss mich ernsthaft bemühen, meine Unwissenheit des Festhaltens am Selbst zu erkennen, zu vermindern und schließlich vollständig aufzugeben.

Wir meditieren fortwährend über diesen Entschluss und setzen ihn in die Praxis um.

WAS WIR ÜBEN SOLLTEN

Im *Sutra der vier edlen Wahrheiten* sagt Buddha: «Ihr solltet den Pfad üben.» In diesem Zusammenhang meint «Pfad» keinen äußeren Pfad, der von einem Ort zu einem anderen führt, sondern einen inneren Pfad, eine spirituelle Verwirklichung, die uns zum reinen Glück der Befreiung und Erleuchtung führt.

Die ganze Praxis der Stufen des Pfades zur Befreiung ist in den drei Schulungen der höheren moralischen Disziplin, der höheren Konzentration und der höheren Weisheit enthalten. Diese Schulungen werden «höher» genannt, weil sie durch Entsagung motiviert sind. Sie sind der eigentliche Pfad zur Befreiung, den wir üben müssen.

Moralische Disziplin ist ihrer Natur nach der tugendhafte Entschluss, unangemessene Handlungen aufzugeben. Wenn wir moralische Disziplin üben, geben wir unangemessene Handlungen auf, achten auf reines Verhalten und handeln stets mit einer tugendhaften Motivation. Moralische Disziplin ist für alle sehr wichtig, die künftige Probleme für sich selbst und für andere vermeiden wollen. Wir werden reine Wesen sein, weil sie unsere Handlungen rein macht. Wir möchten stets sauber und rein sein. Doch es reicht nicht, einfach nur unseren Körper von Schmutz zu befreien, denn unser Körper ist nicht unser Selbst. Moralische Disziplin ist wie die große Erde, die die Ernte spiritueller Verwirklichungen trägt und hervorbringt. Ohne die Übung moralischer Disziplin ist es sehr schwierig, in unserer spirituellen Schulung Fortschritte zu machen. Schulung in höherer moralischer Disziplin ist, durch Entsagung motiviert zu lernen, tief vertraut zu werden mit der Praxis moralischer Disziplin.

Die zweite höhere Schulung ist die Schulung in höherer Konzentration. Konzentration ist ihrer Natur nach ein einsgerichteter tugendhafter Geist. Solange wir diesen Geist halten, erleben wir geistigen Frieden und sind glücklich. Wenn wir Konzentration üben, konzentrieren wir uns auf tugendhafte Objekte und verhindern Ablenkungen. Es ist sehr wichtig, sich in Konzentration zu schulen, denn mit Ablenkungen erreichen wir nichts. Durch Schulung in höherer Konzentration lernen wir, durch Entsagung motiviert, tief vertraut mit der Fähigkeit zu sein, Ablenkungen zu vermeiden und uns auf tugendhafte Objekte zu konzentrieren. Ganz gleich, welche Dharma Praxis wir machen: Wenn unsere Konzentration klar und stark ist, ist es leicht, Fortschritte zu machen. Im Allgemeinen sind unsere Ablenkungen das Haupthindernis für unsere Dharma Praxis. Moralische Disziplin verhindert grobe Ablenkungen und Konzentration verhindert subtile Ablenkungen. Beide zusammen führen rasch zu Ergebnissen in unserer spirituellen Schulung.

Die dritte höhere Schulung ist die Schulung in höherer Weisheit. Weisheit ist ihrer Natur nach ein tugendhafter intelligenter Geist, dessen Funktion es ist, sinnvolle Objekte wie die Existenz früherer und zukünftiger Leben, Karma und Leerheit zu verstehen. Diese Objekte zu verstehen ist sowohl für dieses als auch für zahllose zukünftige Leben von großer Bedeutung. Viele Menschen sind sehr intelligent, was die Zerstörung ihrer Feinde, die Sorge für ihre Familie, die Erfüllung ihrer Wünsche und Ähnliches betrifft, doch das ist keine Weisheit. Diese Intelligenz haben sogar Tiere. Weltliche Intelligenz ist täuschend. Weisheit hingegen täuscht uns nie. Sie ist unser innerer spiritueller Meister, der uns zu richtigen Pfaden führt. Sie ist das göttliche Auge, das vergangene und künftige Leben und die besondere Verknüpfung zwischen unseren Handlungen und Erfahrungen, die «Karma» genannt wird, für uns sichtbar macht. Karma ist ein sehr weitreichendes und subtiles Thema, das wir nur mit Weisheit erfassen können. Schulung in höherer Weisheit ist, mit der Motivation der Entsagung zu lernen, unsere Weisheit, die Leerheit verwirklicht, durch Nachdenken und Meditation über Leerheit zu entwickeln und zu vergrößern. Diese Weisheit ist äußerst tiefgründig. Ihr Objekt Leerheit, ist nicht Nichts, sondern die wahre Natur aller Phänomene.

Eine ausführliche Erklärung der Leerheit wurde in Teil Eins gegeben.

Die drei höheren Schulungen sind die eigentliche Methode, dauerhafte Befreiung von den Leiden dieses Lebens und zahlloser künftiger Leben zu erlangen. Die folgende Analogie zeigt, warum das so ist. Angenommen wir wollen einen Baum mit einer Säge fällen. Die Säge allein kann den Baum nicht fällen. Sie braucht dazu unsere Hände. Die Hände wiederum sind von unserem Körper abhängig. Die Schulung in höherer moralischer Disziplin ist wie unser Körper, die Schulung in höherer Konzentration wie unsere Hände und die Schulung in höherer Weisheit wie die Säge. Nur wenn alle drei zusammenwirken, können wir den giftigen Baum unserer Unwissenheit des Festhaltens am Selbst fällen. Geschieht dies, werden automatisch alle anderen Verblendungen (die Äste) und alle unsere Leiden und Probleme (die Früchte) vollständig aufhören. Wir haben die dauerhafte Beendigung der Leiden dieses Lebens und zukünftiger Leben erlangt – den höchsten, dauerhaften geistigen Frieden, den wir «Nirvana», oder Befreiung, nennen. Wir haben alle unsere menschlichen Probleme gelöst und den wirklichen Sinn unseres Lebens erfüllt.

Indem wir diese Erklärung betrachten, sollten wir denken:

> *Da die drei höheren Schulungen die eigentliche Methode sind, dauerhafte Befreiung vom Leiden dieses Lebens und zahlloser zukünftiger Leben zu erlangen, muss ich mich mit aller Kraft bemühen, sie zu üben.*

Wir sollten fortwährend über diesen Entschluss meditieren und ihn in die Praxis umsetzen.

WAS WIR ERLANGEN SOLLTEN

Im *Sutra der vier edlen Wahrheiten* sagt Buddha: «Ihr solltet Beendigungen erlangen.» In diesem Zusammenhang bedeutet «Beendigung» die dauerhafte Beendigung von Leiden und dem Ursprung des Leidens, der Unwissenheit des Festhaltens am Selbst. Wenn Buddha dies sagt, rät er uns, nicht mit einer vorübergehenden Befreiung von einem bestimmten Leiden zufrieden zu sein, sondern dass wir die Absicht haben sollten, das endgültige Ziel menschlichen Lebens, den höchsten, dauerhaften geistigen Frieden (Nirvana) und das reine, immerwährende Glück der Erleuchtung zu vollenden.

Ausnahmslos jedes Lebewesen muss den Kreislauf des Leidens von Krankheit, Altern, Tod und Wiedergeburt Leben für Leben, endlos, ertragen. Wir sollten Buddhas Vorbild folgen und diesem endlosen Kreislauf ein für alle Mal entsagen. Als Buddha mit seiner Familie im Palast lebte sah er, dass sein Volk unaufhörlich Leiden erdulden musste. Deshalb fasste er den kraftvollen Entschluss, Erleuchtung, die große Befreiung, zu erlangen und alle Lebewesen zu diesem Zustand zu führen.

Buddha ermutigt uns nicht damit aufzuhören, uns um das Lebensnotwendige zu kümmern oder Armut, Umweltprobleme oder bestimmte Krankheiten und so weiter zu verhindern. Doch wir sollten wissen, dass wir, auch wenn wir auf diesem Feld viele Erfolge verbuchen können, niemals eine dauerhafte Beendigung derartiger Probleme erreichen werden. In unseren zahllosen zukünftigen Leben müssen wir sie dennoch weiter ertragen. Und selbst jetzt, während wir sehr hart daran arbeiten, diese Schwierigkeiten zu überwinden, nehmen die Leiden der Armut, der Umweltverschmutzung und der Krankheiten auf der ganzen Welt zu. Zudem entstehen aufgrund der Kraft moderner Technik weltweit viele große Gefahren, die es zuvor noch nie gab. Wir sollten uns deshalb keinesfalls mit einer nur vorübergehenden Freiheit von besonderen Leiden begnügen, sondern uns, solange wir die Gelegenheit haben, ernsthaft bemühen dauerhafte Freiheit zu erlangen.

Wir sollten uns stets an die Kostbarkeit unseres menschlichen Lebens erinnern. Diejenigen, die aufgrund früherer verblendeter Sichtweisen den Wert spiritueller Praxis leugneten und als Tiere wiedergeboren wurden, haben keine Möglichkeit eine spirituelle Praxis auszuüben, die allein zu einem sinnvollen Leben führt. Tiere können keine spirituellen Anleitungen anhören, verstehen, darüber nachdenken und meditieren. Ihre gegenwärtige Wiedergeburt als Tier ist an sich ein Hindernis. Nur Menschen sind frei von solchen Hindernissen und haben alle notwendigen Bedingungen. Nur sie können sich in spirituellen Pfaden schulen, die einzig und allein zu immerwährendem Frieden und Glück führen. Diese Verbindung von Freiheit und notwendigen Bedingungen ist das besondere Merkmal, das unser menschliches Leben so kostbar macht.

Zum Abschluss sollten wir denken:

Ich sollte mich nicht mit einer bloß vorübergehenden Beendigung von bestimmten Leiden zufriedengeben. Diese können selbst Tiere erleben. Ich muss die dauerhafte Beendigung der Unwissenheit des Festhaltens am Selbst – der Quelle allen Leidens – erlangen, indem ich aufrichtig die drei höheren Schulungen übe.

Wir sollten Tag für Tag über diesen Entschluss meditieren und ihn in die Praxis umsetzen. Auf diese Weise führen wir uns selbst zum befreienden Pfad.

Der Pfad einer Person großer Ausrichtung

In diesem Zusammenhang bezieht sich «Person großer Ausrichtung» auf jemanden, der über eine große Befähigung verfügt, spirituelles Verständnis und Verwirklichungen zu entwickeln.

Dieses Thema ist weit und tiefgründig und umfasst sowohl Sutra als auch Tantra. Deshalb wird es in den folgenden Kapiteln ausführlich erklärt.

Je Phabongkhapa

Das höchste gute Herz – Bodhichitta

Wir sollten Entsagung – den aufrichtigen Wunsch, dauerhafte Befreiung zu erlangen – Tag und Nacht bewahren. Er ist das Tor zur Befreiung – dem höchsten, dauerhaften geistigen Frieden – und die Grundlage für alle fortgeschritteneren Verwirklichungen. Wir sollten uns jedoch nicht damit begnügen, nur unsere eigene Befreiung anzustreben. Wir müssen auch das Wohl anderer Lebewesen bedenken. Unzählige Lebewesen ertrinken im Ozean Samsaras und erleben unerträgliches Leiden. Jeder von uns ist nur ein einzelner, die anderen Lebewesen aber sind unzählig viele. Deshalb ist das Glück der anderen viel wichtiger als unser eigenes Glück. Aus diesem Grund müssen wir in den Bodhisattvapfad eintreten, denn er wird uns zur vollen Erleuchtung führen.

Das Tor, durch das wir den Bodhisattvapfad betreten, ist Bodhichitta. «Bodhi» bedeutet Erleuchtung und «chitta» Geist. Bodhichitta ist der Geist, der sich spontan wünscht Erleuchtung zu erlangen, um jedem einzelnen Lebewesen direkt zu helfen. In dem Augenblick, in dem wir den kostbaren Geist des Bodhichitta entwickeln, werden wir ein Bodhisattva – jemand, der spontan Erleuchtung zum Wohle aller Lebewesen erlangen möchte – und wir werden ein Sohn oder eine Tochter der Eroberer Buddhas.

Dieses höchste gute Herz, Bodhichitta, kann nicht ohne Schulung entwickelt werden. Je Tsongkhapa sagte:

> Indem wir den Boden der zuneigungsvollen Liebe mit
> wertschätzender Liebe bewässern,
> Und dann die Samen der wünschenden Liebe und des
> Mitgefühls säen,
> Wird der Medizinbaum des Bodhichitta wachsen.

Dies weist darauf hin, dass es fünf Stufen der Schulung in Bodhichitta gibt:

1. Schulung in zuneigungsvoller Liebe
2. Schulung in wertschätzender Liebe
3. Schulung in wünschender Liebe
4. Schulung in allumfassendem Mitgefühl
5. Schulung in eigentlichem Bodhichitta

SCHULUNG IN ZUNEIGUNGSVOLLER LIEBE

In dieser Schulung entwickeln und bewahren wir Herzenswärme und ein Gefühl der Nähe zu ausnahmslos allen Lebewesen. Durch diese zuneigungsvolle Liebe wird unser Geist rein und ausgewogen. Dies ist die Grundlage unserer wertschätzenden Liebe für alle Lebewesen. Normalerweise ist unser Geist unausgeglichen. Entweder fühlen wir uns einigen aus Anhaftung zu nah oder anderen aus Wut zu fern. Mit einem derart unausgeglichenen Geist können wir unmöglich Bodhichitta, das höchste gute Herz, entwickeln. Dieser unausgeglichene Geist ist die Ursache all unserer täglichen Probleme. Wir denken vielleicht, einige Menschen seien unsere Feinde, weil sie uns schaden. Wie aber können wir dann Herzenswärme und ein Gefühl der Nähe für sie entwickeln und bewahren? So zu denken ist falsch. Die Menschen, die wir als unsere Feinde betrachten, sind in Wahrheit unsere Mütter aus früheren Leben. Sie alle, die Mütter aus früheren Leben ebenso wie die Mutter dieses Lebens, sind und bleiben unsere Mütter – und sie sind alle in gleicher Weise gütig zu uns.

Die Schlussfolgerung, dass die Mütter aus früheren Leben jetzt nicht mehr unsere Mütter sind, nur weil lange Zeit vergangen ist, seit sie tatsächlich für uns gesorgt haben, ist falsch. Würde unsere Mutter heute sterben, wäre sie dann nicht mehr unsere Mutter? Nein, wir würden sie immer noch als unsere Mutter betrachten und für ihr Glück beten. Das gleiche gilt für alle unsere früheren Mütter. Sie sind gestorben, bleiben aber dennoch unsere Mütter. Es liegt nur an der veränderten äußeren Erscheinung, dass wir uns nicht erkennen.

In unserem Alltag begegnen wir vielen unterschiedlichen Lebewesen, menschlichen und nichtmenschlichen. Einige betrachten wir als Freunde, andere als Feinde und die meisten als Fremde. Es sind unsere, nicht durch gültige Geistesarten bestätigten, fehlerhaften Geisteshaltungen, die diese Unterscheidungen treffen. Statt solchen fehlerhaften Geistesarten zu folgen, sollten wir erkennen und glauben, dass alle Lebewesen unsere Mütter sind. Wann immer wir jemandem begegnen, sollten wir denken: «Diese Person ist meine Mutter.» Auf diese Weise werden wir gegenüber allen Lebewesen Herzenswärme entwickeln und ein Gefühl, allen in gleicher Weise nahe zu sein. Unser Glaube, dass alle Lebewesen unsere Mütter sind, ist Weisheit. Denn er versteht ein bedeutsames Objekt, nämlich dass alle Lebewesen unsere Mütter sind. Mit diesem Verständnis werden wir diesem und unseren zahllosen zukünftigen Leben große Bedeutung verleihen. Wir sollten diesen heilsamen Glauben, oder Sicht, nie aufgeben.

Wir überlegen wie folgt:

Es ist unmöglich, einen Anfang meines Geisteskontinuums zu finden. Daraus folgt, dass ich in der Vergangenheit zahllose Wiedergeburten hatte. Wenn ich zahllose Wiedergeburten hatte, muss ich zahllose Mütter gehabt haben. Wo sind alle diese Mütter jetzt? Es sind alle Wesen, die heute leben.

Wir denken wiederholt über diesen Punkt nach, bis wir fest daran glauben, dass alle Lebewesen unsere Mütter sind. Über diesen Glauben meditieren wir einsgerichtet.

DIE GÜTE DER LEBEWESEN

Nachdem wir zu der Überzeugung gelangt sind, dass alle Lebewesen unsere Mütter sind, denken wir über die immense Güte nach, die wir von ihnen erhalten haben, als sie unsere Mütter waren. Wir denken aber auch an die Güte, die sie uns zu allen anderen Zeiten erwiesen haben.

Hätte unsere Mutter uns nicht gewollt, dann hätte sie nach unserer Empfängnis eine Abtreibung gehabt und wir besäßen jetzt nicht dieses menschliche Leben. Sie aber war so gütig, uns in ihrem Körper aufzunehmen. Deshalb haben wir jetzt ein menschliches Leben mit all seinen Vorzügen. Hätte sie uns als Kleinkind nicht ständig ihre Fürsorge und Aufmerksamkeit gewidmet, dann hätten wir sicher einen Unfall gehabt und wären jetzt behindert, verkrüppelt oder blind. Glücklicherweise hat unsere Mutter uns nicht vernachlässigt. Tag und Nacht hat sie sich liebevoll um uns gekümmert, mehr als um sich selbst. Sie hat uns Tag für Tag oftmals das

Leben gerettet. In der Nacht unterbrach sie unseretwegen ihren Schlaf und tagsüber stellte sie ihre lieb gewonnenen Vergnügen hintan. Sie gab ihren Beruf auf und wenn ihre Freunde ausgingen und sich vergnügten, musste sie zu Hause bleiben. Sie verwandte ihr ganzes Geld auf uns und gab uns die beste Nahrung, die beste Kleidung, die sie sich leisten konnte. Sie brachte uns bei, wie man isst, geht und spricht. Sie sorgte sich um unsere Zukunft und tat ihr Bestes, uns eine gute Ausbildung zu ermöglichen. Dank ihrer Güte können wir jetzt lernen, was immer uns gefällt. Wir haben es hauptsächlich der Güte unserer Mutter zu verdanken, dass wir jetzt die Möglichkeit haben Dharma zu üben und schließlich die Erleuchtung zu erlangen.

Es gibt kein einziges Wesen, das nicht zu irgendeiner Zeit in unseren früheren Leben unsere Mutter war. Und alle unsere früheren Mütter schenkten uns dieselbe Güte wie die Mutter dieses Lebens. Deshalb sind alle Lebewesen sehr gütig.

Die Güte der Lebewesen beschränkt sich aber nicht nur auf die Zeit, als sie unsere Mütter waren. Alle unsere täglichen Bedürfnisse werden ständig dank der Güte anderer Lebewesen gestillt. Aus unserem früheren Leben brachten wir nichts mit. Dennoch erhielten wir, kaum waren wir geboren, unverzüglich ein Heim, Nahrung, Kleidung und alles, was wir sonst noch brauchten. All dies stand uns durch die Güte anderer zur Verfügung. Alles, woran wir uns jetzt erfreuen, erhalten wir durch die frühere oder gegenwärtige Güte anderer.

Wir können sehr viele Dinge benutzen, ohne selbst viel dazu beizutragen. Denken wir nur an Einrichtungen wie Straßen, Autos, Züge, Flugzeuge, Schiffe, Häuser, Restaurants, Hotels, Bibliotheken, Krankenhäuser, Geschäfte, Geld und vieles mehr. Es ist offensichtlich, dass viele Menschen sehr hart gearbeitet haben, um all dies zur Verfügung zu stellen. Obwohl wir wenig oder gar nichts dafür getan haben, stehen uns diese Einrichtungen zur Verfügung. Dies zeigt die große Güte anderer.

Wir erhalten sowohl unsere allgemeine Ausbildung als auch unsere spirituelle Schulung von anderen. Alle unsere Dharma Verwirklichungen, von den allerersten Einsichten bis zur Erlangung der Befreiung und Erleuchtung, erreichen wir nur dank der Güte anderer. Als Mensch haben wir im Allgemeinen die Gelegenheit, das höchste Glück der Erleuchtung zu erlangen, weil wir in den Pfad zur Erleuchtung – den spirituellen Pfad, der durch Mitgefühl für alle Lebewesen motiviert ist – eintreten und ihm folgen können. Deshalb ist das Tor, durch das wir in den Pfad zur Erleuchtung eintreten, das Mitgefühl für alle Lebewesen – allumfassendes Mitgefühl. Dieses Mitgefühl entwickeln wir nur, wenn wir uns auf alle Lebewesen als Objekte unseres Mitgefühls verlassen. Das zeigt, dass alle Lebewesen sehr gütig sind, weil sie uns als Objekte unseres Mitgefühls dienen. Nur so haben wir die Gelegenheit, in den Pfad zur Erleuchtung einzutreten und das höchste Glück der Erleuchtung zu erlangen. All dies zeigt uns, dass für uns alle Lebewesen äußerst gütig und kostbar sind.

Aus der Tiefe unseres Herzens sollten wir denken:

Jedes einzelne Lebewesen ist äußerst gütig und kostbar für mich. Sie alle bieten mir die Gelegenheit, das reine und immerwährende Glück der Erleuchtung zu erlangen – das endgültige Ziel eines menschlichen Lebens.

Das zu verstehen und so zu denken erzeugt in uns große Herzenswärme und das Gefühl, ausnahmslos allen Lebewesen gleichermaßen nahe zu sein. Wir wandeln unseren Geist vollkommen in dieses Gefühl um. Darauf verweilen wir einsgerichtet, solange wie möglich. Indem wir auf diese Weise beständig nachdenken und meditieren, werden wir jederzeit und in jeder Situation Herzenswärme bewahren und das Gefühl, allen Lebewesen nahe zu sein. Zuneigungsvolle Liebe zu bewahren nützt uns in achtfacher Weise, wie weiter unten im Abschnitt *Wünschende Liebe* gezeigt wird. Haben wir das eingesehen, sollten wir uns beständig in dieser Praxis bemühen.

SCHULUNG IN WERTSCHÄTZENDER LIEBE

Diese Schulung hat zwei Stufen:

1. Gleichstellen vom Selbst und anderen
2. Austauschen vom Selbst mit anderen

GLEICHSTELLEN VOM SELBST UND ANDEREN

Diese Praxis heißt «Gleichstellen vom Selbst und anderen», weil wir lernen, das Glück und die Freiheit von uns selbst und allen anderen Lebewesen als gleichermaßen wichtig zu erachten. Andere zu schätzen ist die beste Lösung all unserer täglichen Probleme und es ist die Quelle all unseres zukünftigen Glücks.

Es gibt zwei Ebenen der Wertschätzung anderer: (1) andere wie einen engen Freund oder Verwandten wertzuschätzen, und (2) andere so wertzuschätzen wie uns selbst. Die zweite Ebene ist tiefgründiger. Indem wir alle Lebewesen so wertschätzen wie uns selbst, entwickeln wir das tiefgründige allumfassende Mitgefühl, das der schnelle Pfad zur Erleuchtung ist. Dies ist eines der entscheidenden Merkmale des Kadam Lamrim.

Um uns im Gleichstellen vom Selbst und anderen zu schulen, überlegen wir wie folgt:

Ich muss glauben, dass das Glück und die Freiheit von mir und allen anderen Lebewesen gleich wichtig ist, denn:

(1) Sowohl in diesem als auch in vorangegangenen Leben haben mir alle Lebewesen große Güte erwiesen.

(2) Genau wie ich wünschen sich alle Lebewesen, frei von Leiden zu sein und nur Glück zu erleben. In dieser Hinsicht unterscheide ich mich nicht von allen anderen Wesen – wir sind alle gleich.

(3) Ich bin nur einer, die anderen Lebewesen sind unzählig viele. Wie also kann ich nur um mich selbst besorgt sein, während ich andere vernachlässige? Mein Glück und meine Leiden sind im Vergleich zum Glück und Leiden unzähliger anderer Lebewesen belanglos.

Wir denken über diese Punkte nach, bis wir fest daran glauben, dass das Glück und die Freiheit von uns selbst und allen anderen Lebewesen gleich wichtig sind. Wir verweilen solange wie möglich einsgerichtet auf diesem Glauben. Wir sollten diese Kontemplation und Meditation beständig üben, bis wir spontan glauben, dass das Glück und die Freiheit von uns und allen anderen Lebewesen gleich wichtig sind. Dies ist die Verwirklichung des Gleichstellens vom Selbst und anderen.

AUSTAUSCHEN VOM SELBST MIT ANDEREN

Diese Schulung hat drei Stufen:

1. Über die Nachteile der Selbstwertschätzung nachdenken
2. Über die Vorteile nachdenken andere wertzuschätzen
3. Die eigentliche Schulung im Austauschen vom Selbst mit anderen

ÜBER DIE NACHTEILE DER SELBSTWERTSCHÄTZUNG NACHDENKEN

Was genau ist Selbstwertschätzung? Selbstwertschätzung ist unser Geist, der denkt «Ich bin wichtig», während er andere vernachlässigt. Wenn wir «ich» und «mein» denken, nehmen wir ein inhärent existentes Ich wahr. Wir schätzen es und glauben, dass sein Glück und seine Freiheit am Wichtigsten sind. Das ist Selbstwertschätzung. Für uns zu sorgen ist keine Selbstwertschätzung. Wir müssen für uns selbst sorgen und uns um das Lebensnotwendige kümmern. Dann können wir uns beständig bemühen, den eigentlichen Sinn unseres Lebens zu erfüllen.

Selbstwertschätzung und das Festhalten am Selbst sind unterschiedliche Aspekte desselben Geistes. Das Festhalten am Selbst hält an einem inhärent existenten «Ich» fest und die Selbstwertschätzung glaubt, dass solch ein «Ich» kostbar ist und sein Glück und seine Freiheit von höchster Wichtigkeit sind. Selbstwertschätzung ist unsere normale Sicht, die glaubt: «Ich bin wichtig» und «Mein Glück und meine Freiheit sind wichtig», und für die das Glück und die Freiheit anderer Lebewesen vernachlässigbar ist. Sie ist ein Teil unserer Unwissenheit, denn in Wirklichkeit gibt es kein inhärent existentes Ich. Dennoch schätzt unser Geist der Selbstwertschätzung dieses Ich und glaubt, dass es das Allerwichtigste ist. Er ist deshalb ein törichter und täuschender Geist. Er stört ständig unseren inneren Frieden und ist ein großes Hindernis, wenn wir den wirklichen Sinn unseres menschlichen Lebens erfüllen wollen. Dieser Geist der Selbstwertschätzung begleitet uns Leben für Leben, seit anfangsloser Zeit, selbst im Schlaf und im Traum.

In *Leitfaden für die Lebensweise eines Bodhisattva* sagt Shantideva:

> . . . alles Leiden dieser Welt
> Entsteht aus dem Wunsch, dass wir selbst glücklich sind.

Leiden ist keine Strafe. All unser Leiden entsteht aus unserem Geist der Selbstwertschätzung. Dieser Geist wünscht, dass wir selbst glücklich sein mögen, während er das Glück anderer vernachlässigt. Wir können das auf zweifache Weise verstehen: Erstens ist der Geist der Selbstwertschätzung der Schöpfer all unserer Leiden und Probleme. Zweitens ist die Selbstwertschätzung die Grundlage für das Erfahren all unserer Leiden und Probleme.

Wir leiden, weil wir in früheren Leben, motiviert durch eine selbstsüchtige Absicht – unsere Selbstwertschätzung – anderen durch unser Handeln Leiden zufügten. Ein Ergebnis dieser Handlungen ist, dass wir gegenwärtig Leiden und Probleme ertragen müssen. Deshalb können wir sagen, dass unsere Selbstwertschätzung der wahre Schöpfer all unserer Leiden und Probleme ist.

Dass wir gegenwärtig bestimmte Leiden und Probleme erleben, hat eine besondere Verbindung zu bestimmten Handlungen in unseren früheren Leben. Dies ist sehr subtil. Diesen verborgenen Zusammenhang sehen wir nicht mit unseren Augen. Aber es wurde bereits erklärt, dass wir dies mit Weisheit verstehen können und insbesondere, indem wir uns auf Buddhas Lehre über Karma verlassen. Im Grunde wissen wir alle, dass schlechtes Handeln zu schlechten Ergebnissen führt und gutes Handeln zu guten Ergebnissen.

Ebenso ist der Geist der Selbstwertschätzung die Grundlage, auf der wir alle unsere Leiden und Probleme erleben. Wenn sich zum Beispiel die Wünsche der Menschen nicht erfüllen, dann leiden viele unter Depressionen, Entmutigung, Traurigkeit und geistigem Schmerz. Manche wollen sich sogar umbringen. Und dies nur, weil ihre Selbstwertschätzung glaubt, die eigenen Wünsche seien so wichtig. Deshalb ist in erster Linie ihre Selbstwertschätzung für ihr Elend verantwortlich. Ohne Selbstwertschätzung gäbe es keine Grundlage für derartiges Leiden.

Wenn wir ernsthaft krank sind, können wir unser Leiden nur schwer ertragen. Doch die Krankheit schadet uns nur, weil wir uns so wertschätzen. Leidet ein anderer an einer ähnlichen Krankheit, dann haben wir kein Problem. Warum? Weil wir ihn (oder sie) nicht wertschätzen. Wenn wir andere so wertschätzen würden wie uns selbst, könnten wir ihr Leiden ebenfalls nur schwer ertragen. Das ist Mitgefühl. Wie Shantideva sagt:

> Das Leiden, das ich erlebe,
> Schadet anderen nicht,
> Aber ich finde es schwer zu ertragen,
> Weil ich mich selbst schätze.

Genauso schadet das Leiden anderer
Mir selbst nicht,
Aber wenn ich andere schätze,
Werde ich ihr Leiden schwer ertragen können.

Leben für Leben, seit anfangsloser Zeit, waren wir darauf bedacht, die Wünsche unseres selbstwertschätzenden Geistes zu erfüllen, denn wir glaubten, seine Sicht sei wahr. Wir gaben nie die Suche nach Glück aus äußeren Quellen auf und doch hat es uns nichts gebracht. Wir haben unzählige frühere Leben vertan, weil uns die Selbstwertschätzung täuschte. Sie war es, die uns dazu verleitete, nur für uns selbst zu sorgen, und doch konnten wir nichts gewinnen. Dank dieses törichten Geistes blieben alle unsere früheren Leben leer. Als wir diese menschliche Wiedergeburt annahmen, brachten wir nichts mit außer Verblendungen. Und immer noch, jeden Moment, Tag für Tag, täuscht uns dieser Geist der Selbstwertschätzung.

Wir denken über diese Punkte nach und kommen zum Schluss:

Nichts fügt mir größeren Schaden zu als dieser Dämon meiner Selbstwertschätzung. Sie ist die Quelle all meiner Negativität, meines Unglücks, meiner Probleme und Leiden. Deshalb muss ich meine Selbstwertschätzung aufgeben.

Wir sollten jeden Tag über diesen Entschluss meditieren und ihn in die Praxis umsetzen.

ÜBER DIE VORTEILE NACHDENKEN ANDERE WERTZUSCHÄTZEN

Wenn wir zutiefst denken, dass andere wichtig sind und ihr Glück und ihre Freiheit wichtig sind, dann wertschätzen wir sie. Tun wir dies, dann werden unsere Beziehungen zu anderen gut sein, wir werden in Harmonie mit ihnen leben und unser tägliches Leben wird friedvoll und glücklich sein. Wir beginnen diese Praxis mit unserer Familie, unseren Freunden und denjenigen, die um uns sind. Allmählich entwickeln und bewahren wir dann wertschätzende Liebe für ausnahmslos alle Lebewesen.

In *Leitfaden für die Lebensweise eines Bodhisattva* sagt Shantideva:

> Alles Glück dieser Welt
> Entsteht aus dem Wunsch, dass andere glücklich sind.

Denken wir gründlich darüber nach, werden wir verstehen, dass unser gesamtes gegenwärtiges und zukünftiges Glück von unserer Wertschätzung für andere abhängt – dem Wunsch, dass andere glücklich sein mögen. Weil wir andere wertschätzten, handelten wir in unseren vergangenen Leben tugendhaft. Wir hielten uns davon zurück, andere zu töten oder ihnen zu schaden. Wir hörten auf sie zu bestehlen und zu betrügen. Wir gaben ihnen materielle Hilfe und Schutz. Wir übten uns in Geduld. Als Folge dieses tugendhaften Handelns haben wir nun ein menschliches Leben erlangt und nehmen teil an den Freuden der Menschen.

Eine unmittelbare Auswirkung der Wertschätzung anderer wird sein, dass viele unserer täglichen Probleme verschwinden, die aus Wut, Neid und selbstsüchtigem Verhalten entstehen. Unser Geist wird ruhig und friedvoll. Unsere Art zu handeln wird rücksichtsvoller. Daher werden wir anderen Freude bereiten und uns nicht in Streit und Konflikte verstricken. Wertschätzen wir andere, werden wir bemüht sein, ihnen eher zu helfen als zu schaden. Dies wird dazu führen, dass wir ganz natürlich nichttugendhafte Handlungen vermeiden. Stattdessen werden wir positive Handlungen wie Mitgefühl, Liebe und Geduld ausführen. Wir werden anderen materielle Hilfe und Schutz geben und durch all dies die Ursachen erschaffen, in der Zukunft reines und immerwährendes Glück zu erleben.

Wertschätzen wir alle anderen Lebewesen so wie uns selbst, können wir insbesondere ihr Leiden nur schwer ertragen. Dieses Gefühl, dass das Leiden aller anderen Lebewesen unerträglich ist, ist allumfassendes Mitgefühl. Es wird uns rasch zum reinen und immerwährenden Glück der Erleuchtung führen. Genauso wie alle früheren Buddhas werden auch wir von der Mutter, dem allumfassenden Mitgefühl, als erleuchteter Buddha geboren. Das ist der Grund, warum wir sehr schnell Erleuchtung erlangen werden, wenn wir alle Lebewesen wertschätzen.

Wir betrachten all diese Vorteile und denken:

> *Der kostbare Geist, der alle Lebewesen wertschätzt, beschützt sowohl mich als auch andere vor Leiden. Er schenkt mir reines und immerwährendes Glück. Er erfüllt meine Wünsche und die aller anderen. Deshalb muss ich stets alle Lebewesen ohne Ausnahme wertschätzen.*

Wir sollten Tag für Tag über diesen Entschluss meditieren und ihn außerhalb der Meditation in die Praxis umsetzen.

Das bedeutet, dass wir tatsächlich jedes einzelne Lebewesen, Tiere eingeschlossen, wertschätzen sollten.

DIE EIGENTLICHE SCHULUNG IM AUSTAUSCHEN VOM SELBST MIT ANDEREN

Das Austauschen vom Selbst mit anderen bedeutet, dass wir das Objekt unserer Wertschätzung austauschen. Statt uns selbst, wertschätzen wir die anderen. Ohne Schulung ist dies unmöglich. Wie schulen wir uns nun im Austauschen vom Selbst mit anderen? Wir verstehen die großen Nachteile, uns selbst wertzuschätzen und die großen Vorteile, alle anderen wertzuschätzen. Dies wurde oben erklärt. Und wir erinnern uns an unseren Entschluss, unsere Selbstwertschätzung aufzugeben und immer ausnahmslos alle Lebewesen wertzuschätzen. Nun denken wir aus der Tiefe unseres Herzens:

Ich muss aufhören mich selbst wertzuschätzen. Stattdessen werde ich ausnahmslos alle anderen Lebewesen wertschätzen.

Wir meditieren über diesen Entschluss. Wir sollten diese Meditation wiederholen, bis wir spontan glauben, dass das Glück und die Freiheit jedes einzelnen Lebewesens weitaus wichtiger sind als unser eigenes. Dieser Glaube ist die Verwirklichung des Austauschens vom Selbst mit anderen.

SCHULUNG IN WÜNSCHENDER LIEBE

Mit dem Verständnis und dem Glauben, dass das Glück und die Freiheit jedes einzelnen Lebewesens weitaus wichtiger sind als unser eigenes, erzeugen wir wünschende Liebe für alle Lebewesen. Wir denken:

Wie wunderbar wäre es, wenn alle Lebewesen das reine und immerwährende Glück der Erleuchtung erlangen würden! Mögen sie dieses Glück erlangen. Ich selbst werde für dieses Ziel arbeiten.

Wir verweilen solange wie möglich einsgerichtet auf diesem kostbaren Geist der wünschenden Liebe für alle Lebewesen. Wir wiederholen diese Meditation immer wieder, bis wir spontan wünschen, dass jedes einzelne Lebewesen das Glück der Erleuchtung erfahren möge. Dieser spontane Wunsch ist die eigentliche Verwirklichung von wünschender Liebe.

Wünschende Liebe wird auch «unermessliche Liebe» genannt, denn die bloße Meditation über wünschende Liebe bringt uns unermessliche Vorteile in diesem und in unzähligen zukünftigen Leben. Auf der Grundlage von Buddhas Lehren beschrieb der große Gelehrte Nagarjuna den achtfachen Nutzen der zuneigungsvollen und wünschenden Liebe: (1) Wenn wir auch nur für einen Moment über zuneigungsvolle Liebe und wünschende Liebe meditieren, sammeln wir größere Verdienste an, als würden wir dreimal täglich allen Hungernden dieser Welt Nahrung geben.

Wenn wir den Hungernden Nahrung geben, geben wir ihnen kein echtes Glück. Das ist so, weil das Glück, das aus dem Essen von Nahrung entsteht, kein echtes Glück ist. Es ist lediglich eine vorübergehende Verminderung des Leidens des Hungers. Meditation über zuneigungsvolle Liebe und wünschende Liebe aber führt uns und alle Lebewesen zum reinen und immerwährenden Glück der Erleuchtung.

Die verbleibenden sieben Früchte der Meditation über zuneigungsvolle Liebe und wünschende Liebe sind, dass wir in der Zukunft (2) viel liebevolle Güte von Menschen und Nichtmenschen erhalten, (3) wir auf vielerlei Weise von Menschen und Nichtmenschen beschützt werden, (4) wir jederzeit einen glücklichen Geist haben, (5) wir jederzeit einen gesunden Körper haben, (6) wir keinerlei Schaden durch Waffen, Gift und andere verletzende Umstände erleiden, (7) wir mühelos alle notwendigen Bedingungen erhalten und (8) wir im höheren Himmel eines Buddhalands geboren werden.

Haben wir über diese Vorteile nachgedacht, sollten wir uns Tag für Tag viele Male bemühen, über wünschende Liebe zu meditieren.

SCHULUNG IN ALLUMFASSENDEM MITGEFÜHL

Allumfassendes Mitgefühl ist ein Geist, der sich aufrichtig wünscht, alle Lebewesen dauerhaft von Leiden zu befreien. Auf der Grundlage, alle Lebewesen wertzuschätzen, denken wir über die Tatsache nach, wie sehr alle Lebewesen den Kreislauf körperlichen Leidens und geistiger Schmerzen Leben für Leben, endlos, erfahren. Wir sehen ihr Unvermögen, sich selbst von Leiden zu befreien, ihren Mangel an Freiheit. Und wir sehen, wie sie durch negatives Handeln immer wieder die Ursachen für zukünftiges Leiden erschaffen. So entsteht in uns tiefes Mitgefühl. Wir müssen uns in sie einfühlen und ihren Schmerz so deutlich spüren wie unseren eigenen.

Niemand möchte leiden, doch aus Unwissenheit, indem sie nichttugendhaft handeln, erschaffen Lebewesen Leiden. Deshalb sollte unser Mitgefühl für alle Lebewesen, ohne Ausnahme, gleich stark sein. Es gibt kein einziges Lebewesen, das nicht ein geeignetes Objekt unseres Mitgefühls ist.

Alle Lebewesen leiden, weil sie verunreinigte Wiedergeburt angenommen haben. Menschen haben keine Wahl, sondern müssen immenses menschliches Leiden erleben, weil sie eine menschliche Wiedergeburt angenommen haben, die durch das innere Gift der Verblendungen verunreinigt ist. In gleicher Weise müssen die Tiere das Leiden der Tiere erdulden und hungrige Geister und Höllenwesen müssen alle Leiden ihrer jeweiligen Bereiche ertragen. Das wäre nicht so schlimm, wenn sie all dieses Leiden nur ein einziges Leben lang erdulden müssten. Doch der Kreislauf des Leidens hört nicht auf. Er setzt sich Leben für Leben, endlos, fort.

Um Entsagung zu entwickeln, dachten wir zuvor darüber nach, wie wir in unseren zahllosen zukünftigen Leben die unerträglichen Leiden der Tiere, hungrigen Geister, Höllenwesen, Menschen, Halbgötter und Götter erleben müssen. Um für alle Lebewesen, unsere Mütter, Mitgefühl zu entwickeln, betrachten wir nun an dieser Stelle, wie sie in ihren zahllosen zukünftigen Leben die unerträglichen Leiden der Tiere, hungrigen Geister, Höllenwesen, Menschen, Halbgötter und Götter erleben müssen.

Haben wir darüber nachgedacht, sollten wir denken:

> *Ich kann das Leiden dieser unzähligen Mutterwesen nicht ertragen. Im weiten und tiefen Ozean Samsaras, dem Kreislauf verunreinigter Wiedergeburt, ertrinkend, müssen sie in diesem und in unzähligen zukünftigen Leben unerträgliches körperliches Leiden und geistige Schmerzen erfahren. Ich muss all diese Lebewesen dauerhaft von ihren Leiden befreien.*

Wir sollten fortwährend über diesen Entschluss meditieren, der allumfassendes Mitgefühl ist, und uns sehr bemühen sein Ziel zu erreichen.

SCHULUNG IN EIGENTLICHEM BODHICHITTA

In dem Augenblick, in dem wir Bodhichitta entwickeln, werden wir ein Bodhisattva – jemand, der spontan Erleuchtung zum Wohle aller Lebewesen erlangen möchte. Anfänglich werden wir ein Bodhisattva auf dem Pfad der Ansammlung. Folgen wir dann mit dem Fahrzeug des Bodhichitta dem Pfad zur Erleuchtung, schreiten wir von einem Bodhisattva auf dem Pfad der Ansammlung zu einem Bodhisattva auf dem Pfad der Vorbereitung, einem Bodhisattva auf dem Pfad des Sehens und schließlich zu einem Bodhisattva auf dem Pfad der Meditation fort. Von dort aus werden wir den Pfad des Nicht-mehr-Lernens erreichen, den eigentlichen Zustand der Erleuchtung. Wie bereits erwähnt ist Erleuchtung das innere Licht der Weisheit, das dauerhaft von jeder fehlerhaften Erscheinung frei ist. Seine Funktion ist, jedem einzelnen Lebewesen Tag für Tag geistigen Frieden zu geben. Wenn wir die Erleuchtung eines Buddha erlangen, werden wir jedem einzelnen Lebewesen durch unsere Segnungen und zahllosen Emanationen direkt helfen können.

In den Sutra Lehren sagt Buddha:

In diesem unreinen Leben Samsaras
Erfährt niemand echtes Glück;
Die Handlungen, die sie ausführen,
Werden immer die Ursachen für Leiden sein.

Das Glück, das wir normalerweise erleben, weil wir gute Bedingungen haben, wie hohes Ansehen, eine gute Position, eine gute Arbeit, gute Beziehungen oder indem wir anziehende Formen sehen, gute Neuigkeiten hören, schöner Musik lauschen oder Essen, Trinken und Sex genießen, ist kein echtes Glück. Es ist lediglich sich veränderndes Leiden – die Verminderung eines vorangegangenen Leidens. Aus Unwissenheit glauben wir jedoch, dass nur diese Dinge uns glücklich machen. Deshalb wünschen wir uns niemals echtes Glück, das reine und immerwährende Glück der Befreiung und Erleuchtung, nicht einmal für unser eigenes Wohl. Wir suchen immer in diesem unreinen Leben Samsaras nach Glück. Wir sind so wie der Dieb, der Gold in Milarepas leerer Höhle suchte und nichts fand. Der große Yogi Milarepa hörte eines Nachts einen Dieb, der seine Höhle durchstöberte. Er rief ihm zu: «Wie erwartest du hier in der Nacht etwas Wertvolles zu finden, wenn ich bei Tage nichts Derartiges finden kann?»

Wenn wir durch Schulung den kostbaren Geist der Erleuchtung, Bodhichitta, entwickeln, denken wir spontan:

Wie wunderbar wäre es, wenn ich und alle Lebewesen echtes Glück, das reine und immerwährende Glück der Erleuchtung, erlangten! Mögen wir dieses Glück erlangen. Ich selbst werde für dieses Ziel arbeiten.

Wir müssen diesen kostbaren Geist des Bodhichitta in unserem Herzen haben. Er ist unser innerer spiritueller Meister, der uns direkt zum Zustand des höchsten Glücks der Erleuchtung führt. Er ist das wirkliche wunscherfüllende Juwel, das unsere Wünsche und die der anderen erfüllen kann. Es gibt keine heilsamere Absicht als diesen kostbaren Geist.

Haben wir über die obige Erklärung nachgedacht, denken wir aus der Tiefe unseres Herzens:

Ich bin eine einzige Person. Andere Lebewesen sind zahllos. Und sie alle sind meine gütigen Mütter. Diese zahllosen Mutterwesen müssen in diesem und in unzähligen zukünftigen Leben unerträgliche körperliche Leiden und geistigen Schmerz erfahren. Verglichen mit dem Leiden dieser zahllosen Lebewesen ist mein eigenes Leiden ohne Bedeutung. Ich muss alle Lebewesen dauerhaft von ihren Leiden befreien. Um dies zu erreichen, muss ich die Erleuchtung eines Buddha erlangen.

Wir meditieren einsgerichtet über diesen Entschluss, der Bodhichitta ist. Wir sollten diese Kontemplation und Meditation solange beständig üben, bis wir den spontanen Wunsch entwickeln, Erleuchtung zu erlangen, um jedem einzelnen Lebewesen direkt helfen zu können. Dann bemühen wir uns mit aller Kraft, unseren Bodhichitta Wunsch zu erfüllen.

Vajradhara Trijang Rinpoche

Die Schulung im Pfad des Bodhichitta

Es gibt drei Stufen der Schulung im Pfad des Bodhichitta:

1. Schulung in den sechs Vollkommenheiten
2. Schulung in Nehmen in Verbindung mit der Praxis der sechs Vollkommenheiten
3. Schulung in Geben in Verbindung mit der Praxis der sechs Vollkommenheiten

SCHULUNG IN DEN SECHS VOLLKOMMENHEITEN

Die sechs Vollkommenheiten sind der eigentliche Pfad zur Erleuchtung. Sie sind sowohl der Pfad des Bodhichitta als auch der Pfad des Bodhisattva. Indem wir diesem Pfad mit dem Fahrzeug des Bodhichitta folgen, werden wir mit Sicherheit den Zustand der Erleuchtung erreichen. Unser Bodhichitta Wunsch ist Erleuchtung zu erlangen, um jedem einzelnen Lebewesen direkt zu helfen. Um diesen Wunsch zu erfüllen, sollten wir vor unserem spirituellen Meister oder vor einem Bild Buddhas, das wir als lebendigen Buddha betrachten, versprechen, uns im Pfad des Bodhisattva zu schulen. Währenddessen rezitieren wir das folgende rituelle Gebet dreimal. Dieses Versprechen ist das Bodhisattva Gelübde.

So wie alle früheren Sugatas, die Buddhas,
Den Erleuchtungsgeist, Bodhichitta, erzeugten
Und alle Stufen
Der Bodhisattva Schulung vollendet haben,

So will auch ich zum Wohle aller Wesen
Den Erleuchtungsgeist erzeugen
Und alle Stufen
Der Bodhisattva Schulung vollenden.

Wenn wir das Bodhisattva Gelübde ablegen, verpflichten wir uns, den Pfad zur Erleuchtung, die Bodhisattva Schulung, zu üben. Das ist die Schulung in den sechs Vollkommenheiten. Wenn wir eine Arbeitsstelle antreten, verpflichten wir uns normalerweise, die Wünsche unseres Arbeitgebers zu erfüllen. Tun wir das nicht, verlieren wir schnell unsere Arbeit. Nachdem wir Bodhichitta erzeugt haben – den Entschluss Erleuchtung zu erlangen, um jedem einzelnen Lebewesen direkt zu helfen – müssen wir uns nun ebenfalls verpflichten, uns in der Praxis der sechs Vollkommenheiten zu üben. Wenn wir diese Verpflichtung durch das Ablegen des Bodhisattva Gelübdes nicht eingehen, ist die Gelegenheit Erleuchtung zu erlangen für uns verloren. Darüber denken wir nach und ermutigen uns selbst, das Bodhisattva Gelübde abzulegen und die sechs Vollkommenheiten aufrichtig zu üben.

Die sechs Vollkommenheiten sind die Übungen des Gebens, der moralischen Disziplin, der Geduld, des Bemühens, der Konzentration und der Weisheit. Sie alle sind durch Bodhichitta motiviert. Wir sollten erkennen, dass die sechs Vollkommenheiten unsere tägliche Praxis sind.

In der Praxis des Gebens schulen wir uns wie folgt: (1) Wir geben denjenigen materielle Hilfe, die in Armut leben. Dies schließt auch das Füttern von Tieren mit ein. (2) Wir helfen Kranken und körperlich Geschwächten in praktischer Weise. (3) Wir geben Schutz, indem wir stets versuchen, das Leben anderer zu retten, auch das Leben von Insekten. (4) Wir geben Liebe, indem wir lernen alle Lebewesen zu schätzen und stets glauben, dass ihr Glück und ihre Freiheit wichtig sind. (5) Wir geben Dharma, indem wir anderen Buddhas Lehren oder sinnvolle Ratschläge geben, die ihnen helfen, ihre Probleme der Wut, Anhaftung und Unwissenheit zu lösen.

In der Praxis moralischer Disziplin geben wir alle unangemessenen Handlungen auf, einschließlich solcher, die anderen Schaden zufügen. Ganz besonders achten wir darauf, unsere Verpflichtungen des Bodhisattva Gelübdes, das die Grundlage für alle unsere Fortschritte auf dem Bodhisattvapfad ist, nicht zu brechen. Dadurch werden unsere Handlungen von Körper, Rede und Geist rein und wir werden zu reinen Wesen.

In der Praxis der Geduld gestatten wir es uns nie, wütend zu werden oder entmutigt zu sein, indem wir vorübergehend jede Schwierigkeit oder jeden Schaden durch andere annehmen. Indem wir Geduld üben, legen wir die beste innere Rüstung an, die uns direkt vor körperlichem Leiden, geistigem Schmerz und anderen Problemen schützt. Wut zerstört unsere Verdienste, unser Glück. Wenn das geschieht, begegnen wir ständig vielen Hindernissen und es wird aufgrund mangelnder Verdienste schwierig sein, unsere Wünsche, insbesondere unsere spirituellen Ziele, zu verwirklichen. Es gibt kein größeres Übel als Wut. Und es gibt keine größere Tugend als Geduld. Mit Geduld erreichen wir alle unsere spirituellen Ziele.

In der Praxis des Bemühens sollten wir uns auf unumstößliches Bemühen verlassen, um große Verdienste und

Weisheit anzusammeln. Beides sind die Hauptursachen für Buddhas Formkörper (Rupakaya) und Wahrheitskörper (Dharmakaya). Vor allem betonen wir die Kontemplation und Meditation über Leerheit, die Art und Weise, wie die Dinge wirklich sind. Dadurch wird es einfach für uns, Fortschritte auf dem Pfad zur Erleuchtung zu machen. Mit Bemühen können wir jedes Ziel erreichen. Mit Faulheit erreichen wir dagegen gar nichts.

In der Praxis der Konzentration müssen wir auf dieser Stufe die Konzentration des Leerheit beobachtenden ruhigen Verweilens betonen. Im Buch *Moderner Buddhismus* wird im Abschnitt *Eine einfache Schulung in endgültigem Bodhichitta* eine Erklärung dazu gegeben. Wenn wir durch die Kraft dieser Konzentration eine besondere Weisheit erlangen, das «höhere Sehen», das die Leerheit aller Phänomene sehr klar versteht, schreiten wir von einem Bodhisattva auf dem Pfad der Ansammlung zu einem Bodhisattva auf dem Pfad der Vorbereitung fort.

In der Praxis der Weisheit versuchen wir auf dieser Stufe die Kraft unserer Weisheit des höheren Sehens zu vergrößern, indem wir mit Bodhichitta Motivation beständig über die Leerheit aller Phänomene meditieren. Wenn sich schließlich unser höheres Sehen in den Pfad des Sehens, die direkte Verwirklichung der Leerheit aller Phänomene, umwandelt, sind wir von einem Bodhisattva auf dem Pfad der Vorbereitung zu einem Bodhisattva auf dem Pfad des Sehens geworden. In dem Moment, in dem wir den Pfad des Sehens erreichen, sind wir ein höherer Bodhisattva und nicht länger den Leiden Samsaras unterworfen. Wie schon erwähnt werden wir, selbst wenn jemand unseren Körper mit einem Messer in Stücke schneiden sollte, keine

Schmerzen erleben, da wir eine direkte Verwirklichung davon haben, wie die Dinge wirklich sind.

Wenn wir den Pfad des Sehens vollendet haben, müssen wir uns, um weiter fortzuschreiten, beständig mit Bodhichitta Motivation in der Meditation über die Leerheit aller Phänomene schulen. Diese Meditation wird «Pfad der Meditation» genannt. Wenn wir diese Stufe erreicht haben, sind wir von einem Bodhisattva auf dem Pfad des Sehens zu einem Bodhisattva auf dem Pfad der Meditation geworden.

Wenn wir den Pfad der Meditation vollendet haben, wandelt sich unsere Weisheit des Pfades der Meditation in eine allwissende Weisheit um, die von jeglicher fehlerhafter Erscheinung dauerhaft befreit ist. Diese allwissende Weisheit wird «Pfad des Nicht-mehr-Lernens» genannt, die eigentliche Erleuchtung. Wenn wir diese Stufe erreicht haben, sind wir von einem Bodhisattva auf dem Pfad der Meditation zu einem erleuchteten Wesen, einem Buddha, fortgeschritten und haben das endgültige Ziel der Lebewesen erreicht.

Die anfängliche Schulung des Bodhisattva im Ansammeln von Verdiensten oder Weisheit ist der Bodhisattvapfad der Ansammlung. Die Schulung des Bodhisattva im Ansammeln von Verdiensten oder Weisheit, die eine Vorbereitung für den Pfad des Sehens ist, ist der Bodhisattvapfad der Vorbereitung. Die Schulung des Bodhisattva, die eine anfängliche direkte Verwirklichung von Leerheit ist, ist der Bodhisattvapfad des Sehens. Nach der Vollendung des Pfades des Sehens ist die Schulung des Bodhisattva, der beständig über Leerheit meditiert, der Bodhisattvapfad der Meditation. Buddhas allwissende Weisheit, die durch das Vollenden aller Schulungen von Sutra und Tantra erlangt wird, ist der Pfad des Nicht-mehr-Lernens, der Zustand der Erleuchtung.

SCHULUNG IN NEHMEN IN VERBINDUNG MIT DER PRAXIS DER SECHS VOLLKOMMENHEITEN

Es gibt vier Hauptvorteile der Meditationen über Nehmen und Geben: Sie sind kraftvolle Methoden, um (1) die Potenziale nichttugendhafter Handlungen zu reinigen, die unheilbare Krankheiten wie Krebs hervorrufen können; um (2) eine große Ansammlung von Verdiensten anzusammeln; um (3) unser Potenzial, allen Lebewesen helfen zu können, heranreifen zu lassen; und um (4) unseren Geist zu reinigen.

Einst gab es einen Lamrim Praktizierenden namens Kharak Gomchen, der schwer an Lepra erkrankt war. Die Ärzte konnten ihm mit ihren Behandlungen nicht helfen und sein Zustand verschlechterte sich von Jahr zu Jahr. Schließlich teilten ihm die Ärzte mit, sie könnten seine Krankheit nicht heilen. Gomchen war überzeugt, dass er bald sterben würde. Er verließ sein Zuhause und begab sich zu einem Friedhof, um sich dort auf den Tod vorzubereiten. Auf dem Friedhof konzentrierte er sich Tag und Nacht mit starkem Mitgefühl für alle Lebewesen auf die Meditationen über Nehmen und Geben. Er wurde durch diese Praxis vollkommen geheilt und kehrte gesund und glücklich nach Hause zurück. Es gibt viele andere ähnliche Beispiele.

Im Moment können wir nicht allen Lebewesen helfen, doch wir haben das Potenzial, das ein Teil unserer Buddha Natur ist. Indem wir uns mit starkem Mitgefühl für alle Lebewesen der Meditation über Nehmen und Geben widmen, wird das Potenzial, allen Lebewesen helfen zu können, reifen. Wenn dies geschieht, sind wir ein erleuchtetes Wesen, ein Buddha, geworden. Wenn wir unseren Geist durch die Übungen von Nehmen und Geben reinigen, werden alle weiteren spirituellen Verwirklichungen mit Leichtigkeit in unserem Geist heranreifen. Wir denken über die vier Hauptvorteile der Meditation über Nehmen und Geben nach und ermutigen uns auf diese Weise selbst, uns aufrichtig in den Meditationen zu schulen.

«Nehmen» bedeutet in diesem Zusammenhang, das Leiden anderer mittels Meditation auf uns zu nehmen. Wenn wir über Nehmen meditieren, sollte unsere Motivation Mitgefühl sein. Wir denken:

Ich muss alle Lebewesen dauerhaft von ihren Leiden und den Ängsten dieses Lebens und zahlloser zukünftiger Leben befreien.

In dieser Weise schulen wir uns, indem wir anderen Schutz geben, in der Vollkommenheit des Gebens. Indem wir Selbstwertschätzung aufgeben, schulen wir uns in der Vollkommenheit der moralischen Disziplin. Indem wir bereitwillig alle widrigen Umstände annehmen, die unsere Praxis des Nehmens behindern, schulen wir uns in der Vollkommenheit der Geduld. Indem wir uns bemühen, die Meditation beständig ohne Faulheit zu üben, schulen wir uns in der Vollkommenheit des Bemühens. Indem wir uns unabgelenkt und einsgerichtet auf die Meditation des Nehmens konzentrieren, schulen wir uns in der Vollkommenheit der Konzentration. Und indem wir verstehen, dass wir selbst, alle Lebewesen und ihre Leiden als bloßer Name und nicht inhärent existieren, schulen wir uns in der Vollkommenheit der Weisheit. Dies ist die Art und Weise, wie wir uns in der Meditation über das Nehmen in Verbindung mit der Praxis der sechs Vollkommenheiten üben. Es ist eine sehr tiefgründige Methode, die sechs Vollkommenheiten zu üben. Wir sollten diese Methode auf alle anderen Meditationen anwenden, zum Beispiel auf die Meditation über den Tod. So machen wir rasch Fortschritte auf dem Pfad zur Erleuchtung.

Es gibt zwei Stufen der Meditation über Nehmen:

1. Meditation über Nehmen, das sich auf alle Lebewesen richtet
2. Meditation über Nehmen, das sich auf bestimmte Lebewesen richtet

MEDITATION ÜBER NEHMEN, DAS SICH AUF ALLE LEBEWESEN RICHTET

Auf dieser ersten Stufe richten wir unsere Aufmerksamkeit auf die Versammlung ausnahmslos aller Lebewesen und denken aus der Tiefe unseres Herzens:

In ihren unzähligen zukünftigen Leben werden diese Lebewesen ständig ohne Wahl die Leiden der Menschen, Tiere, hungrigen Geister, Höllenwesen, Halbgötter und Götter erleben müssen. Wie wunderbar wäre es, wenn alle Lebewesen dauerhaft von den Leiden und Ängsten dieses Lebens und zahlloser zukünftiger Leben befreit wären! Möge ihnen dies gelingen. Ich selbst werde dafür arbeiten, dass ihnen dies gelingt. Das muss ich tun.

So denken wir und stellen uns vor, dass sich die Leiden aller Lebewesen in Form von schwarzem Rauch sammeln. Dieser löst sich in die Unwissenheit des Festhaltens am Selbst und der Selbstwertschätzung in unserem Herzen auf. Wir glauben nun fest daran, dass alle Lebewesen dauerhaft vom Leiden befreit sind und dass unsere Unwissenheit des Festhaltens am Selbst und die Selbstwertschätzung vollständig zerstört sind. Auf diesem Glauben verweilen wir einsgerichtet, solange wie möglich.

Aus Mitgefühl für alle Lebewesen sollten wir diese Meditation beständig solange üben, bis wir Zeichen erhalten, die darauf hinweisen, dass unser Geist gereinigt ist. Derartige Zeichen können sein: die Heilung einer Krankheit, an der wir leiden, eine Abnahme unserer Verblendungen, ein zunehmend friedvoller und glücklicher Geist, das Anwachsen von Vertrauen, richtiger Absicht und richtiger Sicht, und insbesondere eine stärkere Erfahrung von allumfassendem Mitgefühl.

MEDITATION ÜBER NEHMEN, DAS SICH AUF BESTIMMTE LEBEWESEN RICHTET

In dieser Meditation richten wir zum Beispiel unsere Aufmerksamkeit auf alle Lebewesen, die dem Leiden der Krankheit ausgeliefert sind. Wir denken:

> *Diese Lebewesen erfahren das Leiden der Krankheit in diesem und in ihren unzähligen zukünftigen Leben, endlos. Wie wunderbar wäre es, wenn sie alle dauerhaft von Krankheit befreit wären! Mögen ihnen dies gelingen. Ich selbst werde dafür arbeiten, dass ihnen dies gelingt. Das muss ich tun.*

So denken wir und stellen uns vor, dass sich das Leiden der Krankheit aller Lebewesen in Form von schwarzem Rauch sammelt. Er löst sich in die Unwissenheit des Festhaltens am Selbst und der Selbstwertschätzung in unserem Herzen auf. Wir glauben fest daran, dass alle diese Lebewesen nun dauerhaft von Krankheit befreit sind und dass unsere Unwissenheit des Festhaltens am Selbst und der

Selbstwertschätzung vollständig zerstört ist. Auf diesem Glauben verweilen wir einsgerichtet, solange wie möglich.

In gleicher Weise können wir die Meditation über Nehmen üben, indem wir unsere Aufmerksamkeit auf eine bestimmte Person oder eine Gruppe von Lebewesen richten, die andere Leiden wie Armut, Kämpfe und Hungersnot erleben müssen.

Wir sollten uns besonders bemühen, mit der Meditation über Nehmen, die sich auf alle Lebewesen richtet, tief vertraut zu werden. Diese Meditation reinigt unseren Geist und damit unsere Handlungen, sodass wir ein reines Wesen werden. Sterben wir mit starkem Mitgefühl für alle Lebewesen, dann werden wir mit Sicherheit im Reinen Land eines Buddha geboren. Das ist so, weil Mitgefühl, das sich zum Zeitpunkt unseres Todes manifestiert, das Potenzial unmittelbar reifen lässt, im Reinen Land eines Buddha wiedergeboren zu werden. Dies ist das gute Ergebnis eines guten Herzens. Ein gutes Herz zu bewahren, den aufrichtigen Wunsch alle Lebewesen dauerhaft von ihren Leiden zu befreien, hat zur Folge, dass wir selbst dauerhafte Befreiung von Leiden erfahren, indem wir im Reinen Land eines Buddha wiedergeboren werden.

Ein Beispiel: Als Geshe Chekhawa im Sterben lag, wünschte er sich aufrichtig, in der Hölle wiedergeboren zu werden, um den Höllenwesen direkt zu helfen. Doch er hatte klare Visionen, dass er in Sukhavati, dem Reinen Land von Buddha Amitabha, wiedergeboren würde. Er sagte zu seinem Gehilfen: «Leider wird sich mein Wunsch nicht erfüllen.» Jener fragte ihn: «Was ist denn dein Wunsch?» Geshe Chekhawa antwortete: «Mein Wunsch ist, in der Hölle wiedergeboren zu werden, damit ich den Höllenwesen unmittelbar helfen kann. Aber ich sah klare Zeichen, dass ich im Reinen Land von Buddha Amitabha geboren werde.» Obwohl Geshe

Chekhawa in der Hölle wiedergeboren werden wollte, hinderte ihn sein Mitgefühl für alle Lebewesen daran, eine niedere Wiedergeburt anzunehmen. Er hatte keine Wahl. Er musste ins Reine Land eines Buddha gehen. Dort erlangte er dauerhafte Befreiung vom Leiden. Dennoch war Geshe Chekhawa, obwohl er in einem Reinen Land wiedergeboren wurde, mithilfe seiner Emanationen in der Lage, den Höllenwesen zu helfen.

Wir denken vielleicht, dass unser Glaube, alle Lebewesen seien durch unsere Meditation dauerhaft vom Leiden befreit, falsch ist, da dies ja nicht tatsächlich geschehen ist. Nun, es ist wahr, dass Lebewesen keine dauerhafte Befreiung von Leiden erlangt haben. Dennoch ist unsere Überzeugung richtig, denn sie entsteht aus unserem Mitgefühl und unserer Weisheit. Über diesen Glauben zu meditieren, lässt unsere potenzielle Fähigkeit, alle Lebewesen dauerhaft von Leiden zu befreien, schnell heranreifen und wir werden rasch Erleuchtung erlangen. Deshalb sollten wir einen derart hilfreichen Glauben, dessen Natur Weisheit ist, niemals aufgeben. Meditation über Nehmen ist der schnelle Pfad zur Erleuchtung und hat eine ähnliche Funktion wie die tantrische Praxis. Es heißt, dass tantrische Verwirklichungen leicht erreicht werden, indem wir uns auf richtige Überzeugung und Vorstellung verlassen. Diese Praxis ist sehr einfach. Alles, was wir tun müssen, ist, mit der Meditation über richtige Überzeugung und Vorstellung, wie sie im Tantra dargelegt wird, tief vertraut zu werden, indem wir uns beständig darum bemühen.

SCHULUNG IN GEBEN IN VERBINDUNG MIT DER PRAXIS DER SECHS VOLLKOMMENHEITEN

«Geben» bedeutet in diesem Zusammenhang, anderen durch Meditation unser eigenes Glück zu geben. Im Allgemeinen gibt es im Kreislauf unreinen Lebens, Samsara, überhaupt kein echtes Glück. Wie zuvor erwähnt ist das Glück, das wir normalerweise durch Essen, Trinken, Sex und so weiter erleben, kein echtes Glück. Es ist lediglich die Verminderung eines vorangegangenen Problems oder einer Unzufriedenheit. Nehmen wir zum Beispiel an, das Glück, das wir durch Sex erleben, sei wirkliches Glück. Das hieße, dass Sex selbst eine wirkliche Ursache des Glücks sei. Wenn dem so wäre, müsste unser Glück umso mehr zunehmen, je mehr Sex wir hätten. Doch tatsächlich wäre das Gegenteil der Fall. Nicht unser Glück würde zunehmen, sondern unser Leiden. In *Vierhundert Verse* sagt der buddhistische Meister Aryadeva:

> Die Erfahrung von Leiden wird niemals durch die
> gleiche Ursache verändert,
> Doch wir können sehen, dass die Erfahrung von
> Glück durch die gleiche Ursache verändert wird.

Das heißt, dass zum Beispiel ein durch Feuer verursachter Schmerz niemals durch mehr Feuer in Glück umgewandelt wird. Auch am Beispiel des Essens sehen wir, dass sich das Glück, das wir durch Essen erleben, einfach durch Essen in Leiden verwandelt.

Wie meditieren wir über Geben? In *Leitfaden für die Lebensweise eines Bodhisattva* sagt Shantideva:

... um das Wohl aller Lebewesen zu erreichen,
Werde ich meinen Körper in ein erleuchtetes
wunscherfüllendes Juwel umwandeln.

Wir sollten unseren ständig verweilenden Körper, den sehr subtilen Körper, als das wahre wunscherfüllende Juwel betrachten. Er ist unsere Buddha Natur, durch die unsere Wünsche und die aller anderen Lebewesen gestillt werden. Wir denken:

Alle Lebewesen wünschen sich zu jeder Zeit glücklich zu sein. Doch sie wissen nicht, wie man das macht. Sie erleben nie wahres Glück, weil sie aus Unwissenheit ihr eigenes Glück zerstören, indem sie Verblendungen wie Wut entwickeln und nichttugendhaft handeln. Wie wunderbar wäre es, wenn all diese Lebewesen das reine und immerwährende Glück der Erleuchtung erleben würden! Mögen sie dieses Glück erleben. Ich werde jetzt jedem einzelnen Lebewesen mein eigenes zukünftiges Glück der Erleuchtung geben.

So denken wir und stellen uns vor, dass wir von unserem ständig verweilenden Körper im Herzen unendliche Lichtstrahlen aussenden, die in ihrer Natur unser zukünftiges Glück der Erleuchtung sind. Sie erreichen alle Lebewesen der sechs Bereiche. Wir glauben fest daran, dass jedes einzelne Lebewesen das reine und immerwährende Glück der Erleuchtung erlebt. Wir meditieren solange wie möglich einsgerichtet über diesen Glauben. Wir sollten die Meditation beständig üben, bis wir spontan glauben, dass nun tatsächlich alle Lebewesen unser zukünftiges Glück der Erleuchtung erhalten haben. Wenn wir so üben, sind wir wie ein Bodhisattva, der hirtengleichen Bodhichitta übt. So wie ein Hirte seiner Herde Schutz und alles Notwendige bietet, bevor er sich zur Ruhe begibt, so möchte ein Bodhisattva mit hirtengleichem Bodhichitta allen Lebewesen Schutz und endgültiges Glück geben, bevor er dies für sich selbst erreicht.

Diese Meditation hat vier Hauptvorteile: (1) Sie vergrößert unsere wünschende Liebe für alle Lebewesen. (2) Sie lässt unsere potenzielle Fähigkeit, allen Lebewesen zu helfen, reifen. (3) Sie führt zu einer großen Ansammlung von Verdiensten oder Glück. (4) Und sie führt dazu, dass unsere gewöhnlichen Erscheinungen und Vorstellungen aufhören.

Unser künftiges Glück der Erleuchtung ist die Folge davon, dass wir Mitgefühl für alle Lebewesen erzeugen. Die Meditation über Geben bringt dieses zukünftige Ergebnis in den Pfad. Sie ist daher ein schneller Pfad zur Erleuchtung und hat eine ähnliche Funktion wie tantrische Praxis. Wir sollten uns in dieser Meditation sehr stark bemühen, damit wir schnell Fortschritte auf dem Pfad zur Erleuchtung machen können.

Wir meditieren über Geben mit der Motivation wünschender Liebe. Indem wir auf diese Weise Liebe geben, schulen wir uns in der Vollkommenheit des Gebens. Indem wir Selbstwertschätzung aufgeben, schulen wir uns in der Vollkommenheit moralischer Disziplin. Indem wir bereitwillig alle widrigen Umstände, die unsere Praxis des Gebens behindern, annehmen, schulen wir uns in der Vollkommenheit der Geduld. Indem wir uns bemühen, diese Meditation beständig ohne Faulheit zu üben, schulen wir uns in der Vollkommenheit des Bemühens. Indem wir uns unabgelenkt und einsgerichtet auf die Meditation über Geben konzentrieren, schulen wir uns in der Vollkommenheit der Konzentration. Und indem wir verstehen, dass wir selbst, alle Lebewesen und ihr Glück als bloßer Name und nicht inhärent existieren, schulen wir uns in der Vollkommenheit der Weisheit. Dies ist die Art und Weise, wie wir uns in der Meditation über Geben in Verbindung mit der Praxis der sechs Vollkommenheiten schulen.

Die Schulung in Geben ist eine besondere Meditation über wünschende Liebe, die sich aufrichtig wünscht, dass alle Lebewesen echtes Glück – das reine und immerwährende Glück der Befreiung und Erleuchtung – erlangen. Wie bereits erwähnt wird wünschende Liebe auch «unermessliche Liebe» genannt, denn die bloße Meditation über wünschende Liebe bringt uns unermesslichen Nutzen in diesem und in unzähligen zukünftigen Leben.

In *Rat aus dem Herzen Atishas* sagt Atisha:

> Freunde, bis ihr Erleuchtung erlangt, ist der spirituelle Lehrer unentbehrlich. Verlasst euch deshalb auf den heiligen spirituellen Meister.

Bis wir Erleuchtung erlangen, müssen wir uns auf unseren spirituellen Meister verlassen. Der Grund dafür ist sehr einfach. Das endgültige Ziel des menschlichen Lebens ist, Erleuchtung zu erlangen. Dies hängt davon ab, beständig Buddhas besondere Segnungen durch unseren spirituellen Meister zu empfangen. Buddha erlangte Erleuchtung mit der alleinigen Absicht, alle Lebewesen mit Hilfe seiner Emanationen durch die Stufen des Pfades zur Erleuchtung zu führen. Wer ist Buddhas Emanation, die uns entlang der Stufen des Pfades zur Erleuchtung führt? Es ist eindeutig unser gegenwärtiger spiritueller Lehrer. Er führt uns aufrichtig und in richtiger Weise auf den Pfaden der Entsagung, des Bodhichitta und der richtigen Sicht der Leerheit. Er gibt uns diese Unterweisungen und zeigt uns mit seinem Vorbild anschaulich, wie man aufrichtig übt. Dieses Verständnis führt uns zu dem Glauben, dass unser spiritueller Meister eine Emanation Buddhas ist, und wir entwickeln und bewahren tiefes Vertrauen in ihn oder sie.

Atisha sagt auch:

> Bis ihr die endgültige Wahrheit verwirklicht, ist Zuhören unentbehrlich. Hört deshalb den Unterweisungen des spirituellen Meisters zu.

Angenommen, wir sehen fälschlicherweise zwei Monde am Himmel. Diese fehlerhafte Erscheinung erinnert uns daran, dass es tatsächlich nicht zwei, sondern nur einen Mond gibt. Wenn wir auf ähnliche Weise durch das Sehen inhärent existenter Dinge daran erinnert werden, dass es keine inhärent existenten Dinge gibt, dann zeigt dies, dass unser Verständnis von Leerheit, endgültiger Wahrheit, richtig ist. Bis unser Verständnis von Leerheit aber vollkommen ist und um zu verhindern, dass wir in eines der zwei Extreme fallen – das Extrem der Existenz und das Extrem der Nichtexistenz – sollten wir Unterweisungen unseres spirituellen Meisters hören, lesen und darüber nachdenken. Eine ausführliche Erklärung, wie wir uns auf unseren spirituellen Meister verlassen, ist im Buch *Freudvoller Weg* zu finden.

Alle Kontemplationen und Meditationen, die in diesem Buch dargelegt sind, sollten zusammen mit den vorbereitenden Übungen für die Meditation, *Gebete für die Meditation*, geübt werden. Sie sind in Anhang III zu finden. Die vorbereitenden Übungen helfen uns, unseren Geist zu reinigen, Verdienste anzusammeln und die Segnungen der erleuchteten Wesen zu erhalten. So ist gewährleistet, dass unsere Meditationspraxis erfolgreich ist.

Geshe Kelsang Gyatso Rinpoche

Widmung

Möge durch die Tugenden, die durch das Verfassen
dieses Buches angesammelt wurden,
Alles Leiden schnell beendet sein
Und alles Glück und alle Freude erfüllt werden,
Und möge heiliger Dharma für immer erblühen.

Dieses Buch, *Das neue Herz der Weisheit*, enthält die Unterweisungen des Ehrwürdigen Geshe Kelsang Gyatso Rinpoche. Diese Unterweisungen wurden aufgenommen und ins Schriftliche übertragen, und dann hauptsächlich von ihm und einigen seiner langjährigen Schüler herausgegeben.

Anhang I

Der Urtext:
Das Sutra der Essenz der Weisheit

Der Urtext:
Das Sutra der Essenz der Weisheit

Sanskrit: Bhagavatiprajnaparamitahrdaya
Tibetisch: Chom dän dä ma she rab kyi pa röl tu jin pai nying po
Deutsch: Die Essenz der Vollkommenheit der Weisheit, die gesegnete Mutter

Ehrerbietung an die Vollkommenheit der Weisheit, die gesegnete Mutter.

So habe ich gehört. Einst weilte der Gesegnete zusammen mit einer großen Versammlung von Mönchen und Nonnen und einer großen Versammlung von Bodhisattvas in Rajagriha auf dem Berg der versammelten Geier. Zu jener Zeit war der Gesegnete in die Konzentration der unzähligen Aspekte der Phänomene versunken, «tiefgründige Illumination» genannt.

Zu jener Zeit betrachtete auch der höhere Avalokiteshvara, der Bodhisattva, das große Wesen, auf vollendete Weise die Praxis der tiefgründigen Vollkommenheit der Weisheit; er betrachtete auf vollendete Weise auch die fünf Anhäufungen als leer von inhärenter Existenz.

Dann, durch die Kraft Buddhas, sprach der ehrwürdige Shariputra zum höheren Avalokiteshvara, dem Bodhisattva, dem großen Wesen: «Wie sollte sich ein Sohn der

Überlieferungslinie schulen, der sich in der Praxis der tiefgründigen Vollkommenheit der Weisheit üben möchte?»

So sprach er, und der höhere Avalokiteshvara, der Bodhisattva, das große Wesen, antwortete dem ehrwürdigen Shariputra wie folgt:

«Shariputra, welcher Sohn oder welche Tochter der Überlieferungslinie auch immer sich in der Praxis der tiefgründigen Vollkommenheit der Weisheit üben möchte, sollte es auf vollendete Weise wie folgt betrachten: anschließend auf vollendete und richtige Weise auch die fünf Anhäufungen als leer von inhärenter Existenz betrachten.

Form ist leer; Leerheit ist Form. Leerheit ist nichts anderes als Form; Form ist ebenfalls nichts anderes als Leerheit. Genauso sind Gefühl, Unterscheidung, zusammensetzende Faktoren und Bewusstsein leer.

Shariputra, auf diese Weise sind alle Phänomene Leerheit, sie haben keine Merkmale. Sie werden nicht erzeugt und enden nicht. Sie besitzen keine Unreinheit und sind nicht getrennt von Unreinheit. Sie haben keine Abnahme und keine Zunahme.

Deshalb, Shariputra, gibt es in der Leerheit keine Form, kein Gefühl, keine Unterscheidung, keine zusammensetzenden Faktoren, kein Bewusstsein. Es gibt kein Auge, kein Ohr, keine Nase, keine Zunge, keinen Körper, keine Geistigkeit; keine Form, keinen Klang, keinen Geruch, keinen Geschmack, kein Tastobjekt, kein Phänomen. Es gibt kein Augenelement und so weiter, bis hin zu keinem Geisteselement und ebenso bis hin zu keinem Element des geistigen Bewusstseins. Es gibt keine Unwissenheit und keine Erschöpfung der Unwissenheit und so weiter, bis hin zu keinem Altern und Sterben und keiner Erschöpfung von Altern und Sterben. Desgleichen gibt es kein Leiden, keinen Ursprung, keine Beendigung und keinen Pfad; kein erhabenes Gewahrsein, keine Erlangung und auch keine Nichterlangung.

Deshalb, Shariputra, verlassen sich Bodhisattvas, weil es keine Erlangung gibt, auf die Vollkommenheit der Weisheit und verweilen in ihr; ihr Geist hat keine Behinderungen und keine Angst. Indem sie Verdorbenheit gänzlich überwinden, erlangen sie das endgültige Nirvana. Auch alle Buddhas, die sich auf vollendete Weise in den drei Zeiten aufhalten, wurden zu manifesten und vollständigen Buddhas im Zustand der unübertroffenen, vollendeten und vollständigen Erleuchtung, indem sie sich auf die Vollkommenheit der Weisheit verlassen haben.

Deshalb sollte das Mantra der Vollkommenheit der Weisheit, das Mantra des großen Wissens, das unübertroffene Mantra, das Mantra, das dem Unvergleichlichen gleicht, das Mantra, das vollständig alles Leiden befriedet, da es nicht falsch ist, als die Wahrheit bekannt sein. Das Mantra der Vollkommenheit der Weisheit wird verkündet:

TAYATHA OM GATE GATE PARAGATE PARASAMGATE
BODHI SÖHA

Shariputra, ein Bodhisattva, ein großes Wesen, sollte sich auf diese Weise in der tiefgründigen Vollkommenheit der Weisheit schulen.»

Dann erhob sich der Gesegnete aus dieser Konzentration und sagte zum höheren Avalokiteshvara, dem Bodhisattva, dem großen Wesen, dass er gut gesprochen habe: «Gut, gut, o Sohn der Überlieferungslinie. So ist es. Da es so ist, wie du es enthüllt hast, sollte die tiefgründige Vollkommenheit der Weisheit auf diese Weise geübt werden, und auch die Tathagatas werden sich erfreuen.»

Als der Gesegnete dies gesagt hatte, waren der ehrwürdige Shariputra, der höhere Avalokiteshvara, der Bodhisattva, das große Wesen, und der ganze Kreis von Schülern sowie die weltlichen Wesen – Götter, Menschen, Halbgötter und Geister – hocherfreut und lobten die Worte des Gesegneten sehr.

Anhang II

Die zusammengefasste Bedeutung des Kommentars

Die zusammengefasste Bedeutung des Kommentars

Der Kommentar zum *Herz Sutra* hat zwei Teile:

1. Die Erklärung der direkten Bedeutung des Sutra
2. Die Erklärung der verborgenen Bedeutung des Sutra

Teil Eins: Die Erklärung der direkten Bedeutung des Sutra hat drei Teile:

1. Die Bedeutung des Titels
2. Die Ehrerbietung der Übersetzer
3. Die Erklärung zum Hauptteil des Sutra

Die Erklärung zum Hauptteil des Sutra hat drei Teile:

1. Die allgemeine Erklärung der Hintergründe des Sutra
2. Die außergewöhnliche Erklärung der Hintergründe des Sutra
3. Die Erklärung des eigentlichen Sutra

Die allgemeine Erklärung der Hintergründe des Sutra hat vier Teile:

1. Der Sprecher des Sutra
2. Der Zeitpunkt, zu dem das Sutra verkündet wurde

3. Der Ort, wo das Sutra verkündet wurde
4. An wen das Sutra gerichtet wurde

Die Erklärung des eigentlichen Sutra hat vier Teile:

1. Die Frage Shariputras
2. Die Antworten Avalokiteshvaras
3. Die Billigung der Antworten durch Buddha
4. Die Anhänger sind erfreut und nehmen sich die Unterweisungen zu Herzen

Die Antworten Avalokiteshvaras hat sechs Teile:

1. Eine kurze Erklärung, wie man sich in der Vollkommenheit der Weisheit auf den Pfaden der Ansammlung und der Vorbereitung schult
2. Eine ausführliche Erklärung, wie man sich in der Vollkommenheit der Weisheit auf den Pfaden der Ansammlung und der Vorbereitung schult
3. Eine Erklärung, wie man sich in der Vollkommenheit der Weisheit auf dem Pfad des Sehens schult
4. Eine Erklärung, wie man sich in der Vollkommenheit der Weisheit auf dem Pfad der Meditation schult
5. Eine Erklärung, wie der Pfad des Nicht-mehr-Lernens erlangt wird
6. Schlussfolgerung

Eine ausführliche Erklärung, wie man sich in der Vollkommenheit der Weisheit auf den Pfaden der Ansammlung und der Vorbereitung schult, hat zwei Teile:

1. Die Erklärung der vier Tiefgründigkeiten der Anhäufung von Form
2. Die Erklärung der vier Tiefgründigkeiten der Anhäufungen von Gefühl und so weiter

Die Erklärung der vier Tiefgründigkeiten der Anhäufung von Form hat vier Teile:

1. Die Erklärung der Tiefgründigkeit des Endgültigen der Anhäufung von Form
2. Die Erklärung der Tiefgründigkeit des Konventionellen der Anhäufung von Form
3. Die Erklärung der Tiefgründigkeit der Vereinigung der zwei Wahrheiten der Anhäufung von Form
4. Die Erklärung der Tiefgründigkeit der nominellen Unterscheidung der zwei Wahrheiten der Anhäufung von Form

Eine Erklärung, wie man sich in der Vollkommenheit der Weisheit auf dem Pfad der Meditation schult, hat fünf Teile:

1. Samsara erkennen
2. Wer Leiden erfährt
3. Wie wir Leiden erfahren
4. Wie wir in Samsara wandern
5. Wie wir Befreiung oder Nirvana erlangen

Teil Zwei: Die Erklärung der verborgenen Bedeutung des Sutra hat vier Teile:

1. Vorbereitende Erklärung
2. Beschützer Nagarjuna
3. Arya Asanga
4. Die Stufen des weiten Pfades: die verborgene Bedeutung des *Herz Sutra*

Die Stufen des weiten Pfades: die verborgene Bedeutung des *Herz Sutra* hat drei Teile:

1. Der Pfad einer Person anfänglicher Ausrichtung
2. Der Pfad einer Person mittlerer Ausrichtung
3. Der Pfad einer Person großer Ausrichtung

Der Pfad einer Person anfänglicher Ausrichtung hat fünf Teile:

1. Die Kostbarkeit unseres menschlichen Lebens
2. Was bedeutet unser Tod?
3. Die Gefahren niederer Wiedergeburt
4. Zuflucht nehmen
5. Was ist Karma?

Der Pfad einer Person mittlerer Ausrichtung hat vier Teile:

1. Was wir wissen sollten
2. Was wir aufgeben sollten
3. Was wir üben sollten
4. Was wir erlangen sollten

Der Pfad einer Person großer Ausrichtung hat zwei Teile:

1. Das höchste gute Herz – Bodhichitta
2. Schulung im Pfad des Bodhichitta

Das höchste gute Herz – Bodhichitta hat fünf Teile:

1. Schulung in zuneigungsvoller Liebe
2. Schulung in wertschätzender Liebe
3. Schulung in wünschender Liebe
4. Schulung in allumfassendem Mitgefühl
5. Schulung in eigentlichem Bodhichitta

Schulung in wertschätzender Liebe hat zwei Teile:

1. Gleichstellen vom Selbst und anderen
2. Austauschen vom Selbst mit anderen

Austauschen vom Selbst mit anderen hat drei Teile:

1. Über die Nachteile der Selbstwertschätzung nachdenken
2. Über die Vorteile nachdenken, andere wertzuschätzen
3. Die eigentliche Schulung im Austauschen vom Selbst mit anderen

Schulung im Pfad des Bodhichitta hat drei Teile:

1. Schulung in den sechs Vollkommenheiten
2. Schulung in Nehmen in Verbindung mit der Praxis der sechs Vollkommenheiten
3. Schulung in Geben in Verbindung mit der Praxis der sechs Vollkommenheiten

Schulung in Nehmen in Verbindung mit der Praxis der sechs Vollkommenheiten hat zwei Teile:

1. Meditation über Nehmen, das sich auf alle Lebewesen richtet
2. Meditation über Nehmen, das sich auf bestimmte Lebewesen richtet

Anhang III

Befreiendes Gebet
und
Gebete für die Meditation

Befreiendes Gebet

LOBPREIS AN BUDDHA SHAKYAMUNI

O Gesegneter, Shakyamuni Buddha,
Kostbarer Schatz des Mitgefühls,
Gewährer höchsten inneren Friedens,

Du, der ohne Ausnahme alle Wesen liebt,
Bist die Quelle von Glück und Güte
Und Du führst uns auf den befreienden Pfad.

Dein Körper ist ein wunscherfüllendes Juwel,
Deine Rede ist höchster, reinigender Nektar
Und Dein Geist ist Zuflucht für alle Lebewesen.

Mit gefalteten Händen wende ich mich an Dich,
Höchster, beständiger Freund.
Aus der Tiefe meines Herzens bitte ich Dich:

Bitte gib mir das Licht Deiner Weisheit,
Um die Dunkelheit meines Geistes zu vertreiben
Und mein Geisteskontinuum zu heilen.

Bitte nähre mich mit Deiner Güte,
Damit auch ich alle Wesen
Mit einem unaufhörlichen Festmahl der Freude nähren kann.

Möge durch Deine mitfühlende Absicht,
Deine Segnungen und Deine tugendhaften Taten
Und meinen starken Wunsch, mich auf Dich zu verlassen,

Alles Leiden schnell beendet sein
Und alles Glück und alle Freude erfüllt werden;
Und möge heiliger Dharma für immer erblühen.

Kolophon: Dieses Gebet wurde vom Ehrwürdigen Geshe Kelsang Gyatso Rinpoche verfasst und wird regelmäßig am Anfang einer Sadhana in den Zentren des Kadampa Buddhismus überall auf der Welt rezitiert.

Gebete für die Meditation

KURZE VORBEREITENDE GEBETE FÜR DIE MEDITATION

Einleitung

Wir alle haben das Potenzial, die Verwirklichung aller Stufen des Pfades zur Erleuchtung zu erlangen. Diese Potenziale sind wie Samen im Feld unseres Geistes und unsere Meditationspraxis ist wie das Kultivieren dieser Samen. Unsere Meditationspraxis wird jedoch nur erfolgreich sein, wenn wir uns gut darauf vorbereiten.

Wenn wir normalerweise etwas ernten wollen, dann beginnen wir damit, das Feld sorgfältig vorzubereiten. Zuerst entfernen wir alles, was das Wachstum behindern könnte wie Steine und Unkraut. Zweitens reichern wir den Boden mit Kompost oder Dünger an, damit er Kraft hat, das Wachstum zu fördern. Drittens sorgen wir für Wärme und Feuchtigkeit, damit die Samen sprießen und die Pflanzen wachsen können. Um die inneren Ernten unserer Dharma Verwirklichungen zu fördern, müssen wir auf die gleiche Weise mit sorgfältigen Vorbereitungen beginnen.

Zuerst müssen wir unseren Geist reinigen, um negatives Karma, das wir in der Vergangenheit angesammelt haben, zu beseitigen. Wenn wir dieses Karma nicht reinigen, wird es das Wachstum der Dharma Verwirklichungen behindern. Zweitens müssen wir unserem Geist die Kraft geben, das Wachstum der Dharma Verwirklichungen zu unterstützen, indem wir Verdienste ansammeln. Drittens brauchen wir die Segnungen der heiligen Wesen, um das Wachstum der Dharma Verwirklichungen anzuregen und zu bewahren.

Die folgenden Gebete enthalten die Essenz dieser drei Vorbereitungen. Weitere Erläuterungen dazu finden sich in den Büchern *Das neue Meditationshandbuch* oder *Freudvoller Weg*.

Geshe Kelsang Gyatso
1987

Gebete für die Meditation

Zuflucht nehmen

Bis wir Erleuchtung erlangen, nehmen ich und alle
fühlenden Wesen
Zuflucht zu Buddha, Dharma und Sangha.
(3x, 7x, 100x usw.)

Bodhichitta erzeugen

Möge ich aufgrund der Tugenden, die ich durch Geben und
andere Vollkommenheiten ansammle,
Ein Buddha werden zum Wohle aller. (3x)

Die vier Unermesslichen erzeugen

Mögen alle glücklich sein.
Mögen alle frei von Leiden sein.
Möge niemand je von Glück getrennt sein.
Mögen alle Gleichmut haben, frei von Hass und Anhaftung.

Das Feld für die Ansammlung von Verdiensten visualisieren

Im Raume vor mir befindet sich der lebendige Buddha Shakyamuni, umgeben von allen Buddhas und Bodhisattvas, gleich dem Vollmond inmitten von Sternen.

Das siebengliedrige Gebet

Mit Körper, Rede und Geist verbeuge ich mich in Demut.
Und bringe Gaben dar, sowohl vorhandene wie vorgestellte.
Ich bekenne meine falschen Taten, begangen seit anfangsloser Zeit,
Und erfreue mich an den Tugenden aller.
Bitte bleibt, bis Samsara endet,
Und dreht das Rad des Dharma für uns.
Ich widme alle Tugenden der großen Erleuchtung.

Die Mandala Darbringung

Den Boden mit Duftwasser besprengt und mit Blumen geschmückt,
Den großen Berg, vier Länder, Sonne und Mond,
Als Buddhaland betrachtet bringe ich sie dar,
Mögen sich alle Wesen an solch Reinen Ländern erfreuen.

Ohne Gefühl von Verlust bringe ich die Objekte dar,
Die in mir Anhaftung, Hass und Verwirrung erzeugen,
Meine Freunde, Feinde und Fremde, unsere Körper und Vergnügen.
Bitte nehmt dies an und segnet mich, damit ich sofort von den drei Giften befreit werde.

IDAM GURU RATNA MANDALAKAM NIRYATAYAMI

Das Gebet der Stufen des Pfades

Der Pfad beginnt mit tiefem Vertrauen
Zum gütigen Lehrer, Quelle alles Guten.
O segne mich, damit ich dies verstehe,
Um ihm mit großer Hingabe zu folgen.

O segne mich, dass ich verstehen möge
Die Seltenheit und Bedeutsamkeit
Dieses menschlichen Lebens mit allen Freiheiten,
Und dann Tag und Nacht seinen Sinn erfasse.

Schnell wird mein Körper vergehen und sterben
So wie eine Luftblase im Wasser.
Nach dem Tod reifen die Folgen des Karmas,
So wie der Schatten dem Körper folgt.

Segne mich, dass ich durch diese Gewissheit
Und diese Erinnerung sehr achtsam bin,
Stets schädliche Handlungen vermeide
Und eine Fülle von Tugend ansammle.

Die Vergnügen Samsaras sind täuschend,
Geben keine Zufriedenheit, nur Qualen.
Bitte segne mich, damit ich aufrichtig
Die Glückseligkeit vollkommener Befreiung erstrebe.

O segne mich, dass aus diesem reinen Gedanken
Achtsamkeit und größte Vorsicht entstehen,
Sodass die Wurzel der Lehre, die Pratimoksha,
Als meine essenzielle Praxis bewahrt sei.

Gleich mir ertrinken all meine gütigen Mütter
Im weiten Ozean Samsaras.
Segne mich, dass ich mich in Bodhichitta schule,
Damit ich sie bald erlösen kann.

Ohne drei Arten moralischer Disziplin
Kann ich jedoch kein Buddha werden.
O segne mich darum bitte mit der Kraft,
Den Bodhisattva Gelübden zu folgen.

Durch das Überwinden meiner Ablenkungen
Und die Analyse vollkommener Bedeutungen,
Segne mich, die Vereinigung schnell zu erlangen
Von höherem Sehen und ruhigem Verweilen.

Wenn ich durch allgemeine Wege
Zu einem reinen Gefäß werde,
Segne mich, in das höchste Fahrzeug Vajrayana,
Die essenzielle Praxis des Glücks, einzutreten.

Die Grundlage der zwei Erlangungen sind
Heilige Gelübde und Verpflichtungen.
Segne mich, dass ich dies klar verstehe
Und sie noch höher schätze als mein Leben.

Durch beständige Praxis in vier Sitzungen,
Wie von den heiligen Lehrern erklärt,
Segne mich, dass ich beide Stufen vollende,
Die die Essenz der Tantras sind.

Mögen alle, die mich auf dem Pfad führen,
Und meine Gefährten lange leben.
Segne mich, damit ich alle Hindernisse,
Innere und äußere, überwinden kann.

Möge ich stets vollkommene Lehrer finden
Und mich am heiligen Dharma erfreuen,
Alle Ebenen und Pfade schnell vollenden
Und den Zustand Vajradharas erlangen.

Segnungen empfangen und reinigen

Aus den Herzen aller heiligen Wesen fließen Licht- und Nektarströme herab, gewähren Segnungen und reinigen.

An dieser Stelle beginnen wir mit der eigentlichen Kontemplation und Meditation. Im Anschluss an die Meditation widmen wir unsere Verdienste mit dem folgenden Gebet:

Widmungsgebete

Mögen durch die Tugenden,
Die ich durch die Praxis der Stufen des Pfades
angesammelt habe,
Alle Lebewesen die Gelegenheit finden,
Auf gleiche Weise zu üben.

Mögen alle Wesen das Glück
Von Menschen und Göttern erfahren
Und schnell Erleuchtung erlangen,
Damit Samsara schließlich endet.

Gebete für die Tugendhafte Tradition

Damit die Tradition Je Tsongkhapas,
Des Königs des Dharma, erblühe,
Mögen alle Hindernisse überwunden sein
Und mögen alle vorteilhaften Bedingungen im Überfluss
vorhanden sein.

Durch die zwei Ansammlungen von mir und anderen,
Die während der drei Zeiten zusammengetragen werden,
Möge die Lehre des Eroberers Losang Dragpa
Für immer erblühen.

Das neunzeilige *Migtsema* Gebet

Tsongkhapa, Kronjuwel der Gelehrten vom Lande des Schnees,
Du bist Buddha Shakyamuni und Vajradhara, Quelle aller Erlangungen,
Avalokiteshvara, Schatz des nichtbeobachtbaren Mitgefühls,
Manjushri, erhabene, makellose Weisheit,
Und Vajrapani, Zerstörer der Scharen von Maras.
O ehrwürdiger Guru Buddha, Vereinigung aller Drei Juwelen,
Mit Körper, Rede und Geist ersuche ich Dich mit Respekt:
Bitte gewähre Deine Segnungen, damit ich und andere zur Reife und Befreiung gelangen,
Und gewähre die allgemeinen und höchsten Erlangungen.
(3x)

Kolophon: Diese Gebete wurden vom Ehrwürdigen Geshe Kelsang Gyatso Rinpoche aus traditionellen Quellen zusammengestellt

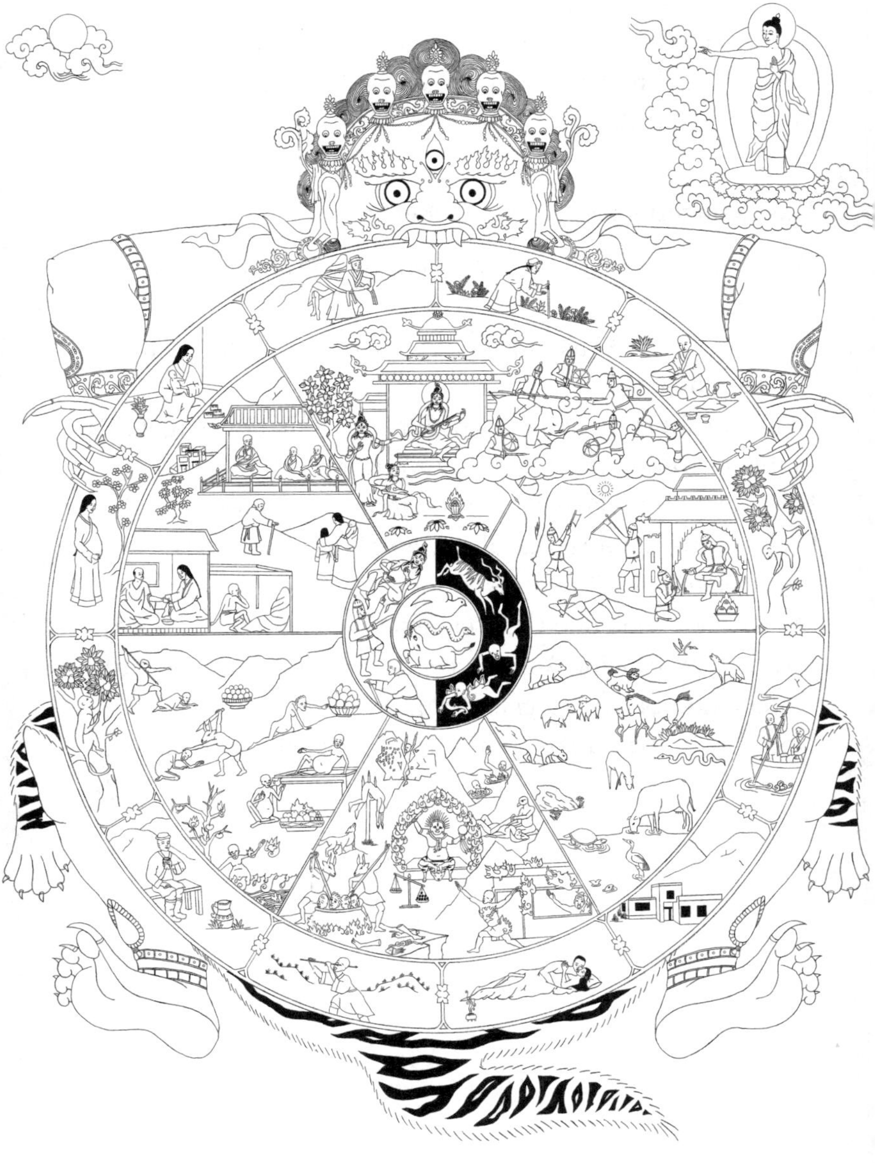

Rad des Lebens

Anhang IV

Erklärung der zwölf Quellen, achtzehn Elemente und zwölf in abhängiger Beziehung stehenden Glieder

Erklärung der zwölf Quellen, achtzehn Elemente und zwölf in abhängiger Beziehung stehenden Glieder

DIE ZWÖLF QUELLEN

Alle Phänomene sind in den zwölf Quellen enthalten. Diese sind:

(1) Augenquelle
(2) Ohrenquelle
(3) Nasenquelle
(4) Zungenquelle
(5) Körperquelle
(6) Geistesquelle
(7) Formquelle
(8) Klangquelle
(9) Geruchsquelle
(10) Geschmacksquelle
(11) Tastobjektquelle
(12) Phänomenenquelle

«Augenquelle» bezieht sich auf die Quelle des Augenbewusstseins. «Auge», «Augensinneskraft» und «Augenquelle» sind synonym. Normalerweise zeigen wir auf unseren Augapfel und sagen: «Das ist mein Auge». Aber wäre der Augapfel das Auge, dann bedeutete dies, dass ein Blinder, der Augäpfel hat, Augen besäße und deshalb sehen könnte. Unser Auge – unsere Augenquelle oder Augensinneskraft – ist keine körperliche Form, sondern eine innere potenzielle Kraft, die sich genau in der Mitte des Augapfels befindet und deren Hauptfunktion es ist, ein Augenbewusstsein direkt zu erzeugen. Es ist ein sehr verborgenes Objekt. Die Augenquelle, Ohrenquelle, Nasenquelle, Zungenquelle und Körperquelle besitzen Form, sind aber nicht körperliche Form. So wie zum Beispiel jemand namens Peter körperliche Form besitzt, aber nicht Form ist. Es sind innere potenzielle Kräfte, die sich genau in der Mitte der Organe der Augen, Ohren, Nase, Zunge beziehungsweise im ganzen Körper verteilt befinden. Ihre jeweiligen Hauptfunktionen sind, ein Augen-, Ohren-, Nasen-, Zungen- und Körperbewusstsein direkt zu erzeugen.

Wir können die fünf Quellen oder Sinneskräfte nicht aufgrund von logischen Begründungen oder mithilfe von Direktwahrnehmern verstehen, da sie sehr verborgene Objekte sind. Wir können sie nur verstehen, indem wir Buddhas Unterweisungen studieren. Die fünf Quellen oder fünf Sinneskräfte sind äußerst wichtig für unsere täglichen Erfahrungen. Wir können zum Beispiel ohne Augensinneskraft kein Augenbewusstsein erzeugen, um Formen zu sehen; ohne Ohrensinneskraft können wir kein Ohrenbewusstsein erzeugen, um Klänge zu hören; ohne Nasensinneskraft und Zungensinneskraft können wir kein Nasenbewusstsein und kein Zungenbewusstsein erzeugen, um Gerüche zu riechen und Geschmack zu kosten; und ohne Körpersinneskraft können wir kein Körperbewusstsein erzeugen, um Tastobjekte zu erfahren. «Geistesquelle» ist synonym zu «geistiger Kraft». Es ist eine geistige potenzielle Kraft, deren Hauptfunktion es ist, ein geistiges Bewusstsein direkt zu erzeugen, womit wir verschiedene Arten von Phänomenen verstehen können. Auch sie ist ein sehr verborgenes Objekt.

Die letzten sechs Quellen sind: Formquelle – das Objekt der Augenquelle, Klangquelle – das Objekt der Ohrenquelle, Geruchsquelle – das Objekt der Nasenquelle, Geschmacksquelle – das Objekt der Zungenquelle, Tastobjektquelle – das Objekt der Körperquelle und Phänomenenquelle – das Objekt der Geistesquelle. Sie werden Quellen genannt, weil sie Quellen für den Vorgang der Erzeugung von Bewusstsein sind.

DIE ACHTZEHN ELEMENTE

Von einem anderen Standpunkt aus sind alle Phänomene in den achtzehn Elementen enthalten. Diese sind:

(1) Augenelement
(2) Ohrenelement
(3) Nasenelement
(4) Zungenelement
(5) Körperelement
(6) Geisteselement
(7) Formelement
(8) Klangelement
(9) Geruchselement
(10) Geschmackselement
(11) Tastobjektelement
(12) Phänomenenelement

(13) Element des Augenbewusstseins
(14) Element des Ohrenbewusstseins
(15) Element des Nasenbewusstseins
(16) Element des Zungenbewusstseins
(17) Element des Körperbewusstseins
(18) Element des geistigen Bewusstseins

Wie zuvor in Teil Eins erläutert, erklärte Buddha die achtzehn Elemente, um zu zeigen, wie Lebewesen Leiden erfahren. Sie werden «Elemente» genannt, weil sie untrennbar von ihrer eigenen Natur sind, worauf das tibetische Wort für Element (kham) hinweist. «Augenelement» ist synonym zu «Augenquelle» und «Augensinneskraft» und die Ohren-, Nasen-, Zungen- und Körperelemente sind gleichermaßen synonym zu ihren jeweiligen Quellen und Sinneskräften. «Geisteselement» und «geistige Kraft» sind Synonyme.

Formen, Klänge, Gerüche, Geschmack, Tastobjekte und Phänomene sind Objekte der ersten sechs Elemente beziehungsweise der letzten sechs Elemente.

Lebewesen erfahren Leiden auf folgende Weise. Weil unsere Augensinneskraft, Ohrensinneskraft und so weiter auf ihre Objekte – Formen, Klänge und so weiter – treffen, entwickeln wir ein Augengewahrsein, Ohrengewahrsein und so weiter, die inhärent existente Dinge wahrnehmen. Dies führt automatisch zu einem Geist, der glaubt, dass diese Dinge inhärent existent seien. Das ist unser Geist der Unwissenheit des Festhaltens am Selbst. Aufgrund dieser Unwissenheit erleben wir verschiedene Arten von Leiden und Problemen, die allerdings fehlerhafte Erscheinungen oder Halluzinationen sind, so wie wir Dinge in Träumen erleben.

DIE ZWÖLF IN ABHÄNGIGER BEZIEHUNG STEHENDEN GLIEDER

Die zwölf in abhängiger Beziehung stehenden Glieder sind:

(1) In abhängiger Beziehung stehende Unwissenheit
(2) In abhängiger Beziehung stehende zusammensetzende Handlungen
(3) In abhängiger Beziehung stehendes Bewusstsein
(4) In abhängiger Beziehung stehender Name und in abhängiger Beziehung stehende Form
(5) In abhängiger Beziehung stehende sechs Quellen
(6) In abhängiger Beziehung stehender Kontakt
(7) In abhängiger Beziehung stehendes Gefühl
(8) In abhängiger Beziehung stehendes Verlangen
(9) In abhängiger Beziehung stehendes Festhalten
(10) In abhängiger Beziehung stehende Existenz
(11) In abhängiger Beziehung stehende Geburt
(12) In abhängiger Beziehung stehendes Altern und Sterben

Das erste Glied, in abhängiger Beziehung stehende Unwissenheit, ist ein Geist des Festhaltens am Selbst, der eine Person zu einer Handlung motiviert, die die Ursache für eine Wiedergeburt in Samsara ist. Ein solcher Geist wird «Unwissenheit» genannt, weil er, aufgrund von Unwissenheit hinsichtlich ihrer wahren Natur, an Phänomenen als inhärent existent festhält.

Das zweite Glied, in abhängiger Beziehung stehende zusammensetzende Handlungen, ist eine Handlung (oder Karma), die eine werfende Ursache dafür ist, in Samsara wiedergeboren zu werden. Ihre Wirkung ist, uns in eine zyklische Wiedergeburt zu schleudern oder zu werfen. Deshalb wird sie auch «werfendes Karma» genannt. Obwohl eine zusammensetzende Handlung durch das erste Glied, in abhängiger Beziehung stehende Unwissenheit, motiviert ist, kann sie je nach der begleitenden Absicht tugendhaft oder nichttugendhaft sein. Eine tugendhafte zusammensetzende Handlung führt zu einer zyklischen Wiedergeburt in einem der drei höheren Bereiche. Eine nichttugendhafte zusammensetzende Handlung führt zu einer zyklischen Wiedergeburt in einem der drei niederen Bereiche.

Das dritte Glied, in abhängiger Beziehung stehendes Bewusstsein, bezieht sich nicht auf Bewusstsein im Allgemeinen, sondern nur auf das geistige Ursprungsbewusstsein, das die Prägung einer in abhängiger Beziehung stehenden zusammensetzenden Handlung erhält. Jede zusammensetzende Handlung, wie zum Beispiel die nichttugendhafte Handlung des Tötens, hinterlässt eine Prägung in unserem Ursprungsbewusstsein. Diese Prägung bleibt als samenähnliches Potenzial im Kontinuum unseres Bewusstseins, bis Umstände sie anregen und die Wirkung einer Wiedergeburt in Samsara erzeugen.

Das vierte Glied ist in abhängiger Beziehung stehender Name und Form. Unter diesem Glied versteht man die fünf Anhäufungen einer Person im Augenblick der Wiedergeburt. Form ist die Anhäufung von Form und Name sind die anderen vier Anhäufungen. Nehmen wir unsere eigene Geburt als Beispiel: Wir nahmen unsere gegenwärtige Wiedergeburt als Mensch an, als unser Bewusstsein in die befruchtete Eizelle in der Gebärmutter unserer Mutter eintrat. Zu diesem Zeitpunkt bestanden wir aus fünf rudimentären Anhäufungen. Unsere Formanhäufung war die körperliche Form der befruchteten Eizelle und die verbleibenden Anhäufungen von Gefühl und so weiter waren ebenfalls bereits vorhanden. Zu diesem Zeitpunkt sind unsere fünf Anhäufungen ein Beispiel des vierten Gliedes, in abhängiger Beziehung stehender Name und Form. Die letzten vier Anhäufungen werden «Name» genannt, weil sie die Grundlage sind, eine Person zu benennen oder zu identifizieren. Dies gilt selbst für eine Person im formlosen Bereich, die keine Anhäufung von Form hat.

Das fünfte Glied, die in abhängiger Beziehung stehenden sechs Quellen, sind die fünf Sinneskräfte und die geistige Kraft, wenn sie sich nach der Wiedergeburt zum ersten Mal entwickeln. Bei unserer jetzigen Wiedergeburt als Mensch hatten wir vom Augenblick der Empfängnis an die geistige Kraft und die Körpersinneskraft. Die verbleibenden vier Sinneskräfte, die Augen-, Ohren-, Nasen- und Zungensinneskraft, entstanden jedoch erst allmählich im Verlauf unserer Entwicklung in der Gebärmutter.

Das sechste Glied ist in abhängiger Beziehung stehender Kontakt. Kontakt ist ein geistiger Faktor, der jeden Augenblick des Bewusstseins begleitet. Er entsteht aus dem Zusammentreffen eines Objekts, einer Sinneskraft und eines Bewusstseins. Seine Funktion ist, ein Objekt als angenehm, unangenehm oder neutral wahrzunehmen.

In Abhängigkeit von Kontakt entwickeln wir das siebte Glied: in abhängiger Beziehung stehendes Gefühl. Während Kontakt ein Objekt als angenehm, unangenehm oder neutral wahrnimmt, ist Gefühl der geistige Faktor, der das Objekt als angenehm, unangenehm oder neutral erlebt. Jedes Mal wenn wir ein Objekt erkennen, erzeugen wir ein angenehmes, unangenehmes oder neutrales Gefühl.

In abhängiger Beziehung stehendes Verlangen, das achte Glied, ist eine besondere Form der Anhaftung, die das

Potenzial für die Annahme unserer nächsten Wiedergeburt, das in unserem Bewusstsein aufgrund einer früheren in abhängiger Beziehung stehenden zusammensetzenden Handlung zurückgelassen wurde, nährt oder anregt. Diese Art von Anhaftung entsteht zum Zeitpunkt unseres Todes. Normalerweise entwickeln wir zu dieser Zeit eine starke Anhaftung an das, woran wir als «Ich» festhalten, und an unseren Körper, unsere Freunde, unseren Besitz und so weiter. Dieses Verlangen aktiviert das Potenzial, unsere nächste Wiedergeburt anzunehmen.

Das neunte Glied ist in abhängiger Beziehung stehendes Festhalten. Das ist auch eine Art der Anhaftung, aber intensiver als Verlangen. Verlangen kann mit dem starken Wunsch von jemandem verglichen werden, der kürzlich zu rauchen aufgehört hat und jetzt eine Zigarette rauchen möchte. Festhalten ist dieser Wunsch, der, wenn er sehr stark wird, die Person auf der Suche nach einer Zigarette aus dem Haus treibt. In abhängiger Beziehung stehendes Festhalten ist das Festhalten, das sich nach in abhängiger Beziehung stehendem Verlangen entwickelt und es aktiviert das Potenzial, unsere nächste Wiedergeburt anzunehmen, noch stärker.

Das zehnte Glied, in abhängiger Beziehung stehende Existenz, ist der geistige Faktor Absicht, der durch die vorangehenden Glieder des Verlangens und des Festhaltens entsteht. Es wird «Existenz» genannt, weil es die unmittelbare Ursache ist, eine neue Wiedergeburt in Samsara anzunehmen. Dies ist ein Beispiel dafür, dass der Ursache der Name der Auswirkung gegeben wird. Absicht ist im Allgemeinen eine geistige Handlung und die Natur der Absicht bestimmt, ob ein Geist tugendhaft ist oder nicht. Wenn der geistige Faktor Absicht tugendhaft ist, ist der Geist, den er begleitet, zwangsläufig auch tugendhaft. Umgekehrt ist der begleitete Geist nichttugendhaft, wenn die Absicht nichttugendhaft ist.

Obwohl Verlangen und Festhalten Verblendungen sind, können sie zum Zeitpunkt des Todes einen tugendhaften Geist hervorrufen, zum Beispiel einen Geist, der Zuflucht zu den heiligen Wesen nimmt und zu ihnen betet. In diesem Fall ist das zehnte Glied, in abhängiger Beziehung stehende Existenz, eine tugendhafte Handlung und es ist sicher, dass die Prägung einer tugendhaften zusammensetzenden Handlung angeregt wird. Die Person wird dann eine glückliche Wiedergeburt als Mensch oder Gott annehmen. Wenn Verlangen und Festhalten jedoch einen nichttugendhaften Geist wie Wut hervorrufen, ist das zehnte Glied eine nichttugendhafte Handlung und es wird ein Potenzial für eine Wiedergeburt in den niederen Bereichen angeregt.

Das elfte Glied ist in abhängiger Beziehung stehende Geburt. Es bezieht sich auf den Augenblick, in dem ein Bewusstsein eine neue Existenz annimmt. Bei der Wiedergeburt als Mensch bezieht sich in abhängiger Beziehung stehende Geburt auf den Eintritt eines Bewusstseins in die befruchtete Eizelle in der Gebärmutter.

Im zweiten Augenblick einer neuen Geburt beginnt der Prozess des Alterns und er währt bis zum Tod. Das letzte Glied, in abhängiger Beziehung stehendes Altern und Sterben, ist dieser Vorgang des Alterns und Sterbens.

Diese zwölf in abhängiger Beziehung stehenden Glieder enthüllen den Vorgang, der uns an den Kreislauf von unkontrollierter Wiedergeburt und Tod und die damit verbundenen Leiden kettet. Die grundlegende Ursache dieses unkontrollierten Vorgangs ist das erste Glied, Unwissenheit, das ein Geist ist, der an inhärenter Existenz festhält. Durch Unwissenheit kontrolliert, führen wir die tugendhaften und nichttugendhaften Handlungen aus, die die Ursache für eine Wiedergeburt in den höheren oder niederen Bereichen Samsaras sind. Diese Handlungen sind zusammensetzende Handlungen, das zweite Glied. Eine zusammensetzende Handlung hinterlässt eine Prägung in unserem Geist und das Bewusstsein, das diese Prägung erhält, ist das dritte Glied. Die ersten drei Glieder werden manchmal «werfende Ursachen» genannt, da sie die Ursachen sind, die uns in eine zukünftige, unkontrollierte Wiedergeburt «werfen». Die drei werfenden Ursachen werden auch «entfernte Ursachen» der Wiedergeburt genannt, weil, obwohl sie die Ursachen einer zukünftigen Wiedergeburt sind, viele Leben dazwischen liegen können, bevor jene bestimmte Wiedergeburt Wirklichkeit wird.

Die nächsten vier Glieder werden «geworfene Wirkungen» genannt und erklären unsere Entwicklung, nachdem wir in eine neue Wiedergeburt geworfen wurden. Das vierte Glied weist darauf hin, dass die Grundlage der Zuschreibung unserer neuen Identität unsere neuen Anhäufungen, Name und Form, sind. In Abhängigkeit von unseren Anhäufungen wird das fünfte Glied, die sechs Quellen, gebildet. Die sechs Quellen sind die sechs Kräfte und als Folge entsteht das sechste Glied, Kontakt. In Abhängigkeit von Kontakt entwickeln wir angenehme, unangenehme und neutrale Gefühle, das siebte Glied.

Die nächsten drei Glieder zeigen, wie sich die potenzielle Kraft, unsere nächste Wiedergeburt anzunehmen, verwirklicht und deshalb werden sie «verwirklichende Ursachen» genannt. Diese drei Glieder werden auch «nahe Ursachen» der Wiedergeburt genannt, weil sie die Ursachen sind, die einer Wiedergeburt unmittelbar vorangehen. In Abhängigkeit von früheren Gefühlen entstehen, wenn der Tod naht, das achte und das neunte Glied, Verlangen und Festhalten. Diese aktivieren das Potenzial, unsere nächste Wiedergeburt anzunehmen und führen zur Entwicklung des zehnten Gliedes, Existenz, die geistige Handlung, die uns zu unserer nächsten Wiedergeburt trägt.

Die letzten zwei Glieder werden «verwirklichte Wirkungen» genannt, weil sie die Auswirkungen der verwirklichenden Ursachen sind. Die drei verwirklichenden Ursachen aktivieren ein bestimmtes Potenzial, eine Wiedergeburt anzunehmen und dadurch entsteht das elfte Glied, Geburt. Infolge einer Geburt in Samsara ereignet sich das letzte Glied, Altern und Sterben. Die letzten zwei Glieder enthalten auch alle anderen Leiden Samsaras wie Krankheit, die zwischen Geburt und Tod auftreten.

Wenn wir die zwölf Glieder in dieser Reihenfolge betrachten, von Unwissenheit bis Altern und Sterben, können wir die stufenweise Entwicklung der zyklischen Wiedergeburt und die damit verbundenen Leiden verstehen. Wenn wir die zwölf in abhängiger Beziehung stehenden Glieder in umgekehrter Reihenfolge betrachten, können wir die Ursachen unseres Leidens zurückverfolgen. Das letzte Glied verbindet zwei der groben Leiden, die wir erleben, Altern und Sterben, aber alle unsere anderen Leiden sind darin enthalten. Die Ursache dieser Leiden ist unkontrollierte Geburt, das elfte Glied. Geburt folgt aus dem zehnten Glied, Existenz, das durch Festhalten und Verlangen, dem neunten und achten Glied, verursacht wird. Diese zwei Formen der Anhaftung entstehen aus den vorangegangenen Gefühlen, dem siebten Glied. Gefühle entstehen in Abhängigkeit von Kontakt, dem sechsten Glied, das wiederum von den sechs Quellen, dem fünften Glied, abhängt. Die sechs Quellen entwickeln sich in Abhängigkeit der fünf Anhäufungen zum

Zeitpunkt der Geburt, die das vierte Glied, Name und Form, bilden. Die Ursache dafür, diese Anhäufungen anzunehmen, ist eine Prägung, die vom Bewusstsein getragen wird. Das Bewusstsein, das diese Prägung aufgenommen hat, ist das dritte Glied. Die Prägung in unserem Bewusstsein wird von einer zusammensetzenden Handlung hinterlassen, dem zweiten Glied. Die zugrundeliegende, motivierende Kraft zusammensetzender Handlungen ist Unwissenheit, der Geist, der an inhärenter Existenz festhält. Auf diese Weise können wir die Ursache allen Leidens auf Unwissenheit zurückführen, das erste der zwölf Glieder.

Betrachten wir die zwölf Glieder in umgekehrter Reihenfolge, können wir verstehen, dass wir immer wieder Leiden erleben, weil wir eine zyklische Wiedergeburt angenommen haben, und dass die grundlegende Ursache dieses leidvollen Vorganges Unwissenheit ist. Die Erkenntnis, dass zyklische Wiedergeburt die Ursache allen Leidens ist, bringt uns dazu, den Geist zu entwickeln, der wünscht, Samsara auf jeden Fall zu verlassen. Dieser Geist wird «Entsagung» genannt. Indem wir verwirklichen, dass Unwissenheit die Hauptursache einer zyklische Wiedergeburt ist, werden wir begreifen, dass die Methode, Befreiung aus Samsara zu erlangen, darin besteht, unsere Unwissenheit zu beseitigen. Das direkte Gegenmittel gegen Unwissenheit ist die Weisheit, die Leerheit verwirklicht. Durch anhaltendes Bemühen, unter Anwendung richtiger Methoden, können wir diese Weisheit entwickeln. Fahren wir dann fort, mit der Motivation der Entsagung und des Bodhichitta über Leerheit zu meditieren, wird sich unsere in abhängiger Beziehung stehende Unwissenheit, das erste der zwölf Glieder, allmählich vermindern und schließlich aufhören.

Die vollständige Beendigung der in abhängiger Beziehung stehenden Unwissenheit ist die in abhängiger Beziehung stehende Erschöpfung der Unwissenheit. Erlangen wir die Erschöpfung der Unwissenheit, werden unsere Handlungen nicht mehr länger durch Verblendungen kontrolliert und wir werden die in abhängiger Beziehung stehende Erschöpfung zusammensetzender Handlungen erreichen. Dies führt zu in abhängiger Beziehung stehender Erschöpfung des Bewusstseins und so weiter bis zu in abhängiger Beziehung stehender Erschöpfung von Altern und Sterben. Folglich überwinden wir die zyklische Wiedergeburt und durchtrennen das Kontinuum des Leidens, indem wir die Erschöpfung der Unwissenheit erlangen. Die Beendigung des Kontinuums des Leidens ist Befreiung, der Zustand jenseits des Leidens, oder Nirvana. Es gibt somit eine zweite Gruppe von zwölf in abhängiger Beziehung stehenden Gliedern, von der Erschöpfung der Unwissenheit bis zur Erschöpfung von Altern und Sterben. Die erste Gruppe der zwölf Glieder, von Unwissenheit bis Altern und Sterben, wird die «zwölf in abhängiger Beziehung stehenden Glieder von der Seite der Verblendung» genannt. Die zwölf Glieder, von der Erschöpfung der Unwissenheit bis zur Erschöpfung von Altern und Sterben, sind die «zwölf in abhängiger Beziehung stehenden Glieder von der vollständig gereinigten Seite». Die erste Gruppe erklärt die Entwicklung der zyklischen Wiedergeburt und des Leidens, die zweite erklärt ihre Beendigung und die Erlangung der Befreiung.

Die zwölf Glieder der vollständig gereinigten Seite sind die bloße Beendigung der zwölf Glieder der Seite der Verblendung. Die in abhängiger Beziehung stehende Erschöpfung des Bewusstseins zum Beispiel ist nicht die Beendigung des Bewusstseins im Allgemeinen, sondern die vollständige Beendigung des Bewusstseins, das die Prägungen von zusammensetzenden Handlungen erhält. Auf ähnliche Weise ist die in abhängiger Beziehung stehende Erschöpfung des Gefühls lediglich die Beendigung der Gefühle, die durch Verblendungen verunreinigt sind. Erlangen wir Befreiung, haben wir immer noch Gefühle, aber diese Gefühle sind nicht verunreinigt und führen zum Zeitpunkt des Todes nicht zu Verlangen und Festhalten.

Haben wir Befreiung erlangt, werden wir nicht mehr länger unter der Kontrolle von Verblendungen in eine Wiedergeburt geworfen, erleben aber dennoch nichtverunreinigte Wiedergeburt. Eine nichtverunreinigte Wiedergeburt hat nicht die Natur von Leiden und verursacht kein Leiden in der Zukunft. Die meisten Hinayana Feindzerstörer nehmen eine nichtverunreinigte Wiedergeburt in einem Reinen Land an und verweilen für sehr lange Zeit in einem Zustand von Ruhe und Frieden. Hohe Bodhisattvas aber fahren fort, Wiedergeburten unter den Wesen in Samsara anzunehmen, um ihnen zu helfen. Eine solche Wiedergeburt ist nicht verunreinigt, weil sie durch die Kraft des Mitgefühls und nicht durch die Kraft der Verblendungen entsteht. Nimmt ein hoher Bodhisattva eine Wiedergeburt als Mensch an, wird er oder sie anderen als gewöhnlicher Mensch erscheinen. Dennoch ist solch ein Bodhisattva vollkommen frei von den Leiden Samsaras und wirkt voller Freude zum Wohle anderer.

Denken wir über diese zwölf in abhängiger Beziehung stehenden Glieder der vollständig gereinigten Seite nach, werden wir inspiriert sein. Wir verstehen nun, dass wir Leiden und seine Ursachen vollständig überwinden können, indem wir unsere Unwissenheit aufgeben, die an der inhärenten Existenz von Phänomenen festhält.

Diese Erklärung der zwölf Quellen, achtzehn Elemente und zwölf in abhängiger Beziehung stehenden Glieder wird auf eine einfache und leicht verständliche Weise präsentiert und beruht auf Buddhas Lehren.

Geshe Kelsang Gyatso
September 2011

Anhang V

Die Große Mutter

EINE METHODE, UM BEHINDERUNGEN UND HINDERNISSE DURCH REZITATION DES *SUTRA DER ESSENZ DER WEISHEIT* (DAS *HERZ SUTRA*) ZU ÜBERWINDEN

Die Große Mutter

EINE METHODE, UM BEHINDERUNGEN UND HINDERNISSE DURCH REZITATION DES *SUTRA DER ESSENZ DER WEISHEIT* (DAS *HERZ SUTRA*) ZU ÜBERWINDEN

EINLEITUNG

Alle Lebewesen möchten glücklich sein. Doch immer wieder wird ihre Erfahrung von Glück durch äußere und innere Hindernisse oder Behinderungen vereitelt. Äußere Behinderungen können lebende Objekte wie bösartige Menschen und wilde Tiere sein oder unbelebte Objekte wie die vier äußeren Elemente Erde, Wasser, Feuer und Wind, die Erdbeben, Überschwemmungen, Feuersbrünste oder Wirbelstürme verursachen können. Innere Behinderungen entstehen aus Ursachen innerhalb unseres Körpers und Geistes. Sind unsere vier inneren Elemente in einem harmonischen Gleichgewicht, ist unser Körper gesund. Geraten sie aber aus dem Gleichgewicht, führt dies zu körperlichen Problemen und Krankheiten. Ist unser Geist voller negativer Gedanken und Verblendungen wie begehrender Anhaftung, Wut und Unwissenheit, erleben wir in der Folge großen Schaden und Leiden. Sie hindern uns daran, einen friedvollen Geist zu bewahren und zerstören außerdem all unser Glück, das wir möglicherweise erlangt haben.

Die Haupthindernisse, die unseren Fortschritt zur Befreitung und Erleuchtung behindern, können als die vier Maras zusammengefasst werden. «Mara» ist ein Sanskritbegriff und bedeutet «Dämon». Die vier Maras sind: der Mara der Verblendungen, der Mara der Anhäufungen, der Mara des Herrn des Todes und der Devaputra Mara. Jeder, der diese vier Maras vollständig besiegt hat, ist ein Buddha, oder «Eroberer».

All das Leiden, das wir erleben, entsteht als Folge unserer Verblendungen und der Handlungen, die wir unter ihrem Einfluss begehen. Verblendungen stören nicht nur unser gegenwärtiges Glück und unseren Frieden, sie behindern auch unsere Fortschritte auf dem Weg zum endgültigen Glück der Befreiung und Erleuchtung.

Unsere verunreinigten Anhäufungen sind die eigentliche Natur Samsaras und die Grundlage all unseres Leidens. Solange wir diese Anhäufungen haben, sind wir nicht in der Lage, Befreiung zu erlangen.

Mit dem Mara des Herrn des Todes ist der gewöhnliche, unkontrollierte Tod gemeint, der uns die Möglichkeit nimmt, unsere spirituelle Praxis zu vollenden. Falls wir unsere negativen Handlungen nicht gründlich gereinigt und Körper, Rede und Geist nicht gut unter Kontrolle haben, können wir nicht zuversichtlich sein, dass wir nach dem Tod keine niedere Wiedergeburt annehmen werden, in der spirituelle Praxis unmöglich und ein Entkommen sehr schwierig ist.

Die Devaputra Maras sind wirkliche Wesen, wie der Schwarze Ishvara, die unseren spirituellen Fortschritt zur Befreiung und Erleuchtung stören. Als Buddha Shakyamuni zum Beispiel im Begriff war, die Erlangung der Erleuchtung unter dem Bodhibaum zu zeigen, waren es die Devaputra Maras, die ihn zu stören versuchten. Buddha überwand diese

Störungen durch die Kraft seiner meditativen Konzentration über Liebe.

Wenn wir, während wir in Samsara sind, vorübergehendes Glück erlangen und ungehindert zum endgültigen Glück der Befreiung und Erleuchtung fortschreiten wollen, brauchen wir eine besondere Methode, um Behinderungen im Allgemeinen und die vier Maras im Besonderen abzuwenden und zu überwinden. Die folgende Praxis der Rezitation und Kontemplation des *Sutra der Essenz der Weisheit* oder *Herz Sutra* kann angewandt werden, um sowohl äußere als auch innere Hindernisse für uns selbst oder auch für andere zu überwinden. Eine Erklärung dieser Praxis ist in Anhang VI enthalten.

Wie erfolgreich wir dabei sind, mit dieser Praxis Hindernisse zu überwinden, hängt von der Kraft unseres Vertrauens ab. Wir können unser Vertrauen vertiefen, indem wir darüber nachdenken, wie zum Beispiel der Gott Indra mit dieser Praxis die Wut und Eifersucht der ihn angreifenden Halbgötter überwand oder wie Lama Ukarwa die Todesdrohungen eines Schwarzmagiers abwendete. Diese Beispiele sind im kurzen Kommentar zur Praxis *Die Große Mutter* in Anhang VI enthalten.

Die Große Mutter

Zufluchtnahme

Bis wir Erleuchtung erlangen, nehmen ich und alle fühlenden Wesen
Zuflucht zu Buddha, Dharma und Sangha. (3x)

Bodhichitta erzeugen

Möge ich aufgrund der Tugenden, die ich durch Geben und andere Vollkommenheiten ansammle,
Ein Buddha werden zum Wohle aller. (3x)

Vorbereitungen

NAMO Guru, Lehrer, Gesegneter, und Große Mutter Prajnaparamita,
Umgeben von Euren Söhnen, den Buddhas der zehn Richtungen, und allen Bodhisattvas.
Ich verbeuge mich vor dieser Versammlung, bringe Gaben dar und nehme Zuflucht.
Bitte ermächtigt mich durch Eure Segnungen. (3x)

Das *Sutra der Essenz der Weisheit* rezitieren

Ehrerbietung an die Vollkommenheit der Weisheit,
die gesegnete Mutter.

So habe ich gehört. Einst weilte der Gesegnete zusammen mit einer großen Versammlung von Mönchen und Nonnen und einer großen Versammlung von Bodhisattvas in Rajagriha auf dem Berg der versammelten Geier. Zu jener Zeit war der Gesegnete in die Konzentration der unzähligen Aspekte der Phänomene versunken, «tiefgründige Illumination» genannt.

Zu jener Zeit betrachtete auch der höhere Avalokiteshvara, der Bodhisattva, das große Wesen, auf vollendete Weise die Praxis der tiefgründigen Vollkommenheit der Weisheit, er betrachtete auf vollendete Weise auch die fünf Anhäufungen als leer von inhärenter Existenz.

Dann, durch die Kraft Buddhas, sprach der ehrwürdige Shariputra zum höheren Avalokiteshvara, dem Bodhisattva, dem großen Wesen: «Wie sollte sich ein Sohn der Überlieferungslinie schulen, der sich in der Praxis der tiefgründigen Vollkommenheit der Weisheit üben möchte?»

So sprach er, und der höhere Avalokiteshvara, der Bodhisattva, das große Wesen, antwortete dem ehrwürdigen Shariputra wie folgt:

«Shariputra, welcher Sohn oder welche Tochter der Überlieferungslinie auch immer sich in der Praxis der tiefgründigen Vollkommenheit der Weisheit üben möchte, sollte es auf vollendete Weise wie folgt betrachten: anschließend auf vollendete und richtige Weise auch die fünf Anhäufungen als leer von inhärenter Existenz betrachten.

Form ist leer; Leerheit ist Form. Leerheit ist nichts anderes als Form; Form ist ebenfalls nichts anderes als Leerheit. Genauso sind Gefühl, Unterscheidung, zusammensetzende Faktoren und Bewusstsein leer.

Shariputra, auf diese Weise sind alle Phänomene Leerheit, sie haben keine Merkmale. Sie werden nicht erzeugt und enden nicht. Sie haben keine Unreinheit und sind nicht getrennt von Unreinheit. Sie haben keine Abnahme und keine Zunahme.

Deshalb, Shariputra, gibt es in der Leerheit keine Form, kein Gefühl, keine Unterscheidung, keine zusammensetzenden Faktoren, kein Bewusstsein. Es gibt kein Auge, kein Ohr, keine Nase, keine Zunge, keinen Körper, keine Geistigkeit; keine Form, keinen Klang, keinen Geruch, keinen Geschmack, kein Tastobjekt, kein Phänomen. Es gibt kein Augenelement und so weiter, bis hin zu keinem Geisteselement und ebenso bis hin zu keinem Element des geistigen Bewusstseins. Es gibt keine Unwissenheit und keine Erschöpfung der Unwissenheit und so weiter, bis hin zu keinem Altern und Sterben und keiner Erschöpfung von Altern und Sterben. Desgleichen gibt es kein Leiden, keinen Ursprung, keine Beendigung und keinen Pfad; kein erhabenes Gewahrsein, keine Erlangung und auch keine Nichterlangung.

Deshalb, Shariputra, verlassen sich Bodhisattvas, da es keine Erlangung gibt, auf die Vollkommenheit der Weisheit und verweilen in ihr; ihr Geist hat keine Behinderungen und keine Angst. Indem sie Verdorbenheit gänzlich überwinden, erlangen sie das endgültige Nirvana. Auch alle Buddhas, die sich auf vollendete Weise in den drei Zeiten aufhalten, wurden zu manifesten und vollständigen Buddhas im Zustand der unübertroffenen, vollendeten und vollständigen Erleuchtung, indem sie sich auf die Vollkommenheit der Weisheit verlassen haben.

Deshalb sollte das Mantra der Vollkommenheit der Weisheit, das Mantra des großen Wissens, das unübertroffene Mantra, das Mantra, das dem Unvergleichlichen gleicht, das Mantra, das vollständig alles Leiden befriedet, da es nicht falsch ist, als die Wahrheit bekannt sein. Das Mantra der Vollkommenheit der Weisheit wird verkündet:

TAYATHA OM GATE GATE PARAGATE PARASAMGATE
BODHI SÖHA

Shariputra, ein Bodhisattva, ein großes Wesen, sollte sich auf diese Weise in der tiefgründigen Vollkommenheit der Weisheit schulen.»

Dann erhob sich der Gesegnete aus dieser Konzentration und sagte zum höheren Avalokiteshvara, dem Bodhisattva, dem großen Wesen, dass er gut gesprochen habe: «Gut, gut, o Sohn der Überlieferungslinie. So ist es. Da es so ist, wie du es enthüllt hast, sollte die tiefgründige Vollkommenheit der Weisheit auf diese Weise geübt werden, und auch die Tathagatas werden sich erfreuen.»

Als der Gesegnete dies gesagt hatte, waren der ehrwürdige Shariputra, der höhere Avalokiteshvara, der Bodhisattva, das große Wesen, und der ganze Kreis der Schüler sowie die weltlichen Wesen – Götter, Menschen, Halbgötter und Geister – hocherfreut und lobten die Worte des Gesegneten sehr.

Das Mantra rezitieren

TAYATHA OM GATE GATE PARAGATE PARASAMGATE
BODHI SÖHA (3x, 7x usw.)

Bitten, um Behinderungen zu überwinden

Große Mutter Prajnaparamita und alle Buddhas und Bodhisattvas der zehn Richtungen, mögen diese meine wahren Worte durch die Kraft Eurer Segnungen erlangt werden. Genau wie zuvor, als Indra durch Kontemplation der tiefgründigen Bedeutung der Vollkommenheit der Weisheit und der Rezitation ihrer Worte jeden Schaden durch Maras, Nichtmenschen und so weiter überwand, möge auf gleiche

Weise durch meine Kontemplation der tiefgründigen Bedeutung der Vollkommenheit der Weisheit und der Rezitation ihrer Worte

Jeder Schaden durch Maras, Nichtmenschen
und so weiter überwunden sein. (klatschen)
Mögen sie nichtexistent werden. (klatschen)
Mögen sie befriedet sein. (klatschen)
Mögen sie vollständig befriedet sein. (klatschen)

Widmung und Gebet

Mögen alle Arten von Störungen, Krankheiten und
Besessenheit durch Geister befriedet sein.
Möge ich von ungünstigen Bedingungen getrennt sein.
Und möge ich günstige Bedingungen und alles
Ausgezeichnete erreichen.
Möge durch dieses Glück das Glück der Erleuchtung erfüllt
sein.

Gebete für die Tugendhafte Tradition

Damit die Tradition Je Tsongkhapas,
Des Königs des Dharma erblühe,
Mögen alle Hindernisse überwunden sein
Und mögen alle vorteilhaften Bedingungen im Überfluss
vorhanden sein.

Durch die zwei Ansammlungen von mir und anderen,
Die während der drei Zeiten zusammengetragen
werden,
Möge die Lehre des Eroberers Losang Dragpa
Für immer erblühen.

Das neunzeilige *Migtsema* Gebet

Tsongkhapa, Kronjuwel der Gelehrten vom Lande des Schnees,
Du bist Buddha Shakyamuni und Vajradhara, Quelle aller Erlangungen,
Avalokiteshvara, Schatz des nichtbeobachtbaren Mitgefühls,
Manjushri, erhabene, makellose Weisheit,
Und Vajrapani, Zerstörer der Scharen von Maras.
O ehrwürdiger Guru Buddha, Vereinigung aller Drei Juwelen
Mit Körper, Rede und Geist ersuche ich Dich mit Respekt:
Bitte gewähre Deine Segnungen, damit ich und andere zur Reife und Befreiung gelangen,
Und gewähre die allgemeinen und höchsten Erlangungen. (3x)

Kolophon: Diese Sadhana, ein rituelles Gebet für die spirituellen Erlangungen der Großen Mutter Prajnaparamita, wurde vom Ehrwürdigen Geshe Kelsang Gyatso Rinpoche auf der Grundlage traditioneller Quellen zusammengestellt.

Anhang VI

Ein kurzer Kommentar zur Praxis *Die Große Mutter*

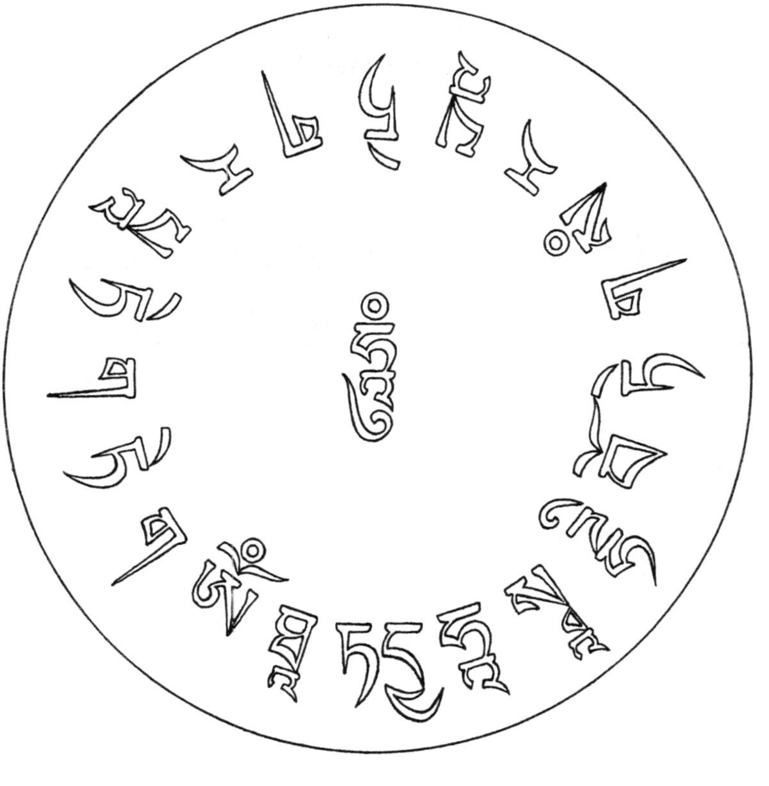

Das Mantra der Vollkommenheit der Weisheit:

TAYATHA OM GATE GATE PARAGATE PARASAMGATE BODHỊ SÖHA

Ein kurzer Kommentar zur Praxis *Die Große Mutter*

EINLEITENDE ERKLÄRUNG

Die Praxis *Die Große Mutter* ist eine kraftvolle Methode, um all unsere Behinderungen und Hindernisse, sowohl für weltliches Glück als auch für die Erlangung der Befreiung, abzuwenden und zu überwinden.

In unserem Leben begegnen wir unzähligen Behinderungen und Hindernissen, die uns davon abhalten, unsere Wünsche zu erfüllen. Wann immer unsere Wünsche nicht erfüllt werden – besonders die, die uns wichtig erscheinen –, erleben wir aufgrund unserer starken Anhaftung geistigen Schmerz, Entmutigung und viele andere Probleme. Unsere Wünsche sind unermesslich und die Behinderungen und Hindernisse sind es auch. Wir werden immer wieder enttäuscht, in diesem Leben und Leben für Leben. Manchmal erfüllen sich vielleicht unsere Wünsche nach weltlichen Dingen wie einem guten Ruf, Status, Beziehungen, Reichtum und so weiter. Doch sind diese Erlangungen täuschend, denn sie führen stets zu vielen unerwünschten Problemen, und wenn wir morgen sterben, werden Ruf, Beziehungen und Reichtum nichts zu unserem zukünftigen Wohl beitragen.

Deshalb sind weltliche Erlangungen hohl. Das Einzige, was uns nicht täuscht, ist der höchste, beständige Geistesfrieden, der zu reinem Glück in diesem und allen zukünftigen Leben führt. Diese Erlangung nennen wir «Nirvana» .

Obwohl es auch für das Erreichen des Nirvana unzählige Behinderungen und Hindernisse gibt, können wir sie alle überwinden, indem wir die Segnungen Buddhas erhalten und unsere Weisheit vertiefen. Die erhabene Methode, Buddhas Segnungen zu empfangen und unsere Weisheit zu vertiefen, ist, das *Sutra der Essenz der Weisheit* mit starkem Vertrauen in Buddha zu rezitieren, während wir uns auf seine Bedeutung konzentrieren. Das sollte unsere tägliche Übung sein.

Es gibt kein stärkeres Heilmittel, Behinderungen und Störungen zu überwinden, als die Praxis der Vollkommenheit der Weisheit, wie sie im *Sutra der Essenz der Weisheit* enthüllt wird. Es gibt viele Beispiele, in denen aufrichtig Übende der Vollkommenheit der Weisheit mit diesem Sutra Schaden und Behinderungen abwenden konnten.

Einst war der Gott Indra Ziel des Angriffs einer mächtigen Streitmacht von eifersüchtigen Halbgöttern und befand sich in Lebensgefahr. Indra hatte früher Unterweisungen von Buddha erhalten und wusste, dass das Töten der Halbgötter eine ernsthafte Übertretung der Lehren wäre. Deshalb nahm er sich vor, seine Angreifer mit einer friedvollen Methode zu überwinden. Indra dachte über die tiefgründige Bedeutung des *Sutra der Essenz der Weisheit* nach, während er die Worte rezitierte. Durch die Kraft dieser Kontemplation und Rezitation stellten die Halbgötter ihren Angriff ein. Ihre Wut erlosch und ihr Geist wurde friedvoll und glücklich.

In Tibet gibt es viele ähnliche Geschichten. Zum Beispiel lebte einst der sehr mächtige Schwarzmagier Kulo in einer

Gegend Tibets, wo er großen Schaden anrichtete und sogar für den Tod vieler Menschen verantwortlich war. Zum Glück lebte zur gleichen Zeit der reine Dharma Praktizierende Lama Ukarwa in der Nähe. Dieser Lama ertrug es nicht länger, dass der verruchte Kulo ungehindert und fortwährend den Menschen so viel Leid zufügen konnte. Eines Tages stellte er sich dem Magier inmitten einer großen Menschenmenge in den Weg. Er sagte: «Es ist wahr, dass du ein sehr mächtiger Mann bist. Aber wenn du mit deinen schlechten Handlungen fortfährst, dann wirst du mit Sicherheit in einem der niederen Bereiche wiedergeboren. Dort wirst du großes Leiden erleben. Deshalb wäre es im Hinblick auf deine Zukunft besser für dich, diese schädlichen Handlungen aufzugeben.» Kulo jedoch, weit davon entfernt diesen Rat anzunehmen, wurde noch wütender und unbeherrschter. «Genau du wirst der Nächste sein, den ich töte», schrie er, «bevor diese Woche um ist, wirst du kraft meiner Magie tot sein.»

Dies verkündete er vor der verängstigten Menge. Dann stürmte er mit einem hasserfüllten Geist davon. Die Menschen waren sehr besorgt. Sie waren sich sicher, dass Lama Ukarwa innerhalb einer Woche tot sei, da sich bisher niemand der Magie Kulos hatte widersetzen können. Ukarwa jedoch ging ruhig nach Hause und begann mit einer Praxis, die Unheil abwendet. Diese Übung, die Rezitation und Kontemplation des *Sutra der Essenz der Weisheit*, hatte er von einem Kadampa Meister gelernt. An den darauf folgenden Tagen übte er mit großem Vertrauen und starker Konzentration. Und was geschah? Am letzten Tag der Woche gab es tatsächlich, genau wie Kulo vorhergesagt hatte, einen plötzlichen Todesfall. Aber es war der Magier selbst, der gestorben war, und nicht Ukarwa!

Die Menschen waren ob dieser unerwarteten Wendung sehr erstaunt. Sie nahmen an, dass der Lama während dieser Woche vielleicht auch Schwarze Magie praktiziert habe. Sie kamen zu ihm und fragten ihn, ob das wahr sei. Ukarwa antwortete, dass er nichts getan habe, um den Magier zu töten oder ihm auch nur zu schaden. Er erklärte, keine derartigen Kräfte und ganz sicher auch keine solchen Absichten zu haben. Er sagte ihnen, dass er eine Praxis ausgeübt habe, um Behinderungen abzuwenden und dass hierdurch Kulos Magie kraftlos geworden sei. Er deutete an, dass sich Kulos böswillige Kräfte gegen ihn selbst gewandt und seinen Tod verursacht haben könnten. Ukarwa machte deutlich, dass er keinesfalls die Absicht gehabt habe, den Magier zu töten.

Dieses Ereignis beeindruckte die Menschen sehr. Sie baten um Unterweisungen über das *Sutra der Essenz der Weisheit* und erhielten zudem Anleitung, wie mit diesem Sutra Gefahren abgewendet werden können. Viele von ihnen erhielten Zeichen, dass ihre Übung erfolgreich war, und wurden vor verschiedenen Behinderungen geschützt.

Aufgrund derartiger Ereignisse wurde die Praxis dieses Sutra zur Abwendung von Behinderungen sehr populär in Tibet. Es gibt viele Menschen, die die Wirksamkeit dieser Praxis unmittelbar und persönlich erlebt haben. Zum Beispiel bestand 1954 für Shigatse, der zweitgrößten Stadt Tibets, die große Gefahr, überflutet zu werden. Nachdem bereits viele Häuser zerstört worden waren, baten die Bewohner der Stadt die Mönche des nahegelegenen Klosters Tashi Lhunpo, ihnen zu helfen und die Katastrophe abzuwenden. Die Mönche verließen ihr Kloster und versammelten sich, wobei sie in Richtung der sich nähernden Wassermassen schauten. Zuerst rezitierten sie das *Sutra der Essenz der Weisheit*. Dann wiederholten sie das Mantra der Vollkommenheit der Weisheit viele Male und klatschten in die Hände, wie es in der Praxis angegeben ist. Als sie dies taten, wich das Wasser zurück. Die Gefahr war zur großen Erleichterung der Menschen der Stadt gebannt.

Viele Tibeter haben eigene Erfahrungen mit dem großen Nutzen dieser Praxis gemacht. Sehr oft, wenn ein Familienmitglied erkrankt, wird ein Lama ins Haus gebeten, um das Sutra zu rezitieren und weitere Rituale auszuführen. Ich habe an solchen Ritualen teilgenommen und selbst erlebt, wie wirksam sie sein können.

Wie oben erwähnt klatschen wir an einem Punkt der Praxis zur Abwendung von Behinderungen in die Hände. Der Sinn davon ist, uns an Leerheit zu erinnern. In vielen Texten heißt es, dass wir Leerheit leichter verstehen, wenn wir über Klänge nachdenken, anstatt äußere Dinge wie sichtbare Formen zu betrachten. Klatschen wir in die Hände, können wir überlegen: «Wo ist der Klang? Ist er in der rechten Hand? In der linken Hand? Irgendwo dazwischen? Oder vielleicht ganz woanders?» Wenn wir in dieser Weise suchen, können wir keinen Klang finden. Die Erkenntnis, dass der Klang nicht gefunden werden kann, führt uns zu einem Verständnis der Leerheit.

Ein Beispiel, wie Leerheit auf der Grundlage von Klang gelehrt wurde, finden wir in den letzten Kapiteln des *Sutra der Vollkommenheit der Weisheit in achttausend Zeilen*. Dort wird die Geschichte des großen Lehrers Dharmodgata erzählt, der dem Bodhisattva Sadaprarudita die tiefgründige Sicht der Leerheit enthüllt, indem er den Klang einer Laute als Beispiel nimmt. Es ist vielleicht hilfreich, hier einen kurzen Abriss der Geschichte zu geben.

Sadaprarudita bekam diesen Namen – der bedeutet «der, der immer weint» –, weil er großen Kummer hatte.

Seine Suche nach einem qualifizierten Lehrer, der ihm die Vollkommenheit der Weisheit erklären würde, war erfolglos geblieben. Doch er gab nicht auf und fragte jeden, den er traf: «Wo ist ein Lehrer, der mir die tiefgründige Vollkommenheit der Weisheit enthüllen kann?»

Eines Tages erschien durch die Kraft der Reinigung der Makel früherer nichttugendhafter Handlungen die Vision eines Buddha im Raume vor ihm. Die Erscheinung sprach zu ihm und sagte, dass er nach Osten zur Stadt Gandhavati reisen solle. Dort würde er den großen Bodhisattva Dharmodgata finden, der ihm Unterweisungen über die Vollkommenheit der Weisheit geben würde. Dann verschwand die Erscheinung. Kaum hatte Sadaprarudita diese Worte vernommen, erfüllte ihn eine solche Freude, dass ihn ein Gefühl von Glückseligkeit durchfuhr, ähnlich der glückseligen Geschmeidigkeit von Yogis in tiefer Meditation.

Sadaprarudita wollte nun Dharmodgata ein Geschenk mitbringen, um ihm Respekt und Ehrerbietung zu erweisen. Da er jedoch arm war, konnte er sich nicht das kleinste Geschenk leisten. Schließlich dachte er: «Ich habe nun diesen menschlichen Körper aus Fleisch und Knochen. Wenn ich ihn nicht jetzt nutze, wann werde ich ihn dann nutzen können? Wenn ich Teile dieses Körpers verkaufe, kann ich meinem Lehrer Dharmodgata Gaben darbringen, die seiner würdig sind.» Fest entschlossen seinen eigenen Körper zu verkaufen, um seinen Wunsch, Gaben darzubringen, zu erfüllen, reiste er in eine nahe Stadt. Er stellte sich auf den Marktplatz und rief: «Gibt es jemanden, der meinen Körper kaufen möchte?» Trotz seiner lauten Rufe schien ihn niemand zu hören. Zutiefst enttäuscht wandte sich Sadaprarudita ab und weinte.

Da entschied sich Indra, der höchste der Götter, der alles gesehen hatte, Sadapraruditas Entschluss zu prüfen. Als Brahmane einer hohen Kaste verkleidet, näherte er sich Sadaprarudita und sagte: «Normalerweise habe ich keine Verwendung für Menschenfleisch. Aber heute ist eine besondere Zeremonie und ich brauche das Fleisch, Blut und Mark eines Mannes. Gibst du es mir, dann bezahle ich dich dafür.»

Als Sadaprarudita dies hörte, war er von Freude überwältigt. Sofort schnitt er etwas Fleisch aus seinem rechten Oberschenkel. Dann wandte er sich ab, um seinen Knochen zu zerschmettern. Die Tochter eines ortsansässigen Kaufmanns, die in der Nähe wohnte, wurde Zeugin dieses erstaunlichen Vorgangs. Sie rannte auf die Straße und fragte Sadaprarudita, warum er sich das antue. Der Bodhisattva erklärte ihr, dass er sein Fleisch verkaufen wolle, um Darbringungen zu Ehren des großen Bodhisattva Dharmodgata zu erstehen. Die Kaufmannstochter fragte weiter, warum er Dharmodgata so zu ehren wünsche und was er sich davon erhoffe. Sadaprarudita erwiderte: «Dharmodgata wird mir die Vollkommenheit der Weisheit und geschickte Mittel erklären. Dann schule ich mich darin, werde die große Erleuchtung erlangen und den kostbaren Dharma mit allen Wesen teilen.» Als er ihr die ausgezeichneten Eigenschaften der Buddhaschaft erklärte, entwickelte die junge Frau großen Respekt für die Drei Juwelen. Sie beschwor Sadaprarudita sich keinen weiteren Schaden zuzufügen und erklärte: «Ich werde dir geben, was immer du brauchst, um Dharmodgata zu ehren. Und ich werde dich begleiten.»

Daraufhin warf Indra seine Verkleidung ab und erschien in seiner normalen Gestalt vor Sadaprarudita. Er verkündete dem Bodhisattva: «Alle Buddhas der Vergangenheit erlangten Erleuchtung, weil sie genau wie du solch ein großes Verlangen nach Dharma hatten. Ich brauche dein Fleisch nicht. Ich kam nur her, um dich zu prüfen. Nun sage mir, was du dir wünschst und ich werde es dir geben.»

Sadaprarudita antwortete: «Gib mir die höchsten Eigenschaften eines Buddha!» Indra entgegnete, dies läge nicht in seiner Macht. Solch eine Bitte könne einzig von einem Buddha erfüllt werden. Sadaprarudita erklärte Indra, dass er keinen anderen Wunsch habe, und dass er seinen verstümmelten Körper durch seine besonderen Kräfte, die Wahrheit zu verkünden, selbst heilen könne. So geschah es und sein Körper war unversehrt wie zuvor.

In der Geschichte wird weiter berichtet, wie Sadaprarudita schließlich Dharmodgata traf und ihm Gaben darbrachte. Eine der ersten Fragen, die Sadaprarudita stellte, bezog sich auf die Vision des Buddha, die ihm erschienen war und zu ihm gesprochen hatte. Er fragte Dharmodgata: «Woher kam dieser Buddha und wohin ging er?»

Dharmodgata erwiderte: «Buddhas kommen von nirgendwo her und gehen auch nirgendwo hin. Weil den Buddhas inhärente Existenz fehlt, sind sie vollkommen leer.» An dieser Stelle nahm Dharmodgata das Beispiel des Klangs einer Laute, um das Gesagte zu veranschaulichen. Er fragte Sadaprarudita: «Woher kommt der Klang einer Laute und wohin geht er? Kommt er aus den Saiten, aus dem Innern der Laute, aus den Fingern des Spielers, aus seinem Bemühen zu spielen oder von irgendwo anders her? Und wenn der Klang endet, wohin geht er?»

Auf diese Weise erklärte Dharmodgata, dass Buddhas, obwohl sie leer von inhärenter Existenz sind, in Abhängigkeit von vielen Ursachen und Bedingungen erscheinen. Und wenn jene Ursachen und Bedingungen aufhören, erscheinen die Buddhas nicht mehr. In dieser Weise sind Buddhas wie der Klang einer Laute. Wenn wir versuchen, den Klang in den Saiten der Laute oder in den Fingern des Spielers und so weiter zu finden, können wir ihn nicht finden. Das ist so, weil der Klang leer von inhärenter Existenz ist. Dennoch wird der Klang einer Laute erzeugt, wenn alle geeigneten Ursachen und Bedingungen zusammenkommen. Wenn diese Ursachen und Bedingungen aufhören, hört der Klang auf.

Als Dharmodgata das Nichtkommen und Nichtgehen der Buddhas mit dem Klang einer Laute veranschaulicht hatte, da erbebte die ganze Erde und Tausende von Wesen gewannen tiefgründige Verwirklichungen der Leerheit. Schließlich erlangte Sadaprarudita durch Dharmodgatas Unterweisungen über die Vollkommenheit der Weisheit außergewöhnliche Konzentrationen über Leerheit und viele Wunderkräfte.

Diese Geschichte wird hier erzählt, um zu zeigen, dass Klang eine sehr hilfreiche Grundlage für die Verwirklichung der Leerheit sein kann. Deshalb klatschen wir während der Praxis für das Abwenden von Behinderungen, die als nächstes erklärt wird, viermal in die Hände und vertiefen unsere Erinnerung an Leerheit. Die Geschichte von Sadaprarudita zeigt auch, dass sich in der Vergangenheit aufrichtig Praktizierende entschlossen bemühten und große Entbehrungen ertrugen, um Unterweisungen über die Vollkommenheit der Weisheit zu erhalten. Dies machte sie überaus glücklich, denn sie erkannten den großen Nutzen, die Vollkommenheit der Weisheit zu erlangen und zu vollenden.

DIE EIGENTLICHE PRAXIS ZUR ÜBERWINDUNG VON BEHINDERUNGEN

Ich werde nun die in Anhang V vorgestellte Praxis *Die Große Mutter* – die Rezitation und Kontemplation des *Sutra der Essenz der Weisheit* – erläutern. Mit dieser Praxis können wir Behinderungen und Hindernisse abwenden oder überwinden. Die Methode kann sowohl zur Überwindung von Behinderungen für uns selbst oder andere praktiziert werden als auch zur Überwindung innerer und äußerer Hindernisse. Der Erfolg dieser Praxis, ob es gelingt Hindernisse abzuwenden, hängt jedoch von der Kraft unseres Vertrauens ab.

Wir beginnen diese Praxis, indem wir die Zufluchtsobjekte visualisieren. Im Raume vor uns visualisieren wir einen großflächigen, juwelenbesetzten Thron, der von acht Schneelöwen getragen wird. In der Mitte des Throns ist eine Lotosblume, auf der sich ein Mondsitz (ein rundes Kissen aus weißem Licht) und ein Sonnensitz (ein rundes Kissen aus gelbem Licht) befindet. Auf dem Sonnensitz sitzt der Gründer der Lehre, Buddha Shakyamuni, in seiner gewohnten Haltung: Seine linke Hand liegt in seinem Schoß und hält eine Schale; seine rechte Hand ist in der Erdberührungsmudra und seine Beine sind in der Vajrahaltung gekreuzt. Sein Körper ist aus goldenem Licht und er trägt die Gewänder eines vollordinierten Mönches.

In Buddha Shakyamunis Herzen visualisieren wir einen weiteren Lotos-, Mond- und Sonnensitz. Darauf sitzt die Große Mutter Prajnaparamita, die die Verkörperung des Weisheits-Wahrheitskörpers aller Buddhas ist. Sie hat einen Körper aus goldenem Licht, mit einem Gesicht und vier Armen. Ihre erste rechte Hand hält einen goldenen Vajra, der an jedem Ende neun Zacken hat, und ihre erste linke Hand hält das *Sutra der Vollkommenheit der Weisheit*. Ihre verbleibenden zwei Hände ruhen in der Mudra meditativen Gleichgewichts in ihrem Schoß. Sie sitzt in der Vajrahaltung, ist mit kostbaren Juwelen und Schmuckstücken geschmückt und trägt schöne Gewänder aus feinen, himmlischen Stoffen. Wir visualisieren Buddha Shakyamuni und die Große Mutter als lebendige und wirkliche Wesen.

Auf dem weitläufigen Thron sind alle Buddhas und Bodhisattvas der zehn Richtungen, die die beiden Hauptzufluchtsobjekte umgeben. In dieser Weise visualisieren wir eine große Versammlung von Zufluchtsobjekten vor uns im Raum. Ohne diese Visualisierung zu vergessen, beginnen wir mit der Rezitation der Praxis.

Zuerst rezitieren wir dreimal die Verse der Zufluchtnahme und der Erzeugung von Bodhichitta. Während wir den ersten Vers rezitieren, erinnern wir uns an die Ängste, die uns und andere plagen und nehmen mit großem Vertrauen Zuflucht zu den Drei Juwelen. Während wir den zweiten Vers rezitieren, erzeugen wir Bodhichitta, den Geist, der Buddhaschaft zum Wohle aller Lebewesen erlangen möchte.

Dann rezitieren wir den dritten Vers dreimal. Während dieser Rezitation richten wir unseren Geist auf die visualisierten Zufluchtsobjekte und verbeugen uns vor ihnen, bringen Gaben dar und nehmen Zuflucht. Schließlich erbitten wir ihre Segnungen. Wenn wir hier Verbeugungen machen, genügt es, mit einem Geist des Respekts und Vertrauens unsere Hände an unserem Herzen zusammenzulegen. Wir können Gaben von frischem Wasser, Blumen und so weiter darbringen oder einfach visualisieren, dass schöne Gaben dargebracht werden.

Nachdem wir diese Vorbereitungen beendet haben, rezitieren wir den Text des *Sutra der Essenz der Weisheit*. Während dieser Rezitation sollten wir unser Vertrauen und unsere Hingabe gegenüber der Versammlung der Zufluchtsobjekte bewahren und auch über die Bedeutung des Sutra nachdenken.

Wenn wir die Rezitation des Sutra beendet haben, richten wir unsere Aufmerksamkeit auf Prajnaparamitas Herz. Dort steht in der Mitte eines weißen Mondkissens ein blauer Buchstabe HUM, der mit einem Buchstaben AH gekennzeichnet ist. Wir können ihn als tibetischen Buchstaben (siehe S. 280), als Sanskritbuchstaben oder als deutsche Silbe visualisieren. Um den äußeren Rand des Mondkissens, den Buchstaben HUM umgebend, stehen die Buchstaben des Mantra der Vollkommenheit der Weisheit im Uhrzeigersinn. Die Buchstaben des Mantra sind aus goldenem Licht, haben aber die Natur der Weisheit Prajnaparamitas selbst. Wenn wir uns auf diese Buchstaben konzentrieren, erinnern wir uns an die tiefgründige Bedeutung der Leerheit und rezitieren das Mantra. Während wir das Mantra der Vollkommenheit der Weisheit rezitieren, denken wir darüber nach, dass wir und alles, das uns verletzt und schadet, leer von inhärenter Existenz ist. Wir rezitieren das Mantra so viele Male, wie es uns angenehm ist.

Nach der Mantrarezitation tragen wir Bitten vor, um Behinderungen abzuwenden. Während wir die Bitten rezitieren, denken wir über die Schäden und Behinderungen nach, die wir überwinden möchten. Wenn wir die Stelle erreichen, wo wir rezitieren:

> Möge jeder Schaden durch Maras, Nichtmenschen
> und so weiter überwunden sein,

klatschen wir und stellen uns vor, dass sich die Schäden und Behinderungen in Leerheit versammeln. Wenn wir dann rezitieren:

> Mögen sie nichtexistent werden,

klatschen wir wieder und stellen uns vor, dass sie sich in Leerheit auflösen. Wenn wir rezitieren:

Mögen sie befriedet sein,

klatschen wir und stellen uns vor, dass sie vollständig in Leerheit aufhören. Wenn wir schließlich rezitieren:

Mögen sie vollständig befriedet sein,

klatschen wir zum vierten Mal und denken, dass keine derartigen Schäden und Behinderungen je wieder entstehen können.

Wie zuvor erklärt klatschen wir jedes Mal in unsere Hände, um uns an Leerheit zu erinnern. Es gibt andere ähnliche Übungen, in denen wir drei- oder neunmal in die Hände klatschen. Jedes System hat seine spezifische Bedeutung und Eignung.

Dann meditieren wir über die Leerheit von uns selbst und anderen. Wir denken, dass wir, alles was uns schadet und der Schaden selbst leer von inhärenter Existenz sind. Wir versuchen diese Verwirklichung zu erzeugen und halten sie so gut wir können. Nach der Meditation über Leerheit rezitieren wir den Widmungsvers.

Möchten wir diese Praxis nutzen, um die vier Maras zu überwinden, die uns und andere heimsuchen, gibt es an der Stelle, wo wir um die Überwindung von Behinderungen bitten, eine besondere Visualisierung. Wir erinnern uns an den Schaden und das Leiden, das alle Wesen durch die Maras der Verblendungen und die anderen Maras erleben. Indem wir dies als Grundlage nutzen, erzeugen wir den Geist großen Mitgefühls und den starken Wunsch, alle Lebewesen von den vier Maras zu befreien.

Für den Zweck dieser Praxis visualisieren wir die vier Maras in körperlicher Form. Wir visualisieren den Mara der Verblendungen als eine Heerschar gelber Menschen, die gelbe Pferde reiten. Jeder Reiter hält ein Metallschwert in seiner rechten Hand und eine Schlinge in seiner linken. Es ist wichtig uns daran zu erinnern, dass diese Reiter in ihrer Essenz Verblendungen sind – die Verblendungen erscheinen bloß in diesem Aspekt. Da die Verblendungen, die fühlende Wesen plagen, unermesslich viele sind, visualisieren wir, dass diese Reiter den ganzen Raum erfüllen.

Die Visualisierungen der anderen drei Maras sind ganz ähnlich. Sie unterscheiden sich lediglich in der Farbe der Pferde und Reiter und der Waffen, die sie tragen. Im Falle des Maras der Anhäufungen sind Pferde und Reiter rot und jeder Reiter trägt einen Speer und eine Schlinge. Der Mara des Herrn des Todes erscheint als schwarze Reiter, die schwarze Pferde reiten, wobei jeder Reiter ein Holzschwert und eine Schlinge hält. Zuletzt visualisieren wir die Devaputra Maras als weiße Reiter auf weißen Pferden, wobei jeder Reiter eine weiße Blume und eine Schlinge hält.

Wenn wir zum ersten Mal in unsere Hände klatschen, stellen wir uns vor, dass sich alle gelben Reiter, die in ihrer Essenz Verblendungen sind, versammeln und in Leerheit auflösen, nichtexistent werden und nie wieder entstehen, wie ein Regenbogen, der sich im Himmel auflöst, ohne eine Spur zu hinterlassen. Dann denken wir, dass wir unseren Wunsch, alle Lebewesen von Verblendungen zu befreien, erfüllt haben. Wenn wir dann zum zweiten Mal in unsere Hände klatschen, stellen wir uns vor, dass sich die roten Reiter, die in ihrer Essenz die verunreinigten Anhäufungen aller Lebewesen sind, sammeln und in Leerheit auflösen, nichtexistent werden und nie wieder entstehen. In ähnlicher Weise zerstören wir, wenn wir zum dritten Mal in unsere Hände klatschen, die schwarzen Reiter, die in ihrer Essenz der Mara des Herrn des Todes sind. Und wenn wir das vierte Mal in unsere Hände klatschen, zerstören wir die weißen Reiter, die in ihrer Essenz die Devaputra Maras sind. Wenn wir diese Praxis beendet haben, denken wir «Ich habe nun alle Lebewesen von den vier Maras befreit!», und erzeugen ein Gefühl großer Freude.

Diese Praxis ist eine ausgezeichnete Methode, um großes Mitgefühl und Bodhichitta sowie die Weisheit, die Leerheit verwirklicht, zu entwickeln. Wenn wir schließlich durch das Vollenden der spirituellen Pfade von Methode und Weisheit Buddhaschaft erlangen, werden wir tatsächlich die Fähigkeit haben, anderen zu helfen, die vier Maras zu überwinden. Die Praxis, die hier beschrieben wird, nimmt das zukünftige Ergebnis, Buddhaschaft, vorweg und wendet es jetzt im Pfad an. Indem wir uns vorstellen, dass wir jetzt schon die Fähigkeit haben, die wir in der Zukunft erreichen möchten, erschaffen wir die Ursache, sie schneller zu erlangen.

Abschließend sollte erwähnt werden, dass wir diese Übungen, um Behinderungen abzuwenden, entweder in einer friedvollen oder zornvollen Weise machen können. Hier wurde die friedvolle Methode erklärt. Diejenigen, die eine Ermächtigung ins Höchste Yoga Tantra erhalten haben, können diese Übungen in einer kraftvollen, zornvollen Weise machen. Doch ganz gleich in welcher Weise wir diese Übungen machen, sollte uns die eigentliche Bedeutung dessen, was wir tun, bewusst sein. Einfach in unsere Hände zu klatschen hat nicht viel Sinn. Um wahre Freiheit von Hindernissen zu erlangen und das volle Erwachen der Buddhaschaft zu vollenden, müssen wir Erfahrung in der eigentlichen Vollkommenheit der Weisheit gewinnen.

Kolophon: Diese Erklärung der Sadhana, ein rituelles Gebet für die spirituellen Erlangungen der Großen Mutter Prajnaparamita, wurde vom Ehrwürdigen Geshe Kelsang Gyatso Rinpoche auf der Grundlage traditioneller Quellen zusammengestellt.

Anhang VII

Der Yoga der Großen Mutter Prajnaparamita Selbsterzeugungssadhana

Der Yoga der Großen Mutter Prajnaparamita Selbsterzeugungssadhana

EINLEITUNG

Mit der Segnungsermächtigung der Großen Mutter Prajnaparamita erhalten wir die Anleitungen zur Schulung in den allgemeinen und in den außergewöhnlichen Pfaden, sowie besondere Segnungen. Damit diese Anleitungen wirksam werden, müssen wir den Yoga der Großen Mutter Prajnaparamita, die Selbsterzeugungssadhana, üben.

Die Große Mutter Prajnaparamita ist ein weiblicher Buddha, die Manifestation von Buddhas Vollkommenheit der Weisheit. Ihre Aufgabe ist es, Maras – die äußeren und inneren behindernden Dämonen – zu überwinden und uns die Verwirklichung der höheren Vollkommenheit der Weisheit zu gewähren. Buddhas Vollkommenheit der Weisheit erscheint als das Weisheitswesen Prajnaparamita. Ihr Körper ist aus goldenem Licht, mit einem Gesicht und vier Armen. Ihre vier Arme weisen darauf hin, dass sie die Synthese aller Buddhas der vier Richtungen ist. Sie hält einen Vajra und eine Schrift des *Sutra der Vollkommenheit der Weisheit*.

Das zeigt, dass sie uns die Erlangung der Vereinigung von großer Glückseligkeit und Leerheit gewährt, die die höhere Vollkommenheit der Weisheit ist. Ihre verbleibenden zwei Hände ruhen in der Mudra des meditativen Gleichgewichts in ihrem Schoß. Die Mudra zeigt uns, dass wir die höhere Vollkommenheit der Weisheit – die Vereinigung von großer Glückseligkeit und Leerheit – vollenden können, indem wir uns in der Meditation der Vollkommenheit der Weisheit schulen. Dadurch erlangen wir sehr schnell die Erleuchtung.

Weisheit ist ein tugendhafter, intelligenter Geist, dessen Funktion es ist, die innere Dunkelheit der Unwissenheit zu vertreiben. Mit Weisheit können wir verstehen, wie die Dinge wirklich sind. Normalerweise verstehen wir die wirkliche Natur der Dinge nicht. Das ist Unwissenheit. Zudem verstehen wir nicht, dass Leiden aus nichttugendhaften Handlungen entsteht und Glück aus tugendhaften. Auch das ist Unwissenheit. Aufgrund dieser Unwissenheit und obwohl wir nicht leiden wollen, erschaffen wir durch nichttugendhafte Handlungen unser eigenes Leiden. Und obwohl wir stets glücklich sein möchten, zerstören wir durch Wut, negative Sichtweisen und falsche Absichten unser eigenes Glück. Wir sollten wissen, dass dies unsere normale Situation ist.

Alle unsere Leiden und Probleme entstehen aus Unwissenheit. Aufgrund der Unwissenheit haben wir Leben für Leben, seit anfangsloser Zeit bis jetzt, Leiden und Probleme erfahren. Jetzt ist es an der Zeit, die Unwissenheit dauerhaft aufzugeben, denn jetzt haben wir ein kostbares menschliches Leben erlangt und sind dem Buddhadharma begegnet. Die einzige Methode, unsere Unwissenheit aufzugeben und das höchste Glück der Erleuchtung zu erlangen, ist, die Vollkommenheit der Weisheit im Allgemeinen und insbesondere die höhere Vollkommenheit der Weisheit zu vollenden.

Weisheit, die durch das höchste gute Herz, Bodhichitta, motiviert ist, ist die Vollkommenheit der Weisheit. Und die Weisheit, die die Vereinigung von großer Glückseligkeit und Leerheit ist, der schnelle Pfad zur Erleuchtung, ist die höhere Vollkommenheit der Weisheit. Durch aufrichtige Übung des Yoga der Großen Mutter Prajnaparamita können wir diese Weisheiten vollenden. Wir werden den Sieg über die Maras, die äußeren und inneren behindernden Dämonen, erlangen und ein erleuchtetes Wesen wie Buddha Shakyamuni sein. Wie wunderbar!

Fassen wir zusammen: Wir haben dieses menschliche Leben erlangt und sind dem Buddhadharma begegnet. Deshalb sollten wir uns mit all unserer Kraft bemühen, den tiefgründigen Pfad der Vollkommenheit der Weisheit zu betreten und vom Pfad der Ansammlung bis zum Pfad des Nicht-mehr-Lernens fortschreiten.

Geshe Kelsang Gyatso
2008

Große Mutter Prajnaparamita

Der Yoga der Großen Mutter Prajnaparamita

DIE SELBSTERZEUGUNG VOLLENDEN

VORBEREITUNGEN

Zufluchtnahme und das Versprechen, die Erleuchtung eines Buddha zum Wohle aller Mutterwesen zu vollenden

In dieser Übung sollten wir denken:

Ich kann mich selbst und andere nur dauerhaft vor Leiden schützen und uns davon befreien, indem ich Dharma in die Praxis umsetze, Buddhas Segnungen erhalte und Hilfe und Unterstützung von Sangha – den erhabenen spirituellen Freunden – bekomme. Deshalb verspreche ich, mich mein Leben lang aufrichtig auf die Drei Juwelen – Buddha, Dharma und Sangha – zu verlassen und die Erleuchtung eines Buddha zu vollenden.

Mit diesen Gedanken nehmen wir die Zufluchts- und Bodhisattva Gelübde und rezitieren das folgende rituelle Gebet dreimal:

Ich nehme Zuflucht zu den Drei Juwelen – Buddha,
Dharma und Sangha,
Und bekenne einzeln jede negative Handlung.
Ich erfreue mich an den Tugenden aller Wesen
Und verspreche, die Erleuchtung eines Buddha zu
vollenden. (3x)

Guru Yoga

VISUALISIERUNG

Im Raume vor mir ist Guru Buddha Shakyamuni, umgeben von allen Buddhas und Bodhisattvas, wie der Vollmond inmitten von Sternen. In seinem Herzen ist die Große Mutter Prajnaparamita, die Manifestation von Buddhas Vollkommenheit der Weisheit.

VERBEUGUNG, DARBRINGUNG, BEKENNTNIS, SICHERFREUEN, INSTÄNDIGE BITTE, ERSUCHEN UND WIDMUNG

Wie viele Löwen der Eroberer Buddhas es auch gibt,
In den Welten der zehn Richtungen und drei Zeiten,
Vor all diesen ohne Ausnahme
Verbeuge ich mich mit Körper, Rede und Geist.

Durch die Kraft meiner vortrefflichen, reinen Sichtweise
Erscheinen alle Eroberer klar meinem Geist.
Indem ich mich mit Körpern so zahlreich wie die Atome
der Welt verbeuge,
Verneige ich mich vor all diesen Eroberer Buddhas.

Auf jedem Atom befinden sich Buddhas so zahlreich wie
Atome,
Umgeben von allen Bodhisattvas.

Auf diese Weise visualisiere ich die Eroberer Buddhas,
Die den Boden und den ganzen Raum füllen.

Mit einem unerschöpflichen Chor des Lobpreises
Und dem Klang endloser Gebete
Verkünde ich die guten Eigenschaften aller Buddhas
Und preise all jene, die zur Glückseligkeit gegangen sind.

Für all die Buddhas visualisiere ich
Ein gewaltiges Aufgebot unübertroffener Darbringungen.
Durch die Kraft meines Vertrauens in ihre vortrefflichen Taten
Verbeuge ich mich und bringe ihnen allen Gaben dar.

Welche negativen Handlungen ich auch getan habe,
Mit meinem Körper, meiner Rede und meinem Geist,
Ob aus Anhaftung, Hass oder Verwirrung,
Ich bekenne jede einzelne.

Ich erfreue mich an allen Verdiensten
Aller Buddhas der zehn Richtungen,
Bodhisattvas, alleinigen Eroberer, Lerner-Hörer,
Nicht-mehr-Lerner-Hörer und aller Lebewesen.

Ihr, die ihr Lampen für die Welten der zehn Richtungen seid,
Beschützer aller Lebewesen,
Die ihr den endgültigen Zustand der Buddhaschaft erlangt habt,
Ich bitte Euch inständig, das unübertroffene Rad des Dharma zu drehen.

Mit gefalteten Händen ersuche ich all jene,
Die gerne ihr Dahinscheiden zeigen würden:
Bitte bleibt so viele Äonen, wie es Atome in der Welt gibt,
Um allen Lebewesen Nutzen und Glück zu bringen.

All die Verdienste, die ich angesammelt habe,
Durch Verbeugen, Darbringen, Bekennen,
Sicherfreuen, inständige Bitte und Ersuchen,
Widme ich der großen Erleuchtung.

MANDALA DARBRINGUNG

Den Boden mit Duftwasser besprengt und mit Blumen geschmückt,
Den großen Berg, vier Länder, Sonne und Mond,
Als Buddhaland betrachtet bringe ich sie dar,
Mögen sich alle Wesen an solch Reinen Ländern erfreuen.

Ohne Gefühl von Verlust bringe ich die Objekte dar,
Die in mir Anhaftung, Hass und Verwirrung erzeugen,
Meine Freunde und Feinde sowie Fremde, unsere Körper und Vergnügen.
Bitte nehmt diese an und segnet mich, damit ich sofort von den drei Giften befreit werde.

IDAM GURU RATNA MANDALAKAM NIRYATAYAMI

BITTEN

O Gesegneter, Buddha Shakyamuni,
Große Mutter Prajnaparamita
Und alle Buddhas der zehn Richtungen,
Vor Euch verbeuge ich mich, bringe Gaben dar und nehme Zuflucht.
Bitte segnet mein Geisteskontinuum. (3x)

Segnungen empfangen und Reinigung

Aufgrund meiner aufrichtigen Bitten strömen unendliche Lichtstrahlen von blauem, gelbem, weißem, rotem und grünem Weisheitslicht aus Buddha Shakyamunis Körper und füllen meinen ganzen Körper vom Scheitel meines Kopfes bis zu meinen Fußsohlen. Alle meine äußeren und inneren Hindernisse, insbesondere meine gewöhnliche Erscheinung von Körper, Rede und Geist, werden gereinigt.

EIGENTLICHE SELBSTERZEUGUNG

Voller Entzücken lösen sich alle heiligen Wesen in Buddha Shakyamuni auf. Dieser löst sich in die Große Mutter Prajnaparamita in seinem Herzen auf und sie löst sich wiederum in mich auf. Mein Körper verwandelt sich in gelbes Licht, wird von oben und unten immer kleiner, bis er sich schließlich in die Leerheit aller Phänomene auflöst, die bloße Abwesenheit aller Dinge, die ich normalerweise sehe.

Im weiten Raum der Leerheit aller Phänomene erscheint das Reine Land Akanishta, wo ich als Große Mutter Prajnaparamita erscheine. Ich habe einen goldfarbigen Körper aus Weisheitslicht mit einem Gesicht und vier Armen. Meine erste rechte Hand hält einen goldenen Vajra und meine erste linke Hand hält eine Schrift des *Sutra der Vollkommenheit der Weisheit*. Meine verbleibenden zwei Hände ruhen in der Mudra des meditativen Gleichgewichts in meinem Schoß. Ich sitze in der Vajrahaltung. Ich bin mit kostbaren Juwelen geschmückt und trage schöne Gewänder aus himmlischer Seide. Obwohl ich diese Erscheinung habe, ist sie nichts anderes als die Leerheit aller Phänomene.

An dieser Stelle betonen wir die Meditation über uns selbst als Große Mutter Prajnaparamita in unserem Reinen Land Akanishta, während wir verstehen, dass diese Erscheinung nichts anderes ist als die Leerheit aller Phänomene. Diese Meditation wird «Yoga der nichtdualen Tiefgründigkeit und Klarheit» genannt und ist sehr tiefgründig.

Das Mantra rezitieren

Wir halten die Erkenntnis aufrecht, dass das Weisheitswesen Prajnaparamita in unserem Herzen ist und rezitieren das folgende Mantra. Hiermit bitten wir Prajnaparamita, uns die Verwirklichung der höheren Vollkommenheit der Weisheit zu gewähren und uns zu helfen, Maras zu überwinden.

OM AH PRAJNAPARAMITA HUM HUM PHAT (21x, 100x usw.)

TAYATHA OM GATE GATE PARAGATE PARASAMGATE BODHI SÖHA (7x, 21x usw.)

Die Bedeutung des Mantra OM AH PRAJNAPARAMITA HUM HUM PHAT ist: OM symbolisiert die Körper aller Buddhas. AH symbolisiert die Rede aller Buddhas. Das erste HUM symbolisiert den Geist aller Buddhas. PRAJNAPARAMITA bedeutet, dass wir sie anrufen. Das zweite HUM ersucht sie, uns Erlangungen der höheren Vollkommenheit der Weisheit zu gewähren. PHAT ersucht sie, Hindernisse zu befrieden. Kurz gesagt bedeutet dies: «O Große Mutter Prajnaparamita, Vereinigung von Körper, Rede und Geist aller Buddhas. Gewähre mir bitte Erlangungen und befriede Hindernisse.»

Die Bedeutung des Mantra TAYATHA OM GATE GATE PARAGATE PARASAMGATE BODHI SÖHA *ist: Mit* OM *rufen wir die Große Mutter Prajnaparamita an und mit* SÖHA *ersuchen wir sie, die fünf Erlangungen zu gewähren. Diese sind: 1. die Vollkommenheit der Weisheit der anfänglichen Verwirklichung, enthüllt durch das erste* GATE; *2. die Vollkommenheit der Weisheit des höheren Sehens, enthüllt durch das zweite* GATE; *3. die Vollkommenheit der Weisheit des Pfades des Sehens, enthüllt durch* PARAGATE; *4. die Vollkommenheit der Weisheit des Pfades der Meditation, enthüllt durch* PARASAMGATE; *5. die Vollkommenheit der Weisheit der Erleuchtung, enthüllt durch* BODHI.

Im Herz Sutra *werden diese fünf Weisheiten der Reihe nach auch so genannt: Das Mantra der Vollkommenheit der Weisheit, das Mantra des großen Wissens, das unübertroffene Mantra, das Mantra, das dem Unvergleichlichen gleicht und das Mantra, das vollständig alles Leiden befriedet.*

«Mantra» bedeutet innerer Schutz. Das eigentliche Mantra ist eine Weisheitsverwirklichung, die Lebewesen direkt vor Leiden schützt. Mantras, die wir mündlich rezitieren, sind Methoden, das eigentliche Mantra zu vollenden.

Widmung

Möge ich durch meine Tugenden
Mich in der tiefgründigen Praxis von Prajnaparamita
zu üben
Die Erleuchtung eines Buddha vollenden,
Um alle Mutterlebewesen zu befreien.

Mögen alle Maras – die äußeren und inneren
behindernden Dämonen –
Schnell und vollständig befriedet sein,
Und mögen alle Lebewesen rasch
Eroberer Buddhas wie Shakyamuni Buddha werden.

Möge der Buddhadharma, die einzige Medizin
gegen alles Leiden
Und die Quelle allen Glücks,
Materiell gefördert und geehrt werden
Und für eine sehr lange Zeit bleiben.

Gebete für die Tugendhafte Tradition

Damit die Tradition Je Tsongkhapas,
Des Königs des Dharma, erblühe,
Mögen alle Hindernisse überwunden sein
Und mögen alle vorteilhaften Bedingungen im Überfluss
vorhanden sein.

Durch die zwei Ansammlungen von mir und anderen,
Die während der drei Zeiten zusammengetragen
werden,
Möge die Lehre des Eroberers Losang Dragpa
Für immer erblühen.

Das neunzeilige *Migtsema* Gebet

Tsongkhapa, Kronjuwel der Gelehrten vom Lande des
Schnees,
Du bist Buddha Shakyamuni und Vajradhara, Quelle aller
Erlangungen,
Avalokiteshvara, Schatz des nichtbeobachtbaren
Mitgefühls,

Manjushri, erhabene, makellose Weisheit,
Und Vajrapani, Zerstörer der Scharen von Maras.
O ehrwürdiger Guru Buddha, Vereinigung aller Drei Juwelen,
Mit Körper, Rede und Geist ersuche ich dich mit Respekt:
Bitte gewähre Deine Segnungen, damit ich und andere zur Reife und Befreiung gelangen,
Und gewähre die allgemeinen und höchsten Erlangungen.
(3x)

Kolophon: Diese Sadhana, ein rituelles Gebet für spirituelle Erlangungen der Großen Mutter Prajnaparamita, wurde vom Ehrwürdigen Geshe Kelsang Gyatso Rinpoche aus traditionellen Quellen zusammengestellt, Januar 2008.

Anhang VIII

Ein kurzer Kommentar zu *Der Yoga der Großen Mutter Prajnaparamita* Selbsterzeugungssadhana

Ein kurzer Kommentar zu *Der Yoga der Großen Mutter Prajnaparamita* Selbsterzeugungssadhana

Dieser Kommentar ist für all jene vorbereitet worden, die die Ermächtigung der Großen Mutter Prajnaparamita erhalten haben. Er bezieht sich auf die Sadhana, oder das «rituelle Gebet für spirituelle Erlangungen», *Der Yoga der Großen Mutter Prajnaparamita,* im Anhang VII. «Yoga» bedeutet «Schulung in spirituellen Pfaden». Dieser Yoga ist eine Schulung in spirituellen Pfaden, die uns zur Erlangung der Großen Mutter Prajnaparamita führen. Durch diese Schulung können wir die inneren behindernden Dämonen unserer Verblendungen, insbesondere unser Festhalten am Selbst und unsere Selbstwertschätzung, beherrschen. Wir werden stets einen friedvollen Geist bewahren und immer glücklich sein. Ebenso werden wir immer höhere Ebenen der Weisheit entwickeln, letztendlich Erleuchtung erlangen und dadurch jedem einzelnen Lebewesen Tag für Tag direkt helfen können. Indem wir diese Vorteile verstehen, sollten wir uns selbst ermutigen, uns aufrichtig in dieser Yogapraxis zu üben.

Die Praxis hat zwei Stufen: Schulung in den vorbereitenden Übungen und Schulung in der eigentlichen Selbsterzeugungspraxis.

SCHULUNG IN DEN VORBEREITENDEN ÜBUNGEN

In diesem Yoga schulen wir uns in drei vorbereitenden Übungen: Zuflucht nehmen, das höchste gute Herz von Bodhichitta erzeugen – versprechen, die Erleuchtung eines Buddha zu vollenden, um allen Lebewesen zu helfen – und Guru Yoga.

Entsprechend der Sadhana beginnen wir die Übungen der Zufluchtnahme und der Erzeugung von Bodhichitta mit folgender Überlegung: Wir können andere nur dann dauerhaft beschützen und uns und andere von Leiden befreien, wenn wir Dharma in die Praxis umsetzen und Buddhas Segnungen, sowie Hilfe und Unterstützung der Sangha – den höchsten spirituellen Freunden einschließlich unseres spirituellen Lehrers – erhalten. Deshalb versprechen wir, uns unser Leben lang aufrichtig auf die Drei Juwelen – Buddha, Dharma und Sangha – zu verlassen und die Erleuchtung eines Buddha zu vollenden. Mit dieser inneren Haltung nehmen wir aus der Tiefe unseres Herzens die Zufluchts- und Bodhisattva Gelübde. Wir rezitieren dreimal das vierzeilige rituelle Gebet der Sadhana, während wir uns auf seine Bedeutung konzentrieren.

Dieses vierzeilige Gebet ist Buddha Vajradharas tantrischen Schriften entnommen und mit ihm legen tantrisch Praktizierende die Bodhisattva Gelübde ab. Obwohl es nur vier Zeilen sind, ist dieses Gebet außergewöhnlich und hat eine tiefe Bedeutung. Es kann je nach Verständnis unterschiedlich ausgelegt werden. Ich werde nun seine definitive

Bedeutung, entsprechend der Hauptabsicht von Vajradhara erklären.

Wenn wir geistig oder mündlich die erste Zeile «Ich nehme Zuflucht zu den Drei Juwelen – Buddha, Dharma und Sangha» – rezitieren, versprechen wir, unser Leben lang Zuflucht zu Buddha, Dharma und Sangha zu nehmen. Dieses Versprechen ist das Zufluchtsgelübde und die Grundlage, auf der wir uns in der Lebensweise eines Bodhisattva schulen. Mit der zweiten Zeile: «Und bekenne einzeln jede negative Handlung», versprechen wir, uns in der moralischen Disziplin eines Bodhisattva, Nichttugend zu unterlassen, oder der moralischen Disziplin der Zurückhaltung, zu schulen. Wir versprechen auch uns zu bemühen, alle unsere Nichttugenden und Übertretungen zu reinigen, sowie ihre Ursachen, die Verblendungen, die Haupthindernisse der Praxis des Bodhisattva Gelübdes. Mit der dritten Zeile: «Und erfreue mich an den Tugenden aller Wesen», versprechen wir, uns in der moralischen Disziplin eines Bodhisattva, tugendhafte Handlungen, oder Dharmas, anzusammeln, zu schulen. Sich an der Tugend anderer zu erfreuen, ist die beste Art und Weise tugendhaft zu handeln. Die Worte «die Tugenden aller Wesen» können sich auch auf die sechs Vollkommenheiten beziehen. «Alle Wesen» bezieht sich in diesem Zusammenhang auf alle Bodhisattvas und «Ich erfreue mich» bedeutet «ich werde mich darin üben». Weil jedes Lebewesen dauerhafte Befreiung von Leiden und Erleuchtung erlangen muss, müssen alle dem Pfad zur Erleuchtung – dem Bodhisattvapfad – folgen, der die Praxis der sechs Vollkommenheiten ist. Die dritte Zeile bezieht sich deshalb auf unseren Entschluss, uns im Bodhisattvapfad zu schulen, indem wir die sechs Vollkommenheiten üben. Mit der vierten Zeile versprechen wir, uns in der moralischen Disziplin des Bodhisattva, Lebewesen zu helfen, zu schulen.

Wenn wir sagen: «Ich verspreche die Erleuchtung eines Buddha zu vollenden», versprechen wir allen Lebewesen zu helfen, indem wir Erleuchtung erlangen. Dieses Versprechen ist das eigentliche Bodhisattva Gelübde. Indem wir dieses Versprechen ablegen, erzeugen wir den eigentlichen Bodhichitta.

«Guru» ist ein Sanskritbegriff und bedeutet spiritueller Meister. Unser spiritueller Meister ist jeder, der uns aufrichtig auf fehlerlose spirituelle Pfade – spirituelle Schulungen, durch die wir in den Zustand reinen Glücks gelangen – führt, indem er uns Unterweisungen gibt und ein gutes Vorbild ist. Guru Yoga ist eine besondere Art der Schulung, uns auf unseren spirituellen Meister zu verlassen.

Wir beginnen die Praxis des Guru Yoga, indem wir unseren spirituellen Meister im Aspekt von Buddha Shakyamuni im Raum vor uns visualisieren, umgeben von allen Buddhas und Bodhisattvas, so wie der Vollmond von Sternen umgeben ist. In seinem Herzen ist die Große Mutter Prajnaparamita, die Manifestation von Buddhas Vollkommenheit der Weisheit. Buddha Shakyamuni und Prajnaparamita sind nicht zwei unterschiedliche Wesen; es ist Buddhas Herz selbst, das als Prajnaparamita erscheint. Wir meditieren zumindest für eine kurze Weile ohne Ablenkung über diese Visualisierung.

Der Sinn, unseren spirituellen Meister im Aspekt von Buddha Shakyamuni zu visualisieren, ist, zu verhindern, dass wir ihn oder sie als gewöhnliche Person sehen. Während wir über diese Visualisierung meditieren, erinnern wir uns daran, dass wir Guru Buddha Shakyamuni visualisieren – Buddha Shakyamuni, der untrennbar eins mit unserem spirituellen Meister ist –, und entwickeln tiefes Vertrauen.

Während wir die Visualisierung halten, betonen wir drei Punkte. Zuerst erinnern wir uns an Buddhas Worte: «In zukünftigen degenerierten Zeiten werde ich als gewöhnliche spirituelle Meister erscheinen. Ihr sollt wissen, dass ich diese Lehrer bin.» Wir sind fest davon überzeugt, dass unser spiritueller Meister, der uns auf richtige spirituelle Pfade führt, eine Emanation Buddha Shakyamunis ist und meditieren beständig und einsgerichtet über diesen Glauben, bis wir ihn spontan halten. Dieser Glaube ist die Wurzel von Dharma Verwirklichungen und der eigentliche spirituelle Pfad zur Befreiung und Erleuchtung.

Zweitens betonen wir, während wir überzeugt sind, dass unser spiritueller Meister eine Emanation Buddha Shakyamunis ist, aufrichtig die Praxis der sieben Glieder – Verbeugung, Darbringung, Bekenntnis oder Reinigung, Sicherfreuen, inständige Bitte, Ersuchen und Widmung – und die Darbringung des Mandalas. Dies üben wir täglich, voller Vertrauen in Guru Buddha Shakyamuni, indem wir die Verse aus der Sadhana rezitieren. Mit diesen kraftvollen Methoden sammeln wir Verdienste, Tugend oder Glück an, reinigen Negativität und empfangen Segnungen. Weitere Erklärungen zu diesen Übungen sind im Buch *Freudvoller Weg* zu finden.

Drittens lassen wir die Sonne unseres Vertrauens beständig auf den Schneeberg unseres spirituellen Meisters Guru Buddha Shakyamuni scheinen. Wir rezitieren den Vers aus der Sadhana drei Mal und bitten ihn aus tiefstem Herzen um seine Segnungen, damit wir die Verwirklichungen der allgemeinen und außergewöhnliche Pfade erlangen. Auf unsere Bitten hin fließen die wassergleichen Segnungen aller Buddhas der zehn Richtungen in unseren Geist. Wir stellen uns vor, dass unendliche Lichtstrahlen von blauem, gelbem, weißem, rotem und grünem Weisheitslicht aus Guru Buddha Shakyamunis Körper strömen und unseren ganzen Körper vom Scheitel bis zu den Fußsohlen füllen. Alle unsere äußeren und inneren Hindernisse – insbesondere unsere gewöhnliche

Erscheinung von Körper, Rede und Geist – sind gereinigt. Unser sehr subtiler Körper erhält die besondere Kraft, sich in den göttlichen illusorischen Körper, den unsterblichen Körper, umzuwandeln und unser sehr subtiler Geist erhält eine besondere Kraft, sich in die höhere Vollkommenheit der Weisheit, die Vereinigung von Glückseligkeit und Leerheit, umzuwandeln.

Betonen wir diese drei Punkte, können wir sehr schnell volle Erleuchtung erlangen. Die Wirksamkeit der Übung des Guru Yoga hängt jedoch von der Stärke unseres Glaubens in Karma ab. Ist er schwach, werden wir die Übungen – Ansammeln von Verdiensten, Reinigung von Negativität und Segnungen erhalten – vernachlässigen, und dann wird unsere Übung des Guru Yoga nur leere Worte sein.

SCHULUNG IN DER EIGENTLICHEN PRAXIS DER SELBSTERZEUGUNG

Selbsterzeugung bedeutet, uns selbst als erleuchtetes Wesen und unsere Welt als erleuchtete Welt zu erzeugen. In dieser Übung erzeugen wir uns als Große Mutter Prajnaparamita und unsere Welt als Reines Land von Akanishta. Die Schulung in Selbsterzeugung ist eine schnelle Methode, uns selbst in ein erleuchtetes Wesen, ein vollkommen reines Wesen, umzuwandeln. Die Wirksamkeit der Schulung hängt von unserem Verständnis ab, dass das Selbst, das wir normalerweise sehen, nicht existiert. Würde es existieren, wäre es unmöglich, uns als erleuchtetes Wesen zu erzeugen. Denn es ist für eine Person nicht möglich, beides zugleich zu sein, ein verblendetes Wesen und ein erleuchtetes Wesen, frei von Verblendungen.

Wenn wir uns deshalb als erleuchteter Buddha, als Große Mutter Prajnaparamita erzeugen, sollten wir zuerst klar wissen, dass unser Selbst, das wir normalerweise sehen, nicht existiert. Normalerweise zeigen wir auf unseren Körper oder Geist und sagen: «Das bin ich», aber das ist falsch. Unser Körper ist nicht unser Selbst – in Wirklichkeit kommt er ursprünglich von unseren Eltern –, und unser Geist ist nicht unser Selbst. Wir sagen «Mein Körper und mein Geist». Das allein zeigt, dass unser Körper und Geist unserem Selbst gehören; und ein Besitzer kann nicht das Gleiche sein wie sein Besitz. Es gibt jedoch kein «unser Selbst» getrennt von unserem Körper und Geist. Stellen wir uns vor, dass unser Körper und Geist verschwinden. Es bleibt nichts übrig, das wir «unser Selbst» nennen können. Untersuchen wir es auf diese Weise, dann verstehen wir, dass unser Selbst, das wir normalerweise sehen, nicht existiert. Wir werden die bloße Abwesenheit unseres Selbst, das wir normalerweise sehen, die Leerheit unseres Selbst wahrnehmen, und wir meditieren einsgerichtet solange wie möglich über diese Leerheit. In gleicher Weise meditieren wir über die Leerheit aller Phänomene. Allmählich wird unsere fehlerhafte Erscheinung, ein inhärent existentes Selbst und eine inhärent existente Welt wahrzunehmen, aufhören. Dann können wir uns ohne Weiteres in ein erleuchtetes Wesen und unsere Welt in ein Reines Land umwandeln. Wir erinnern uns an die in diesem Buch gegebenen Unterweisungen über Leerheit und bringen unser Verständnis davon in die Praxis der Selbsterzeugung ein.

Wir sollten uns täglich anhand dieser Sadhana sowohl in der Meditation über die Leerheit aller Phänomene als auch in der Selbsterzeugung schulen. Eine tiefe Erfahrung in der Meditation über Leerheit macht die Praxis der Selbsterzeugung sehr wirksam und wird uns schnell zum Ziel führen.

Der Sadhana folgend beginnen wir mit der Schulung in Selbsterzeugung. Wir stellen uns vor, dass sich alle heiligen Wesen, die Buddhas und Bodhisattvas, die Guru Buddha Shakyamuni umgeben, in ihn auflösen. Er löst sich in die Große Mutter Prajnaparamita in seinem Herzen auf und diese wiederum löst sich in uns auf. Unser Körper verwandelt sich in goldgelbes Licht. Er wird von unten und oben immer kleiner, bis er sich in die Leerheit aller Phänomene auflöst, die bloße Abwesenheit aller Dinge, die wir normalerweise sehen. Zu diesem Zeitpunkt nehmen wir nur Leerheit wahr und meditieren, zumindest für kurze Zeit, einsgerichtet über Leerheit.

Dann erzeugen wir uns innerhalb des Raums der Leerheit als ein neues Wesen, ein reines, erleuchtetes Wesen, die Große Mutter Prajnaparamita im Reinen Land Akanishta. Wir meditieren über die Erscheinung unseres Körpers als Große Mutter Prajnaparamita, während wir verstehen, dass diese Erscheinung nichts anderes ist als die Leerheit aller Phänomene.

Wir haben einen Körper aus gelbem Licht, dessen Natur Weisheit ist. Wir haben ein Gesicht und vier Arme. Unsere vier Arme zeigen, dass wir, als selbsterzeugte Prajnaparamita, die Synthese aller Buddhas der vier Richtungen sind. Unsere erste rechte Hand hält einen goldenen, neunzackigen Vajra, der unsere fünf gereinigten Anhäufungen – die Grundlage für die Zuschreibung als Prajnaparamita – und die gereinigten vier Elemente von Erde, Wasser, Feuer und Wind symbolisiert. Unsere erste linke Hand hält eine Schrift, das *Sutra der Vollkommenheit der Weisheit*. Dies weist darauf hin, dass wir als Große Mutter Prajnaparamita allen Wesen die Erlangung der Vereinigung von Glückseligkeit und Leerheit schenken können. Damit alle Wesen die Verwirklichung der höheren Vollkommenheit der Weisheit erlangen, müssen sie die Vollkommenheit der Weisheit, die Buddha im *Sutra der Vollkommenheit der Weisheit* erklärte, hören, verstehen und üben. Unsere verbleibenden zwei Hände ruhen in der Mudra des meditativen Gleichgewichts in unserem Schoß. Dies weist darauf hin, dass durch die Schulung in Meditation über die höhere Vollkommenheit der Weisheit alle Lebewesen sehr schnell Erleuchtung erlangen können. Wir sitzen in der Vajrahaltung, sind mit kostbaren Juwelen geschmückt und tragen schöne Gewänder aus himmlischer Seide.

Anfangs erzeugen wir uns hauptsächlich durch die Kraft unserer Konzentration und unseres richtigen Glaubens, der die Natur von Weisheit ist, als erleuchteter Buddha Große Mutter Prajnaparamita. Wenn wir mit der Praxis der Selbsterzeugung beginnen, denken wir nicht in allen Einzelheiten über unsere Farbe, Gestalt und so weiter nach. Wir glauben einfach, dass im weiten Raum der Leerheit – der Beendigung unseres Festhaltens an Dingen, die wir normalerweise sehen – das Reine Land Akanishta und wir selbst als Prajnaparamita erscheinen. Wir denken über diese Selbsterzeugung immer wieder nach und meditieren solange darüber, bis wir spontan glauben, Prajnaparamita in unserem Reinen Land zu sein. Entwickeln wir damit schließlich tiefe Vertrautheit, hört die gewöhnliche Erscheinung unseres Körpers und aller anderen Dinge in einer ganz natürlichen Weise vollständig auf und die Erscheinung von uns selbst als Große Mutter Prajnaparamita in Akanishta wird spontan entstehen. In diesem Moment werden wir das höchste Glück der Erleuchtung erleben.

Während wir über die Erscheinung der Selbsterzeugung meditieren, ist es wichtig zu verstehen, dass sie nichts anderes als die Leerheit aller Phänomene ist. In dieser einen Konzentration meditieren wir gleichzeitig über zwei Dinge:

die selbsterzeugte Erscheinung von uns selbst als Prajnaparamita und die Erkenntnis, dass die Erscheinung nichts anderes als die Leerheit aller Phänomene ist. Diese Meditation wird der «Yoga der nichtdualen Tiefgründigkeit und Klarheit» genannt, die nichtduale Vereinigung von Erscheinung und Leerheit. Sie ist sehr subtil, tiefgründig und der eigentliche schnelle Pfad zur Erleuchtung.

In diesem Zusammenhang bezieht sich «Klarheit» auf die subtile konventionelle Wahrheit, die bloße Erscheinung von uns selbst als Prajnaparamita und unserer Welt als Akanishta. «Tiefgründigkeit» bezieht sich auf die endgültige Wahrheit, die bloße Abwesenheit aller Dinge, die wir normalerweise sehen. Diese zwei Wahrheiten – bloße Erscheinung und Leerheit – sind nichtdual. Sie sind ein Objekt, oder eine Wesenheit, mit unterschiedlichen Namen, eine «Erscheinung» und die andere «Leerheit» genannt. Hier bringen wir unser Verständnis der vier Tiefgründigkeiten ein, vor allem die Tiefgründigkeiten der Vereinigung der zwei Wahrheiten und der nominellen Unterscheidung der zwei Wahrheiten. Beide wurden bereits in diesem Buch erklärt. Wenn wir durch beständige Schulung in der Meditation über Selbsterzeugung verwirklichen, dass die Erscheinung von uns selbst als Prajnaparamita im Reinen Land Akanishta Leerheit ist, dann haben wir die nichtduale Tiefgründigkeit und Klarheit verwirklicht. Zu Beginn werden wir nichtduale Tiefgründigkeit und Klarheit mit einem begrifflichen Geist verwirklichen, aber schließlich werden wir dies direkt mit einem sehr subtilen nichtbegrifflichen Geist der großen Glückseligkeit verwirklichen.

Diese eine Konzentration, oder Meditation, über nichtduale Tiefgründigkeit und Klarheit führt zu einer großen Ansammlung von Verdiensten, die Ursache für die Erlangung von Buddhas Formkörper oder Rupakaya, und zu einer großen Ansammlung von Weisheit, die Ursache für die Erlangung von Buddhas Wahrheitskörper oder Dharmakaya. Mit einer tiefen Erfahrung in dieser Meditation erübrigt es sich für uns, durch äußere Handlungen Verdienste anzusammeln. Was auch immer wir tun, wird Tag und Nacht, sogar während wir schlafen, sowohl Verdienste als auch Weisheit ansammeln.

Während wir weiterhin mit konzentriertem richtigen Glauben über nichtduale Tiefgründigkeit und Klarheit meditieren, erzeugen wir uns als erleuchtetes Wesen Große Mutter Prajnaparamita und unsere Welt als Reines Land Akanishta. Auch wenn wir nur ein ungefähres geistiges, oder allgemeines, Bild von uns selbst als Prajnaparamita und unserer Welt als Akanishta wahrnehmen, halten wir dieses Bild und verweilen, ohne es zu vergessen, einsgerichtet auf dieser Erzeugung. Wir sollten beständig lernen und uns täglich mehrmals in dieser Meditation schulen.

Die neue Erzeugung von uns selbst als erleuchtetes Wesen Prajnaparamita und unserer Welt als Akanishta – ohne irgendeine andere Erscheinung wahrzunehmen – ist das Objekt unserer Meditation. Wir sollten anfangs versuchen, unsere Konzentration mit diesem Objekt auf ein bis zwei Minuten zu verbessern und sie dann allmählich bis zu fünf Minuten ausdehnen. Dies ist die erste Ebene der Konzentration, oder geistigen Verweilens. Durch stetige Schulung und größere Vertrautheit können wir allmählich durch die neun Ebenen der Konzentration fortschreiten und eine Konzentration entwickeln, die immer reiner, klarer und andauernder ist. So verbessern wir unsere Klarheit, oder klare Erscheinung, und den göttlichen Stolz, der denkt: «Ich bin Prajnaparamita». Wenn wir auf diese Weise Prajnaparamita klar wahrnehmen, entwickelt sich unsere Konzentration von den anfänglichen zu den höheren Ebenen der neun Stufen, wie es in den Büchern *Moderner Buddhismus*, *Freudvoller Weg* und *Sinnvoll zu betrachten* erklärt wird. Obwohl das Objekt der Meditation in diesen Büchern unterschiedlich ist, ist die Entwicklung der Konzentration gleich. Nach der neunten Ebene erlangen wir mit dieser neuen Selbsterzeugung die Konzentration des ruhigen Verweilens. Weil unsere Motivation der mitfühlende Geist des Bodhichitta ist, sind alle diese Konzentrationen und Weisheiten Bodhisattvapfade.

Obwohl wir anfänglich als Prajnaparamita erscheinen und glauben: «Ich bin Prajnaparamita im Reinen Land Akanishta», ist das vorgestellt, oder erschaffen. Es ist wie die grobe Skizze eines Künstlers, bevor er das eigentliche Gemälde malt. Obwohl dies durch Konzentration und richtigen Glauben erschaffen wurde, sollten wir glauben, dass das eigentliche Weisheitswesen Prajnaparamita in unserem Herzen weilt.

Nachdem wir über den Yoga der nichtdualen Tiefgründigkeit und Klarheit meditiert haben, konzentrieren wir uns auf die Mantrarezitation. Wir halten die Erkenntnis aufrecht, dass das Weisheitswesen Prajnaparamita in unserem Herzen weilt, rezitieren das folgende Mantra und bitten sie, uns die Verwirklichung der höheren Vollkommenheit der Weisheit zu gewähren und uns zu helfen die Maras zu überwinden. Zuerst rezitieren wir OM AH PRAJNAPARAMITA HUM HUM PHAT einundzwanzig Mal oder öfter. Danach rezitieren wir TAYATHA OM GATE GATE PARAGATE PARASAMGATE BODHI SÖHA einundzwanzig Mal oder öfter. Wir können auch ein Annäherungsretreat machen und entweder 10.000 oder 100.000 oder mehr dieser Mantras ansammeln.

Nun folgt die Bedeutung des Mantra OM AH PRAJNAPARAMITA HUM HUM PHAT: OM symbolisiert den Körper aller Buddhas. AH symbolisiert die Rede aller Buddhas und das erste HUM symbolisiert den Geist aller Buddhas. PRAJNAPARAMITA bedeutet sie anzurufen. Das zweite HUM bittet sie uns die Erlangungen der höheren Vollkommenheit der Weisheit zu gewähren. Mit PHAT bitten wir sie Hindernisse zu befrieden. Das Mantra bedeutet also: «O Große Mutter Prajnaparamita, Vereinigung von Körper, Rede und Geist aller Buddhas, bitte gewähre Erlangungen und befriede Hindernisse.» Mit dieser Bitte und tiefem Vertrauen rezitieren wir das Mantra.

Die allgemeine Bedeutung von TAYATHA OM GATE GATE PARAGATE PARASAMGATE BODHI SÖHA wurde bereits in Teil Eins erklärt. Hier, in diesem Zusammenhang, rufen wir mit OM die Große Mutter Prajnaparamita. Mit SÖHA bitten wir sie die fünf Erlangungen zu gewähren. Diese sind (1) die Vollkommenheit der Weisheit der anfänglichen Verwirklichung – das heißt, die Vollkommenheit der Weisheit auf dem Pfad der Ansammlung – enthüllt durch das erste GATE; (2) die Vollkommenheit der Weisheit von höherem Sehen – das heißt, die Vollkommenheit der Weisheit auf dem Pfad der Vorbereitung – enthüllt durch das zweite GATE; (3) die Vollkommenheit der Weisheit auf dem Pfad des Sehens, enthüllt durch PARAGATE; (4) die Vollkommenheit der Weisheit auf dem Pfad der Meditation, enthüllt durch PARASAMGATE; und (5) die Vollkommenheit der Weisheit der Erleuchtung, enthüllt durch BODHI. Wir bitten deshalb Prajnaparamita: «Bitte gewähre mir diese fünf unterschiedlichen Ebenen der Weisheit. Sie sind das, was ich wirklich brauche, um meinem menschlichen Leben Sinn zu geben.» Wir bitten darum aus der Tiefe unseres Herzens.

Wir beenden jede Sitzung, indem wir die Verdienste mit der Rezitation der Gebete aus der Sadhana aufrichtig und rein widmen.

Dies ist eine kurze, aber essenzielle Erklärung, wie wir uns in der Selbsterzeugungspraxis der Großen Mutter Prajnaparamita schulen. Wir können unser Verständnis der Erzeugungsstufe und Vollendungsstufe verbessern, indem wir Bücher wie *Moderner Buddhismus*, *Mahamudra Tantra*, *Das klare Licht der Glückseligkeit* und *Führer ins Dakiniland* lesen.

Geshe Kelsang Gyatso
11. November 2011

Glossar

Akanishta Ein Reines Land, in dem Bodhisattvas Erleuchtung erlangen. Siehe *Das Klare Licht der Glückseligkeit*.

Alleiniger Eroberer Eine von zwei Arten von Hinayana Praktizierenden. Siehe auch *Hörer*.

Allgemeines Bild Das erscheinende Objekt eines begrifflichen Geistes. Ein allgemeines, oder geistiges, Bild gleicht einer Widerspiegelung dieses Objekts. Ein begrifflicher Geist versteht sein Objekt durch die Erscheinung eines allgemeinen Bildes dieses Objekts, nicht, indem er es direkt sieht. Der begriffliche Geist verwechselt das allgemeine oder geistige Bild mit dem Objekt selbst. Denken wir zum Beispiel an unsere Mutter, erscheint unserem begrifflichen Geist ein Bild unserer Mutter, und es scheint diesem Geist so, als würde unsere Mutter selbst erscheinen. Das Objekt jedoch, das hauptsächlich diesem Geist erscheint, ist das allgemeine Bild unserer Mutter. Das allgemeine Bild erscheint unserem Geist durch geistiges Ausschließen aller Objekte, die nicht unsere Mutter sind. Es ist deshalb die Erscheinung einer Nicht-Nichtmutter. Es ist als solches, wie alle allgemeinen Bilder, ein beständiges Phänomen, während unsere Mutter selbst unbeständig ist. Siehe *Wie wir den Geist verstehen*.

Amitabha Die Manifestation der Rede aller Buddhas und ihrer Anhäufung der Unterscheidung. Er hat einen rotfarbigen Körper. Siehe *Acht Schritte zum Glück* – Neuausgabe.

Amitayus Ein Buddha, der unser langes Leben, unsere Verdienste und Weisheit vergrößert. Er ist der Aspekt des Freudenkörpers von Buddha Amitabha.

Analytische Meditation Der geistige Vorgang, ein tugendhaftes Objekt zu untersuchen – seine Natur, Funktion, Merkmale und andere Aspekte zu analysieren. Siehe *Freudvoller Weg* und *Das neue Meditationshandbuch.*

Anfangslose Zeit Nach buddhistischer Weltsicht gibt es keinen Anfang des Geistes und somit keinen Anfang der Zeit. Deshalb haben alle fühlenden Wesen zahllose frühere Wiedergeburten angenommen.

Ansammlung von Verdiensten Eine tugendhafte Handlung, die durch Bodhichitta motiviert und eine Hauptursache für das Erlangen des Formkörpers eines Buddha ist. Beispiele sind: mit Bodhichitta Motivation den heiligen Wesen Gaben darbringen und vor ihnen Verbeugungen machen, die Praxis der Vollkommenheiten des Gebens, der moralischen Disziplin und der Geduld.

Ansammlung von Weisheit Eine tugendhafte geistige Handlung, die durch Bodhichitta motiviert und eine Hauptursache für das Erlangen des Wahrheitskörpers eines Buddha ist. Beispiele sind: mit Bodhichitta Motivation Unterweisungen über Leerheit anhören, darüber nachdenken und meditieren.

Aryadeva Ein indischer buddhistischer Gelehrter des 3. Jh. n. Chr., ein Schüler von Nagarjuna.

Atisha (982-1054 n. Chr.) Ein berühmter indischer buddhistischer Gelehrter und Meditationsmeister. In der Blütezeit des indischen Mahayana Buddhismus war er Abt des großen buddhistischen Klosters Vikramashila. Später wurde er nach Tibet eingeladen, wo er erneut den reinen Buddhismus einführte. Er ist der Autor des ersten Textes über die Stufen des Pfades, *Eine Lampe für den Pfad*. Seine Tradition wurde später als «Kadampa Tradition» bekannt. Siehe *Moderner Buddhismus* und *Freudvoller Weg*.

Begierdebereich Der Bereich der Höllenwesen, hungrigen Geister, Tiere, Menschen, Halbgötter und Götter, die die fünf Objekte des Begehrens genießen.

Begrifflicher Geist Ein Gedanke, der sein Objekt durch ein allgemeines oder geistiges Bild erfasst. Siehe *Wie wir den Geist verstehen*.

Beständiges Phänomen Phänomene sind entweder beständig oder unbeständig. Ein beständiges Phänomen ist ein Phänomen, das nicht von Ursachen abhängig ist und das nicht von Moment zu Moment zerfällt. Ihm fehlen die Merkmale von Erzeugung, Verweilen und Zerfall.

Bodhgaya Der Ort, an dem Buddha Shakyamuni zeigte, wie Erleuchtung erlangt wird, in der Nähe der modernen Stadt Gaya im nordindischen Staat Bihar.

Brahma Ein weltlicher Gott des ersten Formbereichs. Siehe *Ozean von Nektar*.

Buddha Natur Der Ursprungsgeist eines fühlenden Wesens und seine endgültige Natur. Buddha Samen, Buddha Natur und Buddha Linie sind Synonyme. Alle fühlenden Wesen besitzen Buddha Natur und deshalb das Potenzial, Buddhaschaft zu erlangen. Siehe *Mahamudra Tantra*.

Chakravatin König Ein vom Glück äußerst begünstigtes Wesen, das durch die Ansammlung einer riesigen Menge an Verdiensten als König wiedergeboren wurde. Er hat die Herrschaft über alle oder zumindest einen der vier Kontinente, die in der buddhistischen Kosmologie beschrieben werden. Derzeit gibt es in unserer Welt keine Chakravatin Könige und niemand besitzt die vollständige Herrschaft über unseren Kontinent Jambudipa. Siehe *Große Schatzkammer der Verdienste*.

Chandrakirti (ca. 7. Jh.) Ein großer indischer buddhistischer Gelehrter und Meditationsmeister, der neben vielen anderen

Büchern den bekannten *Leitfaden zum Mittleren Weg* verfasst hat. Darin beschreibt er klar die Sicht der Madhyamika-Prasangika Schule entsprechend Buddhas Lehren in den *Sutras der Vollkommenheit der Weisheit*. Siehe *Ozean von Nektar*.

Changkya Rölpai Dorje (1717-1786 n. Chr.) Ein berühmter Gelugpa Lama und Privatlehrer des chinesischen Kaisers, der in hohem Maße die Entwicklung des Buddhismus in China, der Mongolei und Tibet beeinflusste.

Dharma Buddhas Lehre und die inneren Verwirklichungen, die erlangt werden, wenn wir sie üben. «Dharma» bedeutet «Schutz». Indem wir Buddhas Lehre üben, schützen wir uns selbst vor Leiden und Problemen.

Dharmakaya Sanskritbegriff für den Wahrheitskörper eines Buddha. Siehe auch *Körper eines Buddha*.

Direktwahrnehmer Ein Erkenner, der sein manifestes Objekt erfasst. Entsprechend den niederen buddhistischen Schulen ist ein Direktwahrnehmer notwendigerweise nichtbegrifflich, aber entsprechend den Madhyamika-Prasangikas enthalten Direktwahrnehmer die anschließenden Momente eines anschließenden Erkenners, die begriffliche Geisteszustände sind. Siehe *Wie wir den Geist verstehen*.

Element (tib. kham) Die Natur eines jeden Phänomens. Alle Phänomene haben ihre eigene Natur. Sie alle sind in den achtzehn Elementen enthalten. Siehe auch *Vier Elemente*. Siehe *Ozean von Nektar*.

Elemente (tib. jung wa) Erde, Wasser, Feuer, Wind und Raum. Man kann sagen, dass Materie aus einer Kombination dieser Elemente zusammengesetzt ist. Es gibt fünf innere Elemente (diejenigen, die mit dem Kontinuum einer Person verbunden sind) und fünf äußere Elemente (diejenigen, die nicht mit dem Kontinuum einer Person verbunden sind). Diese Elemente sind nicht das Gleiche wie die Erde eines Felds, das Wasser eines Flusses und so weiter. Vielmehr sind die Elemente Erde, Wasser, Feuer, Wind und Raum im weitesten Sinne jeweils die Eigenschaften von Festigkeit, Flüssigsein, Hitze, Bewegung und Raum.

Emanationskörper (Skrt. Nirmanakaya) Ein grober Formkörper eines Buddha, der von gewöhnlichen Wesen gesehen werden kann. Siehe auch *Körper eines Buddha*.

Ermächtigung Das Tor, durch das wir in das Tantra eintreten, ist das Empfangen einer tantrischen Ermächtigung. Diese gewährt uns besondere Segnungen, die unser Geisteskontinuum heilen und unsere Buddha Natur erwachen lassen. Wenn wir eine tantrische Ermächtigung erhalten, säen wir die besonderen Samen der vier Körper eines Buddha in unser Geisteskontinuum. Siehe *Mahamudra Tantra* und *Tantrische Ebenen und Pfade*.

Extreme, zwei Das Extrem der Existenz und das Extrem der Nichtexistenz. Wenn zum Beispiel unserem Geist ein Tisch erscheint, so ist ein nichtexistenter Tisch ein Beispiel für das Extrem der Nichtexistenz und ein inhärent existenter Tisch ein Beispiel für das Extrem der Existenz. Der Tisch, den wir sehen, ist keines dieser beiden Extreme, daher existiert keines der Extreme. Der Tisch, den wir mit einem gültigen Bewusstsein sehen, existiert, aber er ist leer von inhärenter Existenz.

Fehlerhafter Geist Ein Geist, der in Bezug auf das ihm erscheinende Objekt fehlerhaft ist. Obwohl alle Geisteszustände gewöhnlicher Wesen fehlerhaft sind, sind sie nicht zwangsläufig falsch. Ein falscher Geist ist ein Geist, der fehlerhaft in Bezug auf sein Objekt des Befassens ist. Unser Augengewahrsein, das diese Seite wahrnimmt, ist also ein fehlerhafter Geist, da die Seite als inhärent existent erscheint, aber es ist ein richtiger Geist, weil es richtigerweise die Seite als eine Seite erfasst. Siehe *Wie wir den Geist verstehen*.

Feindzerstörer (Skrt. Arhat) Ein Übender, der alle Verblendungen und ihre Samen durch die Schulung auf den spirituellen Pfaden aufgegeben hat. Er wird nie wieder in Samsara wiedergeboren. Das Wort «Feind» bezieht sich in diesem Zusammenhang auf die Verblendungen.

Formbereich Die Umgebung der Götter, die Form haben und den Göttern des Begierdebereichs überlegen sind. Er wird so genannt, weil die Götter, die ihn bewohnen, subtile Form haben. Siehe *Ozean von Nektar*.

Formkörper Der Freudenkörper und der Emanationskörper eines Buddha. Siehe auch *Körper eines Buddha*.

Formloser Bereich Der Bereich der Götter, die keine Form haben. Siehe *Ozean von Nektar*.

Freudenkörper (Skrt. Sambhogakaya) Der subtile Formkörper eines Buddha, der nur von höheren Wesen des Mahayana wahrgenommen werden kann. Siehe auch *Körper eines Buddha*.

Fühlendes Wesen Jedes Wesen, das einen von Verblendungen oder deren Prägungen verunreinigten Geist hat. «Fühlendes Wesen» und «Lebewesen» sind Begriffe, um Wesen, deren Geist von der einen oder anderen Behinderung verunreinigt ist, von den Buddhas zu unterscheiden, deren Geist völlig frei von diesen Behinderungen ist.

Geistesschulung «Lojong» auf Tibetisch. Eine besondere Überlieferung von Anleitungen, die von Buddha Shakyamuni stammt und durch Manjushri und Shantideva an Atisha und die Kadampa Geshes weitergegeben wurde. Sie betont die Erzeugung von Bodhichitta durch die Praxis des Gleichstellens und Austauschens vom Selbst mit anderen, verbunden mit Nehmen und Geben. Siehe *Allumfassendes Mitgefühl*, *Acht Schritte zum Glück – Neuausgabe* und *Moderner Buddhismus*.

Geistiger Faktor Ein Erkenner, der hauptsächlich ein bestimmtes Merkmal eines Objekts erfasst. Es gibt einundfünfzig spezifische geistige Faktoren. Jeder Moment von Geist besteht aus einem primären Geist und unterschiedlichen geistigen Faktoren. Siehe *Wie wir den Geist verstehen*.

Geshe Ein Titel, der vollendeten buddhistischen Gelehrten von Kadampa Klöstern verliehen wird. Eine Abkürzung, die aus dem Tibetischen «ge wai she nyen» hergeleitet wird, was wörtlich «tugendhafter Freund» bedeutet.

Geshe Chekhava (1102-1176 n. Chr.) Ein großer Kadampa Bodhisattva, der den Text *Geistesschulung in sieben Punkten* verfasste, ein Kommentar zu Geshe Langri Tangpas *Acht Verse der Geistesschulung*. Er verbreitete das Studium und die Praxis der Geistesschulung in ganz Tibet. Siehe *Allumfassendes Mitgefühl*.

Gewöhnliches Wesen Jeder, der Leerheit nicht direkt verwirklicht hat.

Götter Wesen des Götterbereichs, des höchsten der sechs Bereiche Samsaras. Es gibt viele verschiedene Arten von Göttern. Einige sind Begierdebereichsgötter, während andere Götter des Form- oder formlosen Bereichs sind. Siehe *Freudvoller Weg*.

Gungtang Könchog Tenpai Dronme (1762-1823 n. Chr.), Gelug Gelehrter und Meditierender, berühmt für seine spirituellen Gedichte und philosophischen Schriften.

Guru Sanskritwort für «spiritueller Meister». Siehe auch *Spiritueller Meister*.

Halbgott Ein Wesen des Halbgötterbereichs, dem zweithöchsten der sechs Bereiche Samsaras. Halbgötter sind den Göttern ähnlich, aber ihre Körper, Besitztümer und Umgebungen sind ihnen unterlegen. Siehe *Freudvoller Weg*.

Hinayana Sanskritbegriff für «Kleineres Fahrzeug». Das Ziel des Hinayana ist, nur sich selbst durch vollständiges Aufgeben der Verblendungen von Leiden zu befreien. Siehe *Freudvoller Weg*.

Höchstes Yoga Tantra Der höchste, schnelle Pfad zur Erleuchtung. Die Unterweisungen über Höchstes Yoga Tantra sind Buddhas endgültige Absicht. Siehe *Moderner Buddhismus*, *Mahamudra Tantra* und *Tantrische Ebenen und Pfade*.

Hörer Einer von zwei Arten von Hinayana Praktizierenden. Sowohl Hörer als auch Alleinige Verwirklicher sind Hinayanisten, aber sie unterscheiden sich in ihrer Motivation, ihrem Benehmen, ihren Verdiensten und ihrer Weisheit. Auf allen diesen Gebieten sind Alleinige Verwirklicher den Hörern überlegen. Siehe *Ozean von Nektar*.

Indra Ein weltlicher Gott.

Ishvara Ein Gott, der im Land des Kontrollierens von Emanationen weilt, der höchsten Existenzform im Begierdebereich. Ishvara hat begrenzte, verunreinigte Wunderkräfte, die ihn mächtiger machen als andere Wesen im Begierdebereich. Wenn wir uns Ishvara anvertrauen, können wir möglicherweise vorübergehenden Nutzen in diesem Leben haben, wie zum Beispiel eine Zunahme von Vermögen oder Besitz, doch der zornvolle Ishvara ist der Feind aller, die Befreiung suchen, und er stört ihren spirituellen Fortschritt. Deshalb heißt es, er sei eine Art von Devaputra Dämon.

Je Tsongkhapa (1357 – 1419 n. Chr.) Eine Emanation des Weisheitsbuddhas Manjushri, dessen Erscheinen als Mönch und Halter der reinen Sicht und reinen Taten im Tibet des vierzehnten Jahrhunderts von Buddha vorhergesagt wurde. Er verbreitete in ganz Tibet einen sehr reinen Buddhadharma und zeigte, wie man die Übungen von Sutra und Tantra miteinander verbindet und reinen Dharma in degenerierten Zeiten praktiziert. Seine

Tradition wurde später als «Gelug» oder «Ganden Tradition» bekannt. Siehe *Herzjuwel* und *Große Schatzkammer der Verdienste*.

Kloster Nalanda Großer Sitz buddhistischer Gelehrtheit und Praxis im alten Indien.

Körper eines Buddha Ein Buddha hat vier Körper: den Weisheits-Wahrheitskörper, den Naturkörper, den Freudenkörper und den Emanationskörper. Der erste ist Buddhas allwissender Geist. Der zweite ist die Leerheit, oder endgültige Natur, seines oder ihres Geistes. Der dritte ist sein subtiler Formkörper. Der vierte, von dem jeder Buddha eine unzählige Anzahl manifestiert, sind grobe Formkörper, die für gewöhnliche Wesen sichtbar sind. Der Weisheits-Wahrheitskörper und der Naturkörper sind beide Teil des Wahrheitskörpers und der Freudenkörper und Emanationskörper sind beide Teil des Formkörpers. Siehe *Freudvoller Weg*, *Tantrische Ebenen und Pfade* und *Ozean von Nektar*.

Lama Tibetisches Wort für «spiritueller Meister» (Skrt. Guru).

Lamrim Ein tibetischer Begriff, der wörtlich «die Stufen des Pfades» bedeutet. Eine besondere Zusammenstellung aller Lehren Buddhas, die leicht zu verstehen und in die Praxis umzusetzen ist. Sie enthüllt alle Stufen des Pfades zur Erleuchtung. Ein vollständiger Kommentar ist in *Freudvoller Weg* zu finden.

Land der dreiunddreißig Himmel Einer von sechs Bereichen der Begierdebereichgötter. Siehe *Ozean von Nektar*.

Leitfaden für die Lebensweise eines Bodhisattva Ein klassischer Text des Mahayana Buddhismus, der vom großen indischen buddhistischen Yogi und Gelehrten Shantideva verfasst wurde und alle Übungen eines Bodhisattva darlegt, von der anfänglichen Erzeugung von Bodhichitta bis zur Vollendung der Praxis der sechs Vollkommenheiten. Übersetzung siehe *Leitfaden für die Lebensweise eines Bodhisattva*. Ein vollständiger Kommentar siehe *Sinnvoll zu betrachten*.

Madhyamika Ein Sanskritbegriff, der wörtlich «mittlerer Weg» bedeutet. Die höhere der zwei Schulen der Mahayana Lehrsätze. Die Madhyamika Sicht wurde von Buddha in den *Sutras der Vollkommenheit der Weisheit* während der zweiten Drehung des Dharma Rades gelehrt. Später wurde diese Sicht von Nagarjuna und seinen Anhängern weiter erläutert. Diese Schule ist unterteilt in die Madhyamika-Svatantrika und die Madhyamika-Prasangika, wobei letztere Buddhas endgültige Sicht ist. Siehe *Sinnvoll zu betrachten* und *Ozean von Nektar.*

Mahayana Sanskritbegriff für «Großes Fahrzeug», den spirituellen Pfad zur großen Erleuchtung. Das Ziel des Mahayana ist es, Buddhaschaft zum Wohle aller fühlenden Wesen zu erlangen, indem alle Verblendungen und deren Prägungen vollständig aufgegeben werden. Siehe *Freudvoller Weg* und *Sinnvoll zu betrachten.*

Mandala Darbringung Eine Darbringung des ganzen Universums, das als Reines Land visualisiert wird und dessen Bewohner als reine Wesen visualisiert werden. Siehe *Führer ins Dakiniland* und *Große Schatzkammer der Verdienste.*

Manjushri Die Verkörperung der Weisheit aller Buddhas. Siehe *Große Schatzkammer der Verdienste* und *Herzjuwel.*

Milarepa (1040-1123 n. Chr.) Ein großer tibetischer buddhistischer Meditierender, der für seine schönen Lieder der Verwirklichungen geehrt ist.

Naga Ein nichtmenschliches Wesen, das von Menschen normalerweise nicht gesehen werden kann. Von ihrer oberen Hälfte heißt es, dass sie menschlich sei, und von ihrer unteren, dass sie eine Schlange sei. Nagas leben gewöhnlich in den Meeren dieser Welt, aber manchmal sind sie auch auf dem Land in Wald- oder Felsregionen zu finden. Sie sind sehr mächtig, einige sind wohlwollend, andere böswillig. Viele Krankheiten, die als «Naga Krankheiten» bekannt sind, werden durch sie verursacht und können nur durch bestimmte Naga Rituale geheilt werden.

NAMO Ein Sanskritwort der Ehrerbietung und des Respekts.

Neue Kadampa Tradition – Internationale Union des Kadampa Buddhismus (NKT-IKBU) Die Vereinigung der Zentren des Kadampa Buddhismus, ein internationaler Verband von Studien- und Meditationszentren, die der reinen Tradition des Mahayana Buddhismus folgen, die auf die buddhistischen Meditierenden und Gelehrten Atisha und Je Tsongkhapa zurückgeht und durch den buddhistischen Lehrer Ehrwürdiger Geshe Kelsang Gyatso Rinpoche in den Westen gebracht wurde.

Nichtbegrifflicher Geist Ein Erkenner, dessen Objekt klar, ohne mit einem allgemeinen Bild vermischt zu sein, erscheint. Siehe *Wie wir den Geist verstehen*.

Prägung Es gibt zwei Arten von Prägungen: Prägungen von Handlungen und Prägungen von Verblendungen. Jede Handlung, die wir ausführen, hinterlässt eine Prägung im Geisteskontinuum. Diese Prägungen sind karmische Potenziale, die dazu führen, in der Zukunft bestimmte Auswirkungen zu erleben. Die Prägungen, die von Verblendungen hinterlassen werden, bleiben auch bestehen, nachdem die Verblendungen selbst aufgegeben wurden. So wie etwa Knoblauchgeruch in einem Gefäß zurückbleibt, nachdem der Knoblauch entfernt wurde. Die Prägungen der Verblendungen sind Behinderungen zur Allwissenheit und werden nur von Buddhas vollständig aufgegeben.

Primärer Geist Ein Erkenner, der hauptsächlich die bloße Wesenheit eines Objekts erfasst. Synonym zu Bewusstsein. Es gibt sechs Arten von primärem Geist: Augenbewusstsein, Ohrenbewusstsein, Nasenbewusstsein, Zungenbewusstsein,

Körperbewusstsein und geistiges Bewusstsein. Jeder Moment des Geistes besteht aus einem primären Geist und verschiedenen geistigen Faktoren. Ein primärer Geist und seine begleitenden geistigen Faktoren sind dieselbe Wesenheit, haben aber unterschiedliche Funktionen. Siehe *Wie wir den Geist verstehen*.

Rad des Dharma Eine Sammlung von Buddhas Lehren. Buddha gab seine Unterweisungen in drei Hauptphasen, die als die «drei Drehungen des Dharma Rades» bekannt sind. Während der ersten Drehung lehrte er die vier edlen Wahrheiten, während der zweiten lehrte er die *Sutras der Vollkommenheit der Weisheit* und enthüllte die Sicht der Madhyamika-Prasangika, und während der dritten lehrte er die Chittamatra Sicht. Diese Unterweisungen wurden entsprechend der Neigung und Veranlagung der Schüler gegeben. Buddhas endgültige Sicht ist die der zweiten Drehung des Rades.

Reines Land Eine reine Umgebung, in der es keine wahren Leiden gibt. Es gibt viele Reine Länder. Tushita zum Beispiel ist das Reine Land von Buddha Maitreya. Sukhavati ist das Reine Land von Buddha Amitabha. Und Dakiniland oder Keajra ist das Reine Land von Buddha Vajrayogini und Buddha Heruka. Siehe *Sinnvoll leben – freudvoll sterben*.

Ruhiges Verweilen Eine Konzentration, die über eine besondere Glückseligkeit der körperlichen und geistigen Geschmeidigkeit verfügt und in Abhängigkeit von der Vollendung der neun Ebenen des geistigen Verweilens erlangt wird. Siehe *Freudvoller Weg* und *Sinnvoll zu betrachten*.

Saraha Einer der ersten Mahasiddhas und der Lehrer von Nagarjuna. Siehe *Essenz des Vajrayana*.

Sehr subtiler Geist Es gibt unterschiedliche Ebenen von Geist: grob, subtil und sehr subtil. Subtile Geisteszustände manifestieren sich, wenn sich die inneren Winde sammeln und innerhalb des Zentralkanals auflösen. Siehe *Das klare Licht der Glückseligkeit* und *Mahamudra Tantra*.

Segnungen Die Umwandlung unseres Geistes von einem negativen zu einem positiven Zustand, von einem unglücklichen zu einem glücklichen Zustand oder von einem Zustand der Schwäche zu einem Zustand der Stärke, durch die Inspiration von heiligen Wesen, wie unserem spirituellen Meister, den Buddhas und Bodhisattvas.

Shantideva (687-763 n. Chr.) Großer indischer buddhistischer Gelehrter und Meditationsmeister. Er verfasste den *Leitfaden für die Lebensweise eines Bodhisattva*. Siehe *Sinnvoll zu betrachten* und *Leitfaden für die Lebensweise eines Bodhisattva*.

Shariputra Einer der Hauptschüler Buddha Shakyamunis. Er hat den Aspekt eines Hinayana Feindzerstörers.

Spiritueller Meister «Guru» in Sanskrit und «Lama» auf Tibetisch. Ein Lehrer, der uns entlang des spirituellen Pfades führt. Siehe *Freudvoller Weg* und *Große Schatzkammer der Verdienste*.

Tantra Synonym zu Geheimes Mantra. Tantrische Lehren unterscheiden sich von Sutra Lehren, indem sie Methoden der Geistesschulung enthüllen, die das zukünftige Ergebnis, Buddhaschaft, in den gegenwärtigen Pfad bringen. Tantrisch Praktizierende überwinden gewöhnliche Erscheinungen und gewöhnliche Vorstellungen, indem sie ihren Körper, ihre Umgebung, Vergnügen und Taten als die eines Buddha visualisieren. Tantra ist der höchste Pfad zur vollen Erleuchtung. Tantrische Übungen sollten im Geheimen ausgeübt werden und nur von denjenigen, die eine tantrische Ermächtigung empfangen haben. Siehe *Moderner Buddhismus, Tantrische Ebenen und Pfade* und *Mahamudra Tantra*.

Trijang Rinpoche, Vajradhara (1901-1981 n. Chr.) Ein besonderer tibetischer Lama des 20. Jahrhunderts, der eine Manifestation von Buddha Shakyamuni, Heruka, Atisha, Amitabha und Je Tsongkhapa war. Auch bekannt als «Kyabje Trijang Rinpoche» und «Losang Yeshe».

Überlieferungslinie Die Linie einer Anleitung, die vom spirituellen Meister an den Schüler weitergegeben wurde, wobei jeder spirituelle Meister der Linie persönliche Erfahrungen der Anleitung erlangt hatte, ehe er sie weitergab.

Unbeständiges Phänomen Phänomene sind entweder beständig oder unbeständig. «Unbeständig» bedeutet «momentan». Daher ist ein unbeständiges Phänomen ein Phänomen, das innerhalb eines Moments erzeugt wird und zerfällt. Synonyme für unbeständiges Phänomen sind «funktionierendes Ding», «Ding» und «Erzeugnis».

Vajra Das Sanskritwort «Vajra» bedeutet im Allgemeinen unzerstörbar wie ein Diamant und kraftvoll wie ein Donnerschlag. Es ist ebenso der Name für einen Ritualgegenstand aus Metall. Siehe *Tantrische Ebenen und Pfade.*

Vajrahaltung Die vollkommene Haltung mit gekreuzten Beinen. Siehe *Freudvoller Weg.*

Vajradhara Der Gründer des Vajrayana, oder Tantra. Er erscheint nur hochverwirklichten Bodhisattvas direkt, denen er tantrische Unterweisungen gibt. Um anderen Lebewesen mit weniger Verdiensten zu helfen, manifestierte er sich in der sichtbaren Form von Buddha Shakyamuni. Außerdem sagte er, dass er in degenerierten Zeiten in gewöhnlicher Form als ein spiritueller Meister erscheinen würde. Siehe *Große Schatzkammer der Verdienste.*

Verblendeter Zweifel Ein Zwiespalt des Geistes, der die Erlangung der Befreiung oder Erleuchtung stört. Siehe *Wie wir den Geist verstehen.*

Verborgenes Objekt Ein Objekt, dessen anfängliche Verwirklichung durch einen gültigen Erkenner von richtigen logischen Begründungen abhängt. Siehe *Wie wir den Geist verstehen.*

Verweilende Meditation Einsgerichtete Konzentration auf ein tugendhaftes Objekt. Siehe *Freudvoller Weg* und *Das neue Meditationshandbuch.*

Wahrheitskörper Siehe *Buddhas Körper.*

Weisheits-Wahrheitskörper Siehe *Körper eines Buddha.*

Widmung Wenn wir unsere tugendhaften Handlungen von Körper, Rede und Geist der eigenen und der Erleuchtung anderer widmen, verhindern wir, dass die Verdienste dieser Handlungen zerstört oder gemindert werden und gewährleisten, dass wir ihre guten Ergebnisse erfahren. Siehe *Freudvoller Weg.*

Zehn Richtungen Die vier Hauptrichtungen, die vier Zwischenrichtungen und die Richtungen oben und unten.

Zwei Behinderungen Behinderungen zur Befreiung und Behinderungen zur Allwissenheit. Hinayana Feindzerstörer und Bodhisattvas über der siebten Ebene haben die Behinderungen zur Befreiung aufgegeben, aber nicht die Behinderungen zur Allwissenheit. Folglich erscheinen ihnen die Objekte als inhärent existent, wenn sie sich nicht im meditativen Gleichgewicht über Leerheit befinden.

Bibliografie

Der Ehrwürdige Geshe Kelsang Gyatso Rinpoche ist ein hoch angesehener Meditationsmeister und Gelehrter der buddhistischen Mahayana Tradition, die von Je Tsongkhapa gegründet wurde. Seit er im Jahre 1977 in den Westen kam, hat der Ehrwürdige Geshe Kelsang unermüdlich dafür gearbeitet, den reinen Buddhadharma auf der ganzen Welt zu etablieren. Während dieser Zeit hat er ausführliche Unterweisungen über die wichtigsten Schriften des Mahayana gegeben. Diese Lehren bieten eine umfassende Darstellung der essenziellen Übungen aus dem Sutra und Tantra des Mahayana Buddhismus.

Bücher

Die folgenden Bücher des Ehrwürdigen Geshe Kelsang Gyatso Rinpoche werden vom Tharpa Verlag veröffentlicht:

Acht Schritte zum Glück – Neuausgabe Der buddhistische Weg der liebevollen Güte. (3. überarb. Aufl. 2017)

Allumfassendes Mitgefühl Inspirierende Lösungen für schwierige Zeiten. (2. Aufl. 2006)

Das Bodhisattva Gelübde Ein praktischer Leitfaden, anderen zu helfen. (2015)

Das klare Licht der Glückseligkeit Ein tantrisches Meditationshandbuch. (2004)

Das neue Herz der Weisheit Tiefgründige Lehren aus Buddhas Herzen (eine Erklärung des *Herz Sutra*). (4. überarb. Aufl. 2020)

Das neue Meditationshandbuch Meditationen für ein glückliches und sinnvolles Leben. (2. Aufl. 2013)

Der Spiegel des Dharma mit Ergänzungen Wie wir den wirklichen Sinn des menschlichen Lebens finden. (2019)

Die mündlichen Anleitungen des Mahamudra Die Essenz der Sutra und Tantra Lehren Buddhas. (2016)

Einführung in den Buddhismus Eine Erklärung der buddhistischen Lebensweise. (5. Aufl. 2011)

Essenz des Vajrayana Die Höchste Yoga Tantra Praxis des Heruka Körpermandalas. (2020)

Freudvoller Weg Der vollständige buddhistische Pfad zur Erleuchtung. (4. Aufl. 2017)

Führer ins Dakiniland Die Praxis des Höchsten Yoga Tantra von Buddha Vajrayogini. (2005)

Große Schatzkammer der Verdienste Wie wir uns auf unseren spirituellen Meister verlassen. (2019)

Herzjuwel Die essenziellen Übungen des Kadampa Buddhismus. (1996)

Leitfaden für die Lebensweise eines Bodhisattva Wie man sich eines sinnvollen und selbstlosen Lebens erfreut (eine Übersetzung von Shantidevas berühmtem lyrischen Meisterwerk). (2. Aufl. 2015)

Mahamudra Tantra Der erhabene Herzjuwel Nektar. (2006)

Moderner Buddhismus Der Weg des Mitgefühls und der Weisheit. (2. überarb. Aufl. 2017)

Sinnvoll leben, freudvoll sterben Die tiefgründige Übung der Bewusstseinsübertragung. (2014)

Sinnvoll zu betrachten Ein Freund der Welt werden. (2000)

Tantrische Ebenen und Pfade Wie wir in den Vajrayanapfad eintreten, auf ihm fortschreiten und ihn vollenden. (2015)

Wie wir den Geist verstehen Die Natur und die Kraft des Geistes. (vollst. überarb. Aufl. 2013)

Wie wir unsere menschlichen Probleme lösen Die vier edlen Wahrheiten. (3. Aufl. 2015)

Wie wir unser Leben verwandeln Eine glückselige Reise. (3. vollst. überarb. Aufl. 2017)

Sadhanas und andere Broschüren

Der Ehrwürdige Geshe Kelsang Gyatso Rinpoche hat auch die Übersetzung einer Reihe wichtiger Sadhanas, oder ritueller Gebete für spirituelle Erlangungen, beaufsichtigt. In deutscher Sprache sind erschienen:

Avalokiteshvara Sadhana Gebete und Bitten an den Buddha des Mitgefühls.

Befreiendes Gebet Lobpreis an Buddha Shakyamuni.

Befreiung von Leid Gebete und Bitten an die einundzwanzig Taras.

Dakini Yoga Die mittlere Selbsterzeugungssadhana von Vajrayogini.

Darbringung an den spirituellen Meister (Lama Chöpa) Eine besondere Art, uns auf unseren spirituellen Meister zu verlassen.

Das Bekenntnis der moralischen Übertretungen eines Bodhisattva Die Reinigungspraxis des *Mahayana Sutra der drei höheren Anhäufungen*.

Das Wurzeltantra von Heruka und Vajrayogini Kapitel eins und einundfünfzig aus dem *Zusammengefassten Heruka Wurzeltantra*

Der außergewöhnliche Yoga der Unvorstellbarkeit Die besondere Anleitung, wie man das Reine Land Keajra mit diesem menschlichen Körper erreicht.

Der glückselige Pfad Die zusammengefasste Selbsterzeugungssadhana von Vajrayogini.

Der Keajra Himmel Der essenzielle Kommentar zur Praxis *Der außergewöhnliche Yoga der Unvorstellbarkeit*.

Der Pfad des Mitgefühls für Verstorbene Powa Sadhana zum Nutzen der Verstorbenen.

Der Pfad ins Reine Land Powa Schulung – die Übertragung des Bewusstseins.

Der schnelle Pfad zur großen Glückseligkeit Die ausführliche Selbsterzeugungssadhana von Vajrayogini.

Der Urtext: Acht Verse der Geistesschulung.

Der Yoga der erleuchteten Mutter Arya Tara Selbsterzeugungssadhana.

Der Yoga der Großen Mutter Prajnaparamita Selbsterzeugungssadhana.

Der Yoga der Weißen Tara, des Buddha des langen Lebens.

Der Yoga des tausendarmigen Avalokiteshvara Selbsterzeugungssadhana.

Der Yoga von Buddha Amitayus Eine besondere Methode, Lebenszeit, Weisheit und Verdienste zu vermehren.

Der Yoga von Buddha Heruka Die essenzielle Selbsterzeugungssadhana des Heruka Körpermandalas & Zusammengefasster Yoga der sechs Sitzungen.

Der Yoga von Buddha Maitreya Selbsterzeugungssadhana.

Der Yoga von Buddha Vajrapani Selbsterzeugungssadhana.

Die Gelübde und Verpflichtungen des Kadampa Buddhismus.

Die Große Mutter Eine Methode, Behinderungen und Hindernisse durch die Rezitation des *Sutra der Essenz der Weisheit* (das *Herz Sutra*) zu überwinden.

Die Hunderte von Gottheiten des Freudvollen Landes gemäß Höchstem Yoga Tantra Der Guru Yoga von Je Tsongkhapa als vorbereitende Übung für Mahamudra.

Die Kadampa Lebensweise Die essenzielle Praxis des Kadam Lamrim.

Die neue Essenz des Vajrayana Die Selbsterzeugungspraxis des Heruka Körpermandalas, eine Anleitung der mündlichen Ganden Überlieferungslinie.

Ein Handbuch zur täglichen Praxis der Bodhisattva Gelübde und der tantrischen Gelübde.

Ein reines Leben Die Praxis des Nehmens und Einhaltens der acht Mahayana Grundsätze.

Eine Bitte an den heiligen spirituellen Meister Ehrwürdiger Geshe Kelsang Gyatso von seinen vertrauensvollen Schülern.

Essenz des Glücks Gebete der sechs vorbereitenden Übungen für die Meditation über die Stufen des Pfades zur Erleuchtung.

Essenz des Vajrayana Die Selbsterzeugungssadhana des Heruka Körpermandalas nach dem System von Mahasiddha Ghantapa.

Fest der großen Glückseligkeit Selbsteinweihungssadhana von Vajrayogini.

Gebete für den Weltfrieden.

Gebete für die Meditation Kurze vorbereitende Gebete für die Meditation.

Große Befreiung der Mutter Vorbereitende Gebete für die Mahamudra Meditation in Verbindung mit der Vajrayogini Praxis.

Große Befreiung des Vaters Vorbereitende Gebete für die Mahamudra Meditation in Verbindung mit der Heruka Praxis.

Herzjuwel Der Guru Yoga von Je Tsongkhapa in Verbindung mit der zusammengefassten Sadhana seines Dharma Beschützers.

Klangvolle Trommel, siegreich in allen Richtungen Das ausführliche Erfüllungs- und Wiederherstellungsritual des Dharma Beschützers, des großen Königs Dorje Shugden, in Verbindung mit Mahakala, Kalarupa, Kalindewi und anderen Dharma Beschützern.

Meditation und Rezitation des Alleinigen Vajrasattva.

Medizin Buddha Gebet Eine Methode, anderen zu helfen.

Medizin Buddha Sadhana Eine Methode, die Erlangungen von Medizin Buddha zu erreichen.

Powa Zeremonie Bewusstseinsübertragung für Verstorbene.

Pratimoksha Zeremonie für Laien.

Schatzkammer der Weisheit Sadhana des Ehrwürdigen Manjushri.

Tiefempfundene Gebete Trauerfeier bei Feuerbestattungen und Beerdigungen.

Tropfen des essenziellen Nektars Eine besondere Fasten- und Reinigungspraxis in Verbindung mit dem elfgesichtigen Avalokiteshvara.

Vereinigung des Nicht-mehr-Lernens Heruka Körpermandala Selbsteinweihungssadhana

Wunscherfüllendes Juwel Der Guru Yoga von Je Tsongkhapa in Verbindung mit der Sadhana seines Dharma Beschützers.

Zeremonie der Mahayana Zuflucht und des Bodhisattva Gelübdes.

Wenn Sie etwas bestellen oder sich einen Katalog zuschicken lassen möchten, besuchen Sie bitte www.tharpa.com oder setzen Sie sich mit einer Tharpa Niederlassung in Verbindung. (Eine Liste finden Sie auf S. 357)

Kadampa Buddhismus

NKT-IKBU

Die Studienprogramme des Kadampa Buddhismus

Der Kadampa Buddhismus ist eine Schule des Mahayana Buddhismus. Er wurde vom großen, indischen buddhistischen Meister Atisha (982-1054 n. Chr.) gegründet. Seine Anhänger heißen Kadampas: «Ka» bedeutet Wort und bezieht sich auf die Lehren Buddhas. «Dam» bezieht sich auf die besonderen Lamrim Unterweisungen Atishas, die als die Stufen des Pfades zur Erleuchtung bekannt sind. Kadampa Buddhisten integrieren das Wissen aller Lehren Buddhas in ihre Lamrim Praxis. Indem sie dieses Wissen in ihrem Alltag umsetzen, sind für sie alle Unterweisungen Buddhas praktische Methoden, um tägliches Handeln in den Pfad zur Erleuchtung umzuwandeln. Die großen Kadampa Lehrer sind nicht nur als große Gelehrte bekannt, sondern auch als spirituell Praktizierende von außerordentlicher Reinheit und Aufrichtigkeit.

Die Überlieferungslinie dieser Lehren, sowohl die mündliche Überlieferung als auch ihre Segnungen, wurde vom Lehrer an den Schüler weitergegeben. Sie verbreitete sich in weiten Teilen Asiens und gegenwärtig auch in vielen Ländern der westlichen Welt. Buddhas Lehren, «Dharma» genannt, werden mit einem Rad verglichen, das sich in Übereinstimmung mit den sich verändernden Bedingungen und den karmischen Neigungen der Menschen von einem Land zum anderen bewegt. Die äußere Form der Präsentation des Buddhismus mag sich je nach Kultur und Gesellschaft ändern. Die Authentizität aber wird durch die Weiterführung der ungebrochenen Überlieferungslinie von verwirklichten Praktizierenden sichergestellt.

Der angesehene buddhistische Meister Ehrwürdiger Geshe Kelsang Gyatso Rinpoche brachte den Kadampa Buddhismus im Jahr 1977 erstmals in den Westen. Seit dieser Zeit hat er unermüdlich dafür gearbeitet, den Kadampa Buddhismus in der ganzen Welt zu verbreiten. Er gab ausführliche Unterweisungen, verfasste tiefgründige Texte zum Kadampa Buddhismus und gründete die Neue Kadampa Tradition – Internationale Union des Kadampa Buddhismus (NKT-IKBU), die bis jetzt weltweit über 1200 Kadampa Zentren und Gruppen umfasst. Jedes Zentrum bietet Studienprogramme über buddhistische Psychologie, Philosophie und über die Anleitungen zur Meditation sowie Retreats für Übende aller Stufen an. Hierbei wird betont, die Lehren Buddhas in den Alltag einzubeziehen, damit wir unsere Probleme lösen und immerwährenden Frieden und Glück in der Welt verbreiten können.

Der Kadampa Buddhismus der NKT-IKBU ist eine völlig unabhängige buddhistische Tradition und hat keinerlei politische Zugehörigkeit. Er ist ein Zusammenschluss von buddhistischen Zentren und Praktizierenden, die Inspiration und Führung von den Vorbildern und den Unterweisungen der alten Meister des Kadampa Buddhismus erhalten, so wie sie vom Ehrwürdigen Geshe Kelsang gelehrt werden.

Es gibt drei Gründe, warum wir die Lehre Buddhas studieren und praktizieren müssen: Wir wollen unsere Weisheit entwickeln, unser gutes Herz fördern und einen friedvollen Geisteszustand bewahren. Wenn wir nicht danach streben, unsere Weisheit zu entwickeln, wird uns die endgültige Wahrheit, die wahre Natur der Wirklichkeit, für immer verschlossen bleiben. Obwohl wir uns Glück wünschen, bringt unsere

Unwissenheit uns dazu, nichttugendhaft zu handeln, was die Hauptursache all unserer Leiden ist. Wenn wir unser gutes Herz nicht fördern, zerstört unsere egoistische Motivation die Harmonie mit anderen und die guten Beziehungen zu ihnen. Wir finden keinen Frieden und haben keine Gelegenheit, reines Glück zu erlangen. Ohne inneren Frieden ist äußerer Frieden nicht möglich. Wenn wir keinen friedvollen Geisteszustand bewahren, sind wir selbst unter den besten Bedingungen nicht glücklich. Wenn andererseits unser Geist friedvoll ist, sind wir glücklich, auch wenn die äußeren Bedingungen unangenehm sind. Deshalb ist die Entwicklung dieser Eigenschaften von größter Wichtigkeit für unser tägliches Glück.

Der Ehrwürdige Geshe Kelsang oder «Geshe-la», wie er liebevoll von seinen Schülern genannt wird, hat drei besondere spirituelle Programme für das systematische Studium und die Praxis des Kadampa Buddhismus entwickelt. Diese Programme sind besonders gut für den modernen Lebensstil geeignet. diese sind das Allgemeine Programm (AP), das Grundlagenprogramm (GP) und das Lehrerausbildungsprogramm (LAP).

ALLGEMEINES PROGRAMM

Das Allgemeine Programm vermittelt eine grundlegende Einführung in buddhistische Sicht, Meditation und Praxis. Es ist besonders für Anfänger geeignet, umfasst aber auch fortgeschrittene Unterweisungen und Übungen aus Sutra und Tantra.

GRUNDLAGENPROGRAMM

Das Grundlagenprogramm bietet die Möglichkeit, unser Verständnis und unsere Erfahrung des Buddhismus durch das systematische Studium von sechs Texten zu vertiefen:

1. *Freudvoller Weg* – ein Kommentar zu Atishas Lamrim Unterweisungen, den Stufen des Pfades zur Erleuchtung.

2. *Allumfassendes Mitgefühl* – ein Kommentar zu Bodhisattva Chekhawas *Geistesschulung in sieben Punkten.*
3. *Acht Schritte zum Glück – Neuausgabe* – ein Kommentar zu Bodhisattva Langri Tangpas *Acht Verse der Geistesschulung.*
4. *Das neue Herz der Weisheit* – ein Kommentar zum *Herz Sutra.*
5. *Sinnvoll zu betrachten* – ein Kommentar zu Bodhisattva Shantidevas *Leitfaden für die Lebensweise eines Bodhisattva.*
6. *Wie wir den Geist verstehen* – eine ausführliche Erklärung des Geistes, die auf den Werken der buddhistischen Gelehrten Dharmakirti und Dignaga beruht.

Das Studium und die Praxis dieser Texte bringen uns vielfachen Nutzen:

(1) *Freudvoller Weg* – Wir erlangen die Fähigkeit, alle Lehren Buddhas, sowohl Sutra als auch Tantra, in die Praxis umzusetzen. Wir können rasch Fortschritte machen und die Stufen des Pfades zum höchsten Glück der Erleuchtung vollenden. Von einem praktischen Standpunkt aus betrachtet, ist Lamrim der Hauptteil der Lehre Buddhas, ähnlich einem Stamm, und die anderen Unterweisungen gleichen Zweigen.

(2) und (3) *Allumfassendes Mitgefühl* und *Acht Schritte zum Glück – Neuausgabe* – Wir erlangen die Fähigkeit, alle Unterweisungen Buddhas in unser Leben zu integrieren und alle unsere Probleme zu lösen.

(4) *Das neue Herz der Weisheit* – Wir erlangen eine Verwirklichung der endgültigen Natur der Wirklichkeit. Durch diese Verwirklichung können wir die Unwissenheit des Festhaltens am Selbst, die Wurzel all unseres Leidens, beseitigen.

(5) *Sinnvoll zu betrachten* – Wir wandeln unser tägliches Handeln in die Lebensweise eines Bodhisattva um. Damit wird jeder Moment unseres Lebens von Bedeutung sein.

(6) *Wie wir den Geist verstehen* – Wir verstehen die Beziehung zwischen unserem Geist und äußeren Objekten. Wenn wir

verstehen, dass die Objekte von unserem subjektiven Geist abhängen, können wir die Art und Weise verändern, wie uns Objekte erscheinen, indem wir unseren Geist verändern. Allmählich erlangen wir die Fähigkeit, unseren Geist zu bändigen und auf diese Weise alle unsere Probleme zu lösen.

LEHRERAUSBILDUNGSPROGRAMM

Das Lehrerausbildungsprogramm ist für diejenigen bestimmt, die sich zu authentischen Dharmalehrern ausbilden lassen wollen. In Ergänzung zum Studium von vierzehn Texten aus Sutra und Tantra, zu denen auch die oben erwähnten sechs Texte gehören, werden an die Schülerinnen und Schüler gewisse Anforderungen bezüglich Verhalten und Lebensweise gestellt. Zudem müssen sie eine gewisse Anzahl an Meditationsretreats abschließen.

Am Manjushri KMC in Ulverston, England, wird außerdem ein besonderes LAP, das STTP, angeboten, an dem man entweder direkt im Zentrum oder in Form eines Fernstudiums teilnehmen kann. Dieses besondere Meditations- und Studienprogramm besteht aus zwölf Kursen, die auf den Büchern des Ehrwürdigen Geshe Kelsang Gyatso Rinpoche beruhen. *Wie wir den Geist verstehen*, *Moderner Buddhismus*, *Das neue Herz der Weisheit*, *Tantrische Ebenen und Pfade*, Shantidevas *Leitfaden für die Lebensweise eines Bodhisattva* mit dem Kommentar *Sinnvoll zu betrachten*, *Ozean von Nektar*, *Führer ins Dakiniland*, *Die mündlichen Anleitungen des Mahamudra*, *Acht Schritte zum Glück – Neuausgabe*, *Der Spiegel des Dharma mit Ergänzungen*, *Essenz des Vajrayana* und *Freudvoller Weg*.

Alle Zentren des Kadampa Buddhismus sind der Öffentlichkeit frei zugänglich. Jedes Jahr finden mehrere Festivals in vielen Ländern der Welt statt, einschließlich England, Deutschland, Österreich und der Schweiz. Auf den zwei großen Festivals in England treffen sich Menschen aus der ganzen Welt, um besondere Unterweisungen und Ermächtigungen zu empfangen und um einen spirituellen Urlaub zu verbringen. Besuchen Sie ein Zentrum – Sie sind jederzeit willkommen!

Weitere Informationen über die Studienprogramme der NKT-IKBU oder Ihr nächstgelegenes Zentrum finden Sie unter www.kadampa.org oder schreiben Sie im deutschsprachigen Raum an:

Kadampa Meditationszentrum Deutschland
Chausseestraße 108, 10115 Berlin
Tel.: +49 (0) 30 430 55 666
E-Mail: mail@meditieren-lernen.de
www.meditieren-lernen.de

Kadampa Meditationszentrum Schweiz
Mirabellenstrasse 1, CH-8048 Zürich
Tel.: +41 (0) 44 461 33 88
E-Mail: info@kadampa.ch
www. kadampa.ch

Kadampa Meditationszentrum Österreich
Schleifmühlgasse 15, A-1040 Wien
Tel: +43 (0) 1 911 1841
Email: info@buddha.at
www.buddha.at

International:

NKT-IKBU Central Office
Conishead Priory, Ulverston,
Cumbria LA12 9QQ, England
Tel: +44 (0) 1229-588533
E-Mail: info@kadampa.org
www.kadampa.org

Tharpa Niederlassungen weltweit

Bücher von Tharpa werden derzeit in den meisten Sprachen herausgegeben. Sie können diese Bücher über jede der folgenden Tharpa Niederlassungen beziehen:

Tharpa Deutschland
Chausseestraße 108,
10115 BERLIN, DE
Tel: +49 (0) 30 430 55 666
Web: tharpa.com/de
E-mail: info.de@tharpa.com

Tharpa Schweiz
Mirabellenstrasse 1
8048 ZÜRICH, CH
Tel: +41 (0) 44 401 02 20
Fax: +41 (0) 44 461 36 88
Web: tharpa.com/ch
E-mail: info.ch@tharpa.com

Tharpa Asia (Asien)
1st Floor Causeway Tower,
16-22 Causeway Road,
Causeway Bay,
HONG KONG
Tel: +(852) 2507 2237
Web: tharpa.com/hk-en
E-mail: info.asia@tharpa.com

Tharpa Australia (Australien)
25 McCarthy Road,
MONBULK, VIC 3793, AU
Tel: +61 (0)3 9752 0377
Web: tharpa.com/au
E-mail: info.au@tharpa.com

Tharpa Brasil
Rua Artur de Azevedo 1360
Pinheiros, 05404-003
SÃO PAULO, SP, BR
Tel: +55 (11) 3476 2328
Web: tharpa.com.br
E-mail: cantato@tharpa.com

Tharpa France (Frankreich)
Château de Segrais
72220 SAINT-MARS-D'OUTILLÉ, FR
Tél/Fax : +33 (0) 2 43 87 71 02
Web: tharpa.com/fr
E-mail: info.fr@tharpa.com

Tharpa UK (Großbritannien)
Conishead Priory,
ULVERSTON, Cumbria,
LA12 9QQ, UK
Tel: +44 (0)1229-588599
Web: tharpa.com/uk
E-mail: info.uk@tharpa.com

Tharpa Japan
KMC TOKYO, JP
Web: kadampa.jp
E-mail: info@kadampa.jp

Tharpa Canada (Kanada - Englisch)
631 Crawford St.,
TORONTO, ON, M6G 3K1, CA
Tel: +1 (0) 416 762 8710
Toll-free: 866-523-2672
Fax: +1 (0) 416 762 2267
Web: tharpa.com/ca
E-mail: info.ca@tharpa.com

Tharpa Canada (Kanada - Französisch)
835 Laurier est Montréal H2J 1G2, CA
Tel: +1 (0) 514 521 1313
Web: tharpa.com/ca-fr/
E-mail: info.ca-fr@tharpa.com

Tharpa México (Mexiko)
Enrique Rébsamen Nº 406,
Col. Narvate Poniente,
CUIDAD DE MÉXICO, CDMX, C.P. 03020, MX
Tel: +52 (55) 56 39 61 80; +52 (55) 56 39 61 86
Web: tharpa.com/mx
E-mail: info.mx@tharpa.com

Tharpa New Zealand (Neuseeland)
2 Stokes Road, Mount Eden,
AUCKLAND 1024, NZ
Tel: +64 09 631 5400
DD Mobile +64 21 583351
Web: tharpa.com/nz
E-mail: info.nz@tharpa.com.

Tharpa Portugal
Rua Moinho do Gato, 5
Várzea de Sintra,
SINTRA, 2710 661, PT
Tel: +351 219231064
Web: tharpa.pt
E-mail: info.pt@tharpa.com

Tharpa España (Spanien)
Calle La Fábrica 8, 28221,
Majadahonda, MADRID, ES
Tel: +34 (0) 911 124 914
Web: tharpa.com/es
E-mail: info.es@tharpa.com

Tharpa South Africa (Südafrika)
26 Menston Rd., Dawncliffe,
Westville, 3629, KZN,
REP. OF SOUTH AFRICA
Tel: +27 (0) 266 0096
Web: tharpa.com/za
E-mail: info.za@tharpa.com

Tharpa US (USA)
47 Sweeney Road
GLEN SPEY,
NY 12737, USA
Tel: +1 (0) 845 856 5102
Toll-free: 888-741-3475
Fax: +1 845-856-2110
Web: tharpa.com/us
E-mail: info.us@tharpa.com

Stichwortverzeichnis

Der Buchstabe «G» verweist auf einen Eintrag im Glossar

B

C

D

E

H

L

M

N

T

W

So finden Sie Ihr nächstgelegenes Kadampa Meditationszentrum

Sie können Ihr Verständnis dieses Buches und anderer Bücher, die vom Tharpa Verlag veröffentlicht werden, vertiefen und ihre Anwendung im Alltag besser verstehen, wenn Sie sich von qualifizierten Lehrern und Praktizierenden unterstützen und inspirieren lassen.

Der Tharpa Verlag ist Teil der großen spirituellen Gemeinschaft der Neuen Kadampa Tradition. Diese Tradition hat eine wachsende Anzahl von Zentren und Zweigzentren in über 40 Ländern auf der ganzen Welt. In jedem Zentrum werden besondere Studienprogramme für modernen Buddhismus und Meditation von qualifizierten Lehrer unterrichtet. Weitere Informationen finden Sie in *Studienprogramme des Kadampa Buddhismus* (S. 351-56).

Diese Programme beruhen auf dem Studium der Bücher des Ehrwürdigen Geshe Kelsang Gyatso Rinpoche und sind so gestaltet, dass sie in angenehmer Weise zu einer modernen Lebensweise passen.

Ihr örtliches Kadampa Zentrum finden Sie unter tharpa.com/de/meditationszentren-in-der-naehe